初めて学ぶ
鉄骨構造
基礎知識
(第四版)

橋本篤秀 編著
岡田久志 著
山田丈富

Steel Structures

市ケ谷出版社

まえがき （第四版発行にあたって）

　第三版発行以来，全国の大学・高専始め実務社会で利用され8年を経ました。1981年に建物の終局状態を考慮する新しい耐震設計法の導入以来，塑性解析を基本とする設計法が整備され，その後塑性設計指針刊行等の規基準類が多種化し目的に応じて使い分けるようになりました。この流れの中で，1970年初版の日本建築学会鋼構造設計規準も題名を2019年に弾性理論に基づく鋼構造許容応力度設計規準と改訂されました。基本的な事項に変更ありませんが，従来の鉄骨構造に汎用されながら，最近はあまり利用されないものについての記述が必要最小限となり，最近の普遍的工法にかかわることが詳述されたほか表現変更などが行われました。

　本書第四版執筆にあたり，これらの周辺情報の変化とこれまでに全国の読者から寄せられた貴重なご意見・ご指摘を慎重に検討して，幅厚比制限値にヤング係数を用いる表示など新規準に整合させたほか，露出型固定柱脚の設計法および8章の耐震設計体系を中心に本文全般をよりわかりやすくする見直しを行いました。近年，各地に建設されるさまざまな規模・形態・構法の鉄骨建築において，新規的知見・経験を要する業務に携わることとなる技術者ほど鉄骨構造の基本である弾性設計理論を正しく理解することが不可欠との認識のもと，本書はこれまで通り，鉄骨構造を初めて学ぶ建築系学生および実務に携わりながら最新の鉄骨構造の学習を志す建築技術者を対象として，許容応力度設計（弾性設計）における鉄骨構造固有の力学特性の基本をわかりやすく記述しました。さらに，詳細な解説を付けた設計例は，鉄骨構造を理解するうえできわめて有効である経験から各種の例題を各章に取り入れてありますので，自習や講義の一助として活用していただくことを希望しております。なお，付録のJIS規格は最新のものとし，単位はSI単位です。

　なお，大学などの教科書に使用する場合を考慮して，1回90分程度の講義15回に対応するように全編を取りまとめました。しかし，各章は内容の難易度および量が必ずしも均等ではないので，講義担当者が適宜判断して時間配分されることを期待しています。また，鉄骨固有の耐震設計の基本を理解する重要性を考慮して第8章として独立の章を設けて解説していますが，この章は担当者の判断で必ずしも15回の講義で取り扱わなくてもよいと考えています。執筆者一同は協議を繰り返しながら最大限の注意を払って執筆しておりますが，なお至らぬ点が多々あることと思います。読者各位の忌憚のないご叱正をいただきたく願う次第です。

　令和7年1月　　　　　　　　　　　　　　　　　　　　　　　　　　　橋本　篤秀

本書の構成

　本書では先ず鉄骨建築の構造的概念と設計法を紹介したのち，構造性能の基本として鋼材の物理的・化学的特性を解説した。その後，作用する応力の種類に応じた部材と接合部の強度と変形の力学的挙動，並びに安全性の検証方法について弾性理論に基づいて解説した。いずれも単に設計式や諸規定の運用要領を解説するのではなく，各設計式の持つ論理的背景の理解を深めることを重視して記述した。記述は法令や日本建築学会の関連規準などに準拠している。これは，PCの使用を前提とした新しい設計上の考え方や弾塑性域にわたる高度な構造解析法なども，その本質を理解する原点は弾性理論にあるためである。ただし，現行の耐震設計で取り扱われている塑性理論については，耐震設計の章を独立して設けて記述した。

　各章は，以下のように取りまとめた。

第1章：鉄骨建築物の形状特性・架構類別・部材や構造体の特性など，構造的概念を示した。

第2章：鉄骨理論の原点となる鋼材の基本特性である機械的性質と化学的性質，および各種の試験法・製鋼法などを概説した。

第3章：鉄骨建築物の構造設計の手順を示した。その中で構造力学との関係，鋼材の機械的性質と許容応力度の関係とその使用法を示した。

第4章：引張力が作用する部材の力学的理論と設計の関係を示した。

第5章：圧縮力が作用する単一材・組立材の力学的理論と設計の関係を示した。

第6章：曲げモーメントが作用する部材の力学的理論と設計の関係を示した。

第7章：溶接や高力ボルトなど，鋼材を接合する接合要素の力学特性や応力伝達機構と設計上の取扱い方法および，接合部の力学的挙動と考え方などを示した。さらに，柱梁接合部・梁継ぎ手・柱脚については設計例を示し，通常利用されている接合部の耐力計算方法や注意点などを示した。

第8章：わが国の耐震設計と設計用地震力の決め方を説明した中で，鉄骨構造の耐震設計について一次設計・二次設計・保有水平耐力による設計法とこれらに関連して剛性率・偏心率・巾厚比・部材ランクなど，現行の耐震設計の手法を示した。

　本書が重視した鉄骨の基本特性を超える講義内容の追加や演習などでの補完は，本書を活用される方々にお願いする次第である。以って，多くの学生や関連技術者の鉄骨構造の理解に役立つことを希望している。

目　　次

第1章　鉄骨構造の概要
- 1・1　鉄骨構造の特徴 …………………2
- 1・2　架構の形式 ……………………4
- 1・3　鉄骨骨組の構成 ………………5

第2章　鋼　　材
- 2・1　鉄と鋼………………………10
- 2・2　化学成分と鋼………………10
- 2・3　鋼材生産……………………12
  - ・1　製　銑………………12
  - ・2　製　鋼………………12
  - ・3　造塊・鋼片・圧延……14
  - ・4　連続鋳造………………14
- 2・4　鋼材の性質……………………17
  - ・1　機械的性質……………17
  - ・2　高温時の性質……………21
  - ・3　低温時の性質……………22
  - ・4　溶接性……………………22
- 2・5　構造用鋼材の材質と形状………23

第3章　鉄骨の構造設計
- 3・1　構造設計の概要………………26
- 3・2　鋼材の許容応力度………………29
  - ・1　長期応力に対する許容応力度 …30
  - ・2　短期応力に対する許容応力度 …33
  - ・3　繰返し応力に対する許容疲労強さ
    ………………………………33
- 3・3　たわみの限度……………………34
- 3・4　材料定数…………………………36

第4章　引張材の力学
- 4・1　概　要……………………………38
- 4・2　引張材の検定……………………38
- 4・3　有効断面積………………………38
- 4・4　引張材に対する注意……………42
- 例題1　引張材有孔板の有効断面積……43

第5章　圧縮材の力学
- 5・1　圧縮材の概要……………………46
- 5・2　単一圧縮材………………………47
  - ・1　オイラー座屈（弾性座屈）………47
  - ・2　短柱の座屈（非弾性座屈）………49
  - ・3　許容圧縮応力度と圧縮材の検定
    ………………………………51
  - ・4　材端支持方法の異なる圧縮材 …52
  - ・5　部材の座屈長さ …………53
  - ・6　支点の補剛…………………55
- 5・3　組立圧縮材………………………56
  - ・1　有効細長比…………………56
  - ・2　つづり材……………………59
  - ・3　組立圧縮材の構成上の注意……60
- 5・4　局部座屈…………………………61
  - ・1　板要素の座屈………………61
  - ・2　幅厚比の制限………………62
- 例題2　単一圧縮材の許容圧縮力………64
- 例題3　横補剛された単一圧縮材の許容
  圧縮力…………………………………65
- 例題4　組立圧縮材の許容圧縮力………67

第6章　曲げ材の力学
- 6・1　曲げ材……………………………70
- 6・2　曲げの力学………………………71
  - ・1　曲げ応力度…………………71
  - ・2　せん断応力度………………72
  - ・3　せん断中心…………………73
  - ・4　曲げ材の極限状態…………74

6・3 横座屈……………………75
　・1 横座屈現象 ……………75
　・2 一様曲げを受ける梁の横座屈 …76
　・3 許容曲げ応力度 ……………77
6・4 曲げ材の検定……………80
　・1 形鋼梁の検定 ……………80
　・2 幅厚比の検討 ……………80
　・3 曲げ応力度の検定 ……………81
　・4 せん断応力度の検定 ……………82
　・5 軸力と曲げモーメントを受ける
　　　部材 ……………83
　・6 たわみの検討 ……………84
例題5 H形鋼単純梁の曲げ耐力検定…86
例題6 H形鋼梁の曲げ耐力の検定……87

第7章 接合部の力学

7・1 接合要素……………………92
　・1 接合要素と接合部 ……………92
　・2 ボルト接合 ……………92
　・3 高力ボルト接合 ……………96
　・4 溶　接……………106
7・2 接合部 ……………………115
　・1 接合要素の応力分担……………115
　・2 各種接合部……………121
例題7 高力ボルト摩擦接合（引張力を
　　　受ける場合）……………135
例題8 高力ボルト摩擦接合（曲げモー
　　　メント・せん断力・軸力を受ける
　　　場合）……………135
例題9 すみ肉溶接 ……………136
例題10 柱・梁接合部（剛接合）……137
例題11 梁の継手（高力ボルト摩擦接合）
　　　……………139
例題12 柱継手（高力ボルト摩擦接合）
　　　……………142

例題13 柱脚 ……………146

第8章 耐震設計概要

8・1 耐震設計体系の概要 ……………150
8・2 構造計算の体系 ……………151
8・3 一次設計 ……………154
　・1 地上部分の地震力……………154
　・2 地下部分の地震力……………156
　・3 局部震度……………156
8・4 二次設計 ……………157
　・1 ルート1による設計……………157
　・2 ルート2による設計……………157
　・3 ルート3による設計 ……………165
　・4 接合部の最大強さ ……………172
　・5 冷間成形角形鋼管柱の扱い …175
例題14 保有耐力接合梁接手…………176

付録1 許容圧縮応力度および許容曲げ応
　　　力度……………178
付録2 ボルト・高力ボルトの許容耐力等
　　　……………181
付録3 鋼材の断面形状および断面性能
　　　……………183
付録4 柱脚の底板中立軸位置の計算図表
　　　……………190
付録5 代表的な金属材料引張試験片 …191
付録6 代表的な構造用鋼材のJIS規格
　　　……………192
付録7 鋼材検査証明書の例 ……………194
参考文献……………195
索　引……………196

第1章
鉄骨構造の概要

身近にある鉄骨構造建物の一般的な長所・短所と骨組の特徴を示した。

東京下町の再開発工事　　　　　提供：株式会社 鋼構造出版

1・1 鉄骨構造の特徴

建築物は，自重・積載物や地震・風・積雪などの外力，水圧など，建設地の環境に応じて建物に作用するいろいろな外乱に対し，耐力と変形での安全性を確保しなければならない。このためには，主要な構造耐力用部材の材料の選定や架構形態，部材の接合が重要な要因となる。建築物は構造部材，二次部材，仕上材などいろいろな材料の複合体であるが，一般的には構造躯体を構成する材料によって「木構造（W造）」「鉄骨構造または鋼構造（S造）」「鉄筋コンクリート構造（RC造）」などと呼称している。

建築では，構造材料として鉄材ではなく合金の鋼材を使用するから，鋼構造というべきであろうが，鋼構造物としては橋・鉄塔・圧力容器・船なども含めるのが社会的通念となっている。一方，鉄骨という言葉は土木構造物と識別する上から，鋼材を用いた建築骨組という解釈が定着している。このため鋼材を用いる建築構造物を鉄骨構造と称することが多い。

鉄骨構造は規格化された工業製品である鋼材の安定した品質と強靱な材料特性を生かして，超高層建築・イベントホール等の大スパン建築・立体骨組構造物・吊構造物などだけでなく，最近は，ラーメン構造・トラス構造として住宅・店舗など低層の小規模建築物でも多用され，規模形態は多様化している。

鉄骨構造は，充分な設備と管理体制のある工場で規格化された形鋼や鋼板の切断と接合の繰り返しにより，柱や梁の部品を製作し，工事現場でこれらを組み立てる工法のものといえる。これらのことから，健全な鉄骨構造物は部材の材質や形状の弱点を合理的に補強し，鋼材の長所を活用する部材と接合部の設計と施工に負うものといえる。

現代建築を支える主要な構造は，鉄骨構造とコンクリート構造および木構造である。これらの構造部材の断面を対比すると，図1・1となる。図からわかるように，コンクリートや木材は中実断面であるのに対し，鉄骨は，すべて薄板状のものが3枚，4枚と組み合わされた中空断面や開断面となっている。この断面形の違いと素材の特性の違いにより，それぞれに固有の力学特性を持っており，いずれの構造とするかは建築物の用途目的・必要性能・経済性などにより決定される。なお，力学特性が異なる鋼とコンクリートが，相互に弱点を補う複合効果を活用するものとして，一般化している鉄骨鉄筋コンクリート（SRC）構造や，H形鋼梁と鉄筋コンクリート（RC）床版を

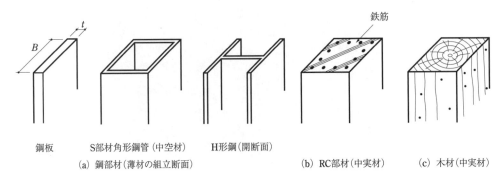

図1・1　部材断面形状

一体化した合成梁のほか，最近では，鋼管の中にコンクリートを充てんしたコンクリート充てん鋼管（CFT）柱や，圧縮時の座屈防止のため鉄骨筋かいをRCで囲んだアンボンドブレースなどが開発されている。さらに，建物への地震入力の軽減を図る免震装置，入力した地震エネルギーで構造骨組が損傷する以前に犠牲的にエネルギーを吸収する発想の制振機能装置や部材も実用化されている。これらの力学的特性は，鉄骨の力学や鉄筋コンクリートの力学を学習することで理解できる。

　鉄骨構造の概念的な特性を例示すれば次のようになり，超高層ビルや大スパン構造などは鉄骨造が適していることが理解できる。

1) 鋼材は規格化された大量生産される工業製品なので，入手が容易で価格も比較的安く，品質が安定している。
2) 鉄骨部材は工場で製作されるので，精度が高く，品質が安定し，現場の作業が少なく，工期が短縮できる。
3) 鋼材は比強度が大きく，外力を支えるためにそれほど大きな自重を必要としないので，骨組が軽量となり高層建物・大スパンに適する。
4) 靱性が大きいため，変形能力が高く，破壊に至るまでのエネルギー吸収が大きいので，耐震性に優れたものとなる。
5) 部材断面は薄い板要素から成り立っており，中実材ではないので溶接やボルトにより剛接合もピン接合も対応できる。
6) 架構の形式が多様であり，建築物に応じた選択ができる。
7) 加工機器，特に溶接技術の進歩により，加工性が一段と高まった。
8) 解体が容易で再利用もしやすい。

一方，欠点としては，次のものがあげられる。

1) 素材の耐食性に乏しく，防錆処理が必要である。
2) 耐熱性に乏しいので耐火被覆を施さなければならない。
3) 部材は薄板要素の組立材であり，座屈が生じたり，たわみが大きくなりやすい。
4) 骨組が軽量であることから，建物の耐震性の向上につながる反面，振動障害・耐風性・耐雪性に関しては重量のある建物に比べて不利となりやすい。
5) 遮音性が乏しい。

1・2 架構の形式

鉄骨構造は図1・2, 1・3, 1・4のような多様な架構形式が可能である。

鉄骨造の構法には立体構造と平面骨組を組み合わせたものがあり，一般には設計・製作の容易な平面骨組構造が用いられる。構造設計にあたっては，これら種々の架構方法のうちから建築物の用途・規模などに応じて力学的に適切で経済的な形式を選定する。

平面骨組の構成法は通常次の4タイプに分けられる。

（i） ラーメン
（ii） トラス

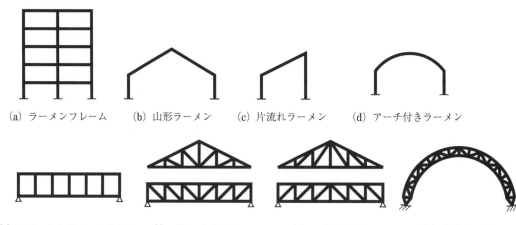

図1・2 架構形式

図1・3 併用構造

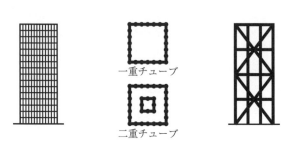

図1・4 チューブ構造

(iii) **アーチ**
(iv) **併用構造**

　ラーメン骨組は図 1・2(a)～(d) に示すように，柱・梁などの部材の節点が剛に接合されている構造で，力学的には主として部材の曲げ抵抗によって外力に抵抗する構造である。

　トラス構造は例外的なフィーレンディールトラスを除いて，図(f)，(g) に示す部材の節点をピンで接合した三角形構面を組み合わせて構成した骨組で，引張力・圧縮力などの部材の軸方向抵抗によって外力に抵抗する構造である。

　アーチ構造は部材に圧縮力を生じさせるもので，石造・レンガ造などの組積造の工法として主としてヨーロッパを中心に発達したものであり，鉄骨造でも図(h) のように，大スパン構造によく用いられる。

　併用構造は主としてラーメンとトラスの併用であり，図 1・3(a) のように，ラーメンの一部に筋かいを組み込んでトラス耐震壁とするもので，鉄骨高層建築物によく見られる。その他，図(b) のように，柱や梁をトラスとして全体をラーメン構造とするもの，図(c) のように，方杖を設けることによって屋根トラスと柱を剛に結合したものなどが挙げられる。また，図(d) のように，山形ラーメンの一部にタイバーを取り付けて鉛直荷重時，柱頭の横移動の防止や柱脚に生じる水平反力を軽減する工法も一種の併用構造である。

　これらの複合的なものとして，高層建築の構法として発達してきた図 1・4 に示すような建物の外周に密に配置した柱を，梁と接合してラーメンにした籠状の骨組とする**チューブ構造**，建物の内側にもチューブを配置した二重チューブ構造，チューブを構成する面に斜材を入れたトラス型のチューブ構造などがある。

1・3　鉄骨骨組の構成

　鉄骨構造骨組の構成概要と部材の名称は，低層の倉庫などでは図 1・5 に示すようなものが一般的である。柱に箱形断面材，梁に H 形鋼を用いた中低層のラーメン骨組は図 1・6(a) に示すものが多い。

　これを設計図として提示するときは，図 1・6(b) に示すようなものになる。

6 第1章 鉄骨構造の概要

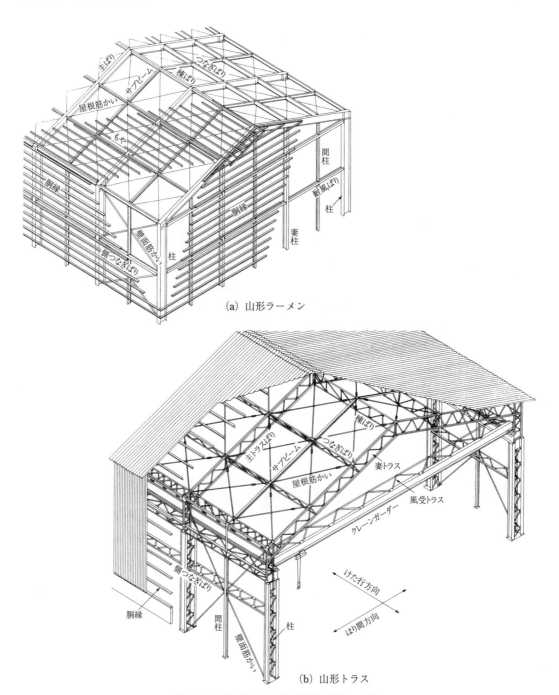

(a) 山形ラーメン

(b) 山形トラス

図1・5 低層鉄骨骨組構成概要と部材の名称

1・3 鉄骨骨組の構成 7

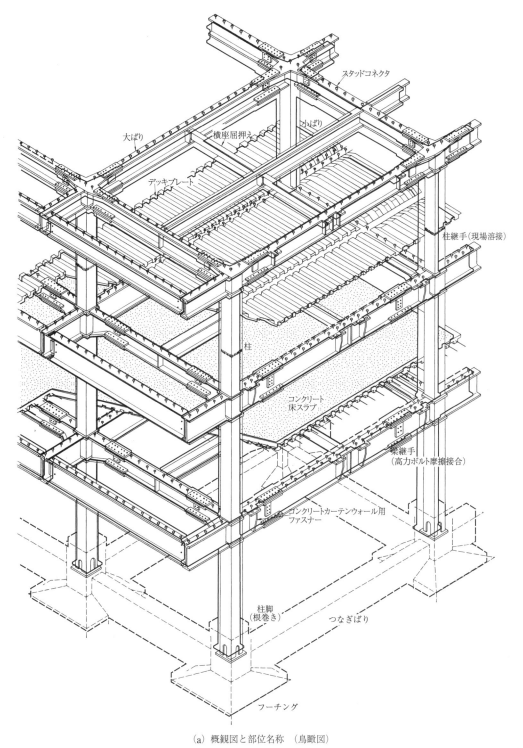

(a) 概観図と部位名称 (鳥瞰図)

図1・6 ラーメン骨組図

8 第1章 鉄骨構造の概要

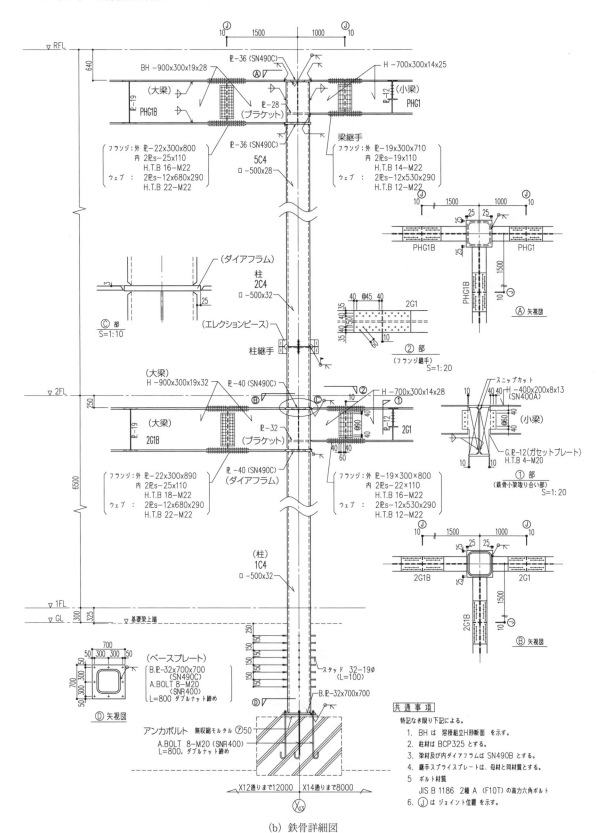

(b) 鉄骨詳細図

図1・6 ラーメン骨組図

第 2 章
鋼　　　　材

建築に用いる鋼材の製造方法・種類，引張強さと伸びの関係など機械的性質および化学成分による影響を示した。

H形鋼熱間圧延機　　　　　　　提供：新日本製鐵 株式会社

2・1 鉄と鋼

建築用鋼材の形状は，図2・18に示すものが汎用材としてJISに規定されている。

通常，鉄とか鋼はあまり注意深く区別せずに呼んでいる。しかし，建築材料はすべて鋼であり，これらには重大な違いがある。純鉄の機械的性質は微量の不純物に大きく影響されるが，通常，引張強さは215～310 N/mm²，降伏点は120～155 N/mm²，伸び40～50%程度である。鋼は鉄と炭素・ケイ素・マンガンなどの合金であり，一番多く含まれているのは炭素で，鋼の性質決定に大きな影響を与える元素である。**炭素含有量**によって，次のように区別されている。

- **鉄**（Iron）：炭素含有量が0.008%以下
- **鋼**（Steel）：炭素含有量が0.008%から2%
- **鋳鉄**（Cast iron）：炭素含有量が2%から6.67%以下

炭素含有量に応じた鋼の種別と機械的性質および用途はおおよそ表2・1となる。一般的な鉄骨構造用鋼材は，炭素含有量0.2%前後の軟鋼である。

鋼のうちで，主として鉄と炭素だけを含むものを炭素鋼または普通鋼という。炭素含有量を増やすと伸びの性質や溶接性が劣化するので，その含有量をある限度内におさえ，かわりにMn, Cr, Ni, Mo, Ti, Vなどの合金元素を少量加え，溶接性や靱性を損なわずに強度を高めたものを低合金鋼または特殊鋼という。

鋼材の強度を高めるために含有元素を調整しただけのものを**非調質鋼**，含有元素の調整と熱処理を組み合わせたものを**調質鋼**と呼ぶ。

表2・1 鋼の種類と機械的性質および用途

種別	引張強さ〔N/mm²〕	伸び〔%〕	C	Si	Mn	P	S	用途
極軟鋼	390以下	25	<0.15	<0.20	0.35～0.45	<0.07	<0.07	薄鉄板(亜鉛鉄板用)鉄線, リベット
軟鋼	390～490	20	0.16～0.28	<0.20	0.45～0.60	<0.07	<0.07	リベット, 管, 建築, 橋梁, 造船, ボイラ
半硬鋼	490～590	16	0.28～0.35	<0.20	0.60～0.70	<0.05	<0.05	建築, 軸類, レールと外輪
硬鋼	590～685	14	0.35～0.50	<0.20	0.70～0.80	<0.05	<0.05	軸類, 歯車, 工具, レールと外輪, スプリング
極硬鋼	685以上	8	0.50～0.70	<0.20	0.75～0.85	<0.05	<0.05	工具, スプリング, 鋼線

標準化学成分〔%〕

2・2 化学成分と鋼

鋼に適量のマンガン（Mn），クロム（Cr），ニッケル（Ni）などの重金属を添加することで，機械的性質や化学的性質を調整することができる。さらに，熱処理・鍛錬などによって性質を変えることができる。これらの冶金的特性を利用して目的に応じた鋼材を生産している。

鋼材に含まれる元素には，Fe以外にC, Si, Mn, P, S, Ni, Cr, Mo, V, B, Al, Nなどがある。

これらの中で，C, Si, Mn, P, Sは鉄鋼の主要五元素と呼ばれ，鋼材には必ず含まれるもので

あるが，C，Si，Mnは機械的性質・衝撃特性などの制御に有用な元素であるのに対し，PとSは，通常は鋼材の特性を低下させるので不純物とみなされる。

Ni，Cr，Mo，V，Bは強度を高めたり，耐候性の向上など目的に応じて意識的に添加される合金元素である。

一般的な建築構造用鋼材の材質に対する，各元素の影響は次のようである。

(1) 炭素（C）の影響

炭素は鋼の優れた諸特性を発揮する基本的元素であり，炭素の含有量と鋼材の機械的性質におよぼす影響は，図2・1のようになる。

0.8%までは炭素量の増加とともに降伏点，引張強さ，硬さなど強度特性は増加するが，伸びや絞りなどの延性を表す特性と衝撃特性は減少する。炭素量が増加すると溶接性が損なわれる。

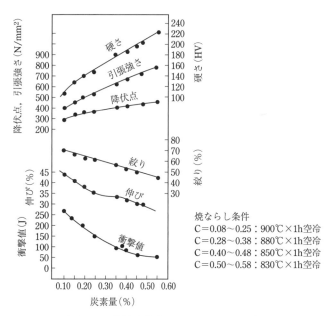

図2・1　機械的性質に及ぼす炭素量の影響

(2) ケイ素（Si）の影響

ケイ素は脱酸剤として添加され，ほとんど全ての鋼材に含有されている。ケイ素は溶接性をそれほど阻害しない元素なので，CやMnとのバランスを見ながら材質を確保するために，適量が使用される。

(3) マンガン（Mn）の影響

マンガンは炭素と同様に強度を高めるのに使用される元素であるが，炭素と異なり強度を高めるだけでなく，衝撃特性を向上させる効果も大きく，また，溶接性を阻害する程度もそれほど大きくないので，Cとのバランスを調整して必要量が添加される。

マンガンには酸素を取り除いたり（脱酸），硫黄を取り除いたり（脱硫）する効果もあり，建築構造用鋼材には必ず添加されている元素である。

(4) リン（燐）(P)

リンは溶鋼の流動化に有益であるが，偏析しやすい元素であり，凝固時の偏析により加工や溶接

時に割れの原因となることがある。また，耐食性は向上するが，衝撃特性に悪影響がある。
（5）硫黄（S）
通常はマンガンと結合して MnS として存在するが，硫黄の含有量が多すぎるか，またはマンガンが不足の場合は FeS となり，赤熱状態で鋼をもろくするので溶接割れを起こしやすくする。リンよりも偏析が大きく，鋼を劣化する元素といえる。
（6）アルミニウム（Al）
アルミニウムは酸素を除去するための脱酸剤と同時に，結晶粒を微細化する目的で意図的に添加する合金元素である。多量に添加すると伸びが劣化する。

2・3 鋼材生産

構造用鋼材は，まず鉄鉱石をコークス・石灰石・マンガン鉱などと共に高炉で還元し，不純物や炭素分を多く含んだ**銑鉄**をつくる。これを転炉・平炉あるいは電気炉で精錬して過剰の炭素やリン・硫黄などの不純物を除去する一方，必要な元素を添加して成分調整を行って**鋼**にする。溶けた鋼は，鋼塊や連続鋳造によって**鋼片**とする。この鋼片を加熱・圧延して建築用鋼材などの製品にする。この製造過程を示すと図2・2のようになる。

2・3・1 製 銑

図2・3に示すように，主要原料である**鉄鉱石・マンガン鉱・コークス・石灰石**などを**高炉**の頂部から投入する。高炉の下部の周囲に設けられた**羽口**（はぐち）から，高炉内に 1300～1400℃ に加熱した空気を送り込む。コークスが燃焼して羽口付近は 2000℃ に達し，他の主原料を溶解すると共に，コークス中の炭素により鉄と酸素の化合物である鉄鉱石を，次式に示すように還元して酸素を除去する。これにより，溶解状態となった鉄が溶銑として高炉底部にたまる。これを一定時間ごと，出銑口から取り出して溶銑車に移す。

$$C + O_2 \longrightarrow CO$$
$$Fe_xO_y + C \longrightarrow Fe + CO_2$$
$$Fe_xO_y + CO \longrightarrow Fe + CO_2$$

石灰石は投入された原料中に含まれる不要成分と結合して**鉱滓**（**スラグ**）となり，底にたまった溶銑の上に層状に浮び，溶銑が大気と触れて不純物が混入するのを防ぐ。

銑鉄は 3.5% 以上の炭素・硫黄などの不純元素を多量に含有しているため硬くてもろいので，このままでは構造用鋼材としては使えない。

2・3・2 製 鋼

高炉でつくられた溶融した銑鉄は，一部は鋳物として使用されるが，**転炉**や**電気炉**の**製鋼炉**で精錬脱酸し，炭素量の低減や P，S などの不純物を取り除き，必要な化学成分の添加調整を行い，鍛造・圧延可能な鋼にする。転炉とは，図2・4に示すようにトックリ型をしていて横に傾けることができるという意味であり，50～350 t の容積のものがある。転炉の口の部分からまず少量のスク

2・3 鋼材生産 13

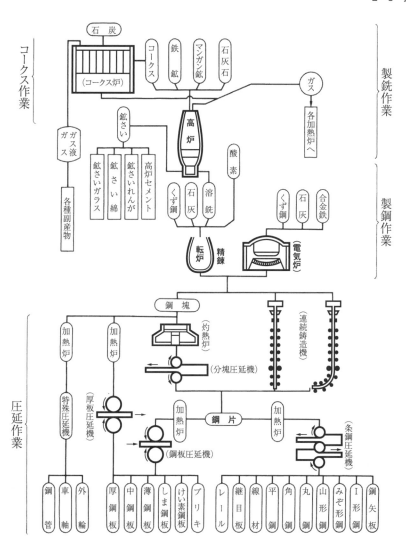

図2・2 製銑・製鋼・圧延の過程（平炉は省略）

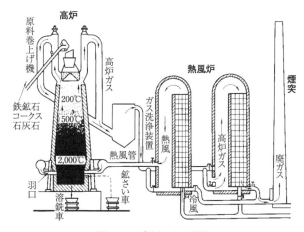

図2・3 高炉による製銑

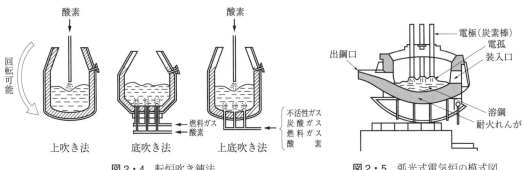

図2・4 転炉吹き錬法　　　　図2・5 弧光式電気炉の模式図

ラップを入れ，次に溶銑を注ぎ込む。さらに副原料の石灰石を投入した後，水冷パイプを通して高純度の酸素を高圧で吹き込んで酸化精錬する。酸素を吹き込む方法には図2・4のような上吹き法，底吹き法，上底吹き法の3種類がある。電気炉は図2・5のような弧光（アーク）式電気炉で電極に電流を通じ，炉内に投入された主原料のスクラップとの間に発生するアーク熱でスクラップを溶解する。これは，高炉の銑鉄に相当する溶鋼である。これに転炉と同様に酸素を吹き込んで酸化精錬する。電気炉一つで，製銑と製鋼を行っているものである。

2・3・3　造塊・鋼片・圧延

　製鋼炉で成分調整した溶鋼は**鋼塊**（インゴット）とするほか，最終製品に応じて**スラブ**（厚板用）・**シートバー**（薄板用）・**ブルーム**（大型形鋼用）・**ビレット**（条鋼用）などと呼ばれる圧延前の中間製品としての**鋼片**にする（図2・6）。後述の連続鋳造ではインゴットとすることはない。

　スラブやビレットを厚板や形鋼など，各種の最終製品形状に成形することを**圧延**という。圧延には，鋼片を均熱炉で高温に加熱してから行う**熱間圧延**と常温のまま行う**冷間圧延**があるが，建築構造用鋼材は主に熱間圧延で造られる。

　山形鋼・みぞ形鋼などは条鋼と総称される。一定断面の条状の鋼材を圧延するには，水平軸のまわりに回転する上下の2本のロールに孔形をつくり，孔形が次第に最終製品に近づくよう何段ものロールを用意し，赤熱した鋼片をこれらのロールに通して所定の断面形状に圧延する。また，H形鋼の圧延は，水平ロールと垂直ロールを組み合わせたユニバーサル圧延機が用いられる（図2・7）。鋼管については図2・8，2・9に示す工程で製造させる。

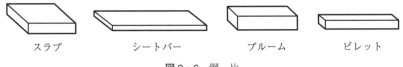

図2・6　鋼　片

2・3・4　連続鋳造

　溶鋼から鋼塊を造らずに，連続して鋼片を造れば造塊・均熱・分塊の設備および工程を省略することができて有利である。この方式は連続鋳造法と呼ばれ，近年はほとんどこの方式で生産されている。これには，垂直型・垂直曲げ型・円弧型などの型式がある。図2・10(a)に垂直型の例を示

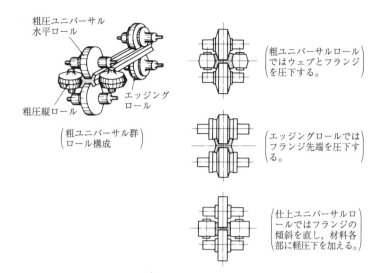

図2・7 ユニバーサル圧延

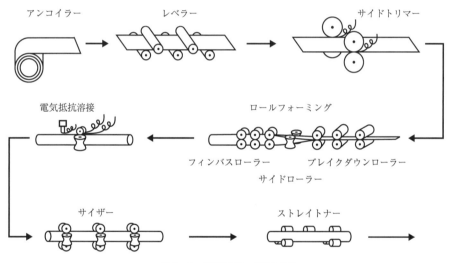

図2・8 電縫鋼管の製造工程

す。

　連続鋳造設備では，取鍋に入っている溶鋼をタンディッシュ（受け皿）を介してモールド（底のない純銅製の鋳型）に注入する。モールド頂部附近では，不純物の偏析防止の電磁かくはんを行いつつ，多量の水を高速で注いで強制冷却して溶鋼の表面を凝固させながら，所定の速度で鋳片を連続的に引き抜く。完全に凝固した後にガストーチで適当な長さに切断してスラブやブルーム・ビレットとする。その後工程の圧延も鋳片が冷却しないうちに連続して行う。

　連続鋳造によるエネルギー消費は，鋼塊から鋼片を製造する場合に比べて約1/3である。

16 第2章 鋼　　材

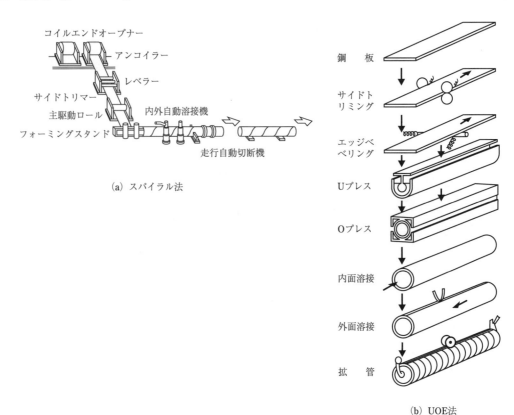

(a) スパイラル法

(b) UOE法

図 2・9　太径鋼管の製造工程例

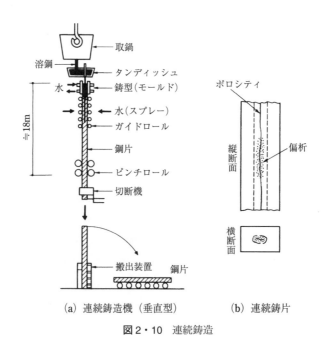

(a) 連続鋳造機（垂直型）　　(b) 連続鋳片

図 2・10　連続鋳造

2・4 鋼材の性質

鋼材の性質を示す指標にはいろいろなものがある。ここでは，建築用の鋼材として必要性能に関わる主要なものを示す。

2・4・1 機械的性質

(1) 応力度 − ひずみ度

鋼材の引張試験を行うと，図2・11の①で示すような**応力度 − ひずみ度曲線**が得られる。

応力度 σ は，単位面積当たりの引張力で，

$\sigma = P/A$ 〔N/mm², kN/cm² など〕

ひずみ度 ε は，単位長さ当たりの伸びで，

$\varepsilon = \Delta L/L$ 〔％〕

P：引張力，A：試験片の載荷前の断面積，L：標点距離，ΔL：標点間で生じた伸び

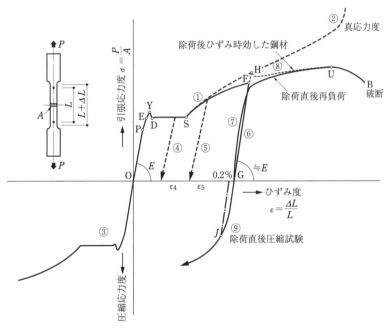

図2・11 引張応力度 − ひずみ度曲線

この関係曲線は，鋼材の特性を表す最も基本的で重要なものである。この応力度 − ひずみ度曲線は，鋼材の種類によって異なることはいうまでもなく，さらに試験片の形状や引張荷重の与え方などの試験方法により，異なった結果が得られる。そのため，鉄鋼材料に関しては，その**金属材料引張試験片**の形状は鋼材の形状・板厚・径等に応じてJISで規定されている。これらの試験片には，大別して寸法が固定されている**定形試験片**と板厚や径に応じて各部寸法を決める**比例試験片**がある。代表的なものは付録5に示すとおりである。引張試験方法については，JIS Z 2241「金属材料引張試験方法」に試験片，試験機，試験の方法，諸特性値の求め方などが規定されている。特

18 第2章 鋼　　　材

に，引張る速さによって伸び性状が変わるので試験の方法として荷重を加える速度に関しては，応力増加率あるいはひずみ増加率を均一に保つことが規定されている．

(a)　単調引張り時の特徴（図2・11）

- P点：**比例限**　OPの間は応力度とひずみ度とが直線関係にある範囲で，フックの法則が成り立つ．この範囲では $\sigma = E\varepsilon$ となる．比例定数 E を**縦弾性係数**または**ヤング係数**という．ヤング係数は，鋼材の強さによらず一定値 $E = 2.05 \times 10^5 \,\mathrm{N/mm^2}$ となる．

- E点：**弾性限**　応力度が比例限の範囲ならば，荷重を取り去るとひずみは当然O点に戻るが，応力度をPより多少高いE点まで上げても，荷重を除くとひずみはOに戻る．このE点を弾性限という．実験的にも判別は困難で，事実上はPとEとは同じ応力度であるとして扱ってさしつかえない．E点までを弾性範囲という．

- Y点：**上降伏点**　荷重をE点からさらに増大させてゆくと，応力度ーひずみ度曲線はやや曲線状となり，Y点から急に荷重が少し下がり，荷重が一定のままひずみが進行しはじめる．このY点の応力度を上降伏点という．上降伏点は荷重を加える速度，すなわちひずみ速度の影響を受けやすく，一般に速度が速いと，この値は上昇する傾向にあり，また，非常に遅い載荷速度の場合や高張力鋼では，上降伏点は現れないこともある．この降伏点をJISでは降伏応力度（σ_y）という．高張力鋼など明瞭な降伏点を示さない鋼材は，除荷したとき0.2%の永久ひずみが残る点の応力度を耐力と呼び，降伏点の代用とする．

- D点：**下降伏点**　上降伏点から少し低下した応力度で，ほぼ一定のままひずみが進行する．この現象を降伏という．このときのD点の応力度を下降伏点という．この水平の部分を降伏棚と呼んでいる．

- S点：**ひずみ硬化開始点**　下降伏応力度のまま変形が進行してS点に到ると，応力度はふたたび上昇する．この現象をひずみ硬化という．

- U点：**引張強さ**　ひずみ硬化により，応力度は増加してU点において最大値を示したあと，試験体にくびれが生じ破断する．この最大応力度を引張強さ（σ_u）という．

- B点：**破断点**　U点を過ぎると局部的にくびれが生じ，断面が急激に減少して引張力も低下して破断する．このときのひずみを破断伸びという．

- **降伏比**　σ_y/σ_u を降伏比YRという．降伏比の大小は鋼材が降伏してから破断するまでの余裕の程度を表し，構造部材の塑性変形能力の指標としている．小さいほど降伏後の変形が大きくなることから変形性能に優れることを意味する．

- **真応力度ー真ひずみ度曲線**　図2・11①で示す実線は，引張荷重を元の断面積で除した応力度とひずみ度の関係を示すが，このような応力度を**公称応力度**という．降伏点をこえて塑性ひずみが増大すると，これに伴って断面積は減少する．この荷重を刻々変化する真の断面積で除した応力度を**真応力度**という．同様にひずみについても刻々変化する標点距離で，そのときの伸びを割り算したものを**真ひずみ**という．これを図示すると，図2・11②の点線のように，応力低下のない応力度ーひずみ度関係が得られる．これを真応力度ー真ひずみ度曲線という．

通常は図2・11実線の公称応力度 ― 公称ひずみ度曲線を用いる。

・**ポアソン比（ν）**　引張り力による伸びる歪み（縦歪み）とその分太さが細くなる歪み（横歪み）の比率で，鋼材では0.3の一定値となる。この逆数をポアソン数（m）という。

(b) 除荷・再載荷時の性状

図2・11の弾性限E点を過ぎた後は，どこで除荷しても載荷初期の比例域の直線と平行に荷重0に戻るが（④，⑤線），横座標上は原点に戻ることなく，ε_4，ε_5のひずみが残留する。これを**永久ひずみ**または**残留ひずみ**という。除荷したときにひずみが残留する領域を**塑性域**という。

図中⑥線で示すF点で除荷してG点の残留変形したものを直ちに再度引っ張ると，⑦線で示すように，除荷直前のF点までほとんど弾性的に上昇し，除荷しないでそのまま荷重を加えた①線の応力とひずみの線に一致する。ただし，降伏点や降伏棚は示さない。しかし，同じG点の残留変形している試験片を1週間ないし10日程度放置し，ふたたび引張力を加えると⑧線のようになり，Y点より大きいH点に到り降伏点・降伏棚は回復するが，伸び能力は減少する。この現象を**ひずみ時効**という。また，同じ残留変形している試験片に圧縮力を加えると⑨線になり，時効完了後の試験片でも降伏点は現れず，しかもJ点に示すように，比例限が著しく低下する。このような現象を，一般に**バウシンガー効果**という。

（2）圧縮強さ

鋼材を圧縮した場合は，図2・11③線のように，降伏点付近まで引張試験の場合と同じような応力度―ひずみ度関係が得られるが，それ以後は圧縮が進むにつれて断面が増大するため，最大荷重は引張試験の場合より大きくなる。しかし，構造計算上はヤング係数や降伏点の値も含め，引張りの場合と同じ性状のものとして扱うこととしている。

（3）伸びと絞り

引張試験片の破断後の標点間の長さと，もとの標点距離との差を破断伸びという。それをもとの標点間距離に対する％で表し，**伸び**と呼んでいる。伸びは鋼材の機械的性質として降伏点や引張強さとともに，重要な特性値である。

破断部位はくびれて，断面積は小さくなる。この部分の小さくなった断面積と，もとの断面積との差をもとの断面積に対する％で表した値を**絞り**といい，鋼材の板厚方向特性に対する性質を表す目安として用いられる。

鋼材の場合，通常は伸びと絞りを伴って破断（**延性破壊**という）するが，低温で引っ張った場合とか，切欠きの存在する場合などでは伸び，絞りを伴わない破断をすることがある。これを**脆性破壊**という。

（4）硬さ

硬さは，引張強さ，降伏点，延性と脆性，ヤング係数など鋼材の基本的性質が関連しあった性質のものである。硬さと引張強さは，強い相関が認められている。

鋼材の硬さ試験として，通常用いられる方法はブリネル硬さ（HB），ビッカース硬さ（HV），ロックウェル硬さ（HRA, HRB, HRC），ショアー硬さ（HS）がある。いずれも小さな鋼球またはダイヤモンドのすい（錐）体を鋼材表面に押し付け，そのへこみ状況により判定する方法である。

（5）靭性

靭性が大きいことは，鋼材に割れが発生することと，それが伝播することを防ぐのに有効であっ

て，鋼材として重要な性質の一つである。一般的には，JIS に規定されている**シャルピー衝撃試験**が行われる。その場合には，図 2・12 に示すような小さな角棒の中央部に，同図(a)に示すような切欠きをつけた試験片を用い，切欠きのない側から所定の重さのハンマで叩いて切断するのに要するエネルギー量（これを試験片の**吸収エネルギー**（単位：J）と称する）を尺度とするものである。このエネルギー量は，図 2・12(b) の振り下ろすハンマの位置と試験片を破断した後に振り上がる位置のエネルギー量の差として計算する。また，図 2・12(c) のように，破断面の脆性破面と延性破面の占める割合を測定し，脆性破面率と称する指標も用いる（図 2・16 参照）。

鋼材に衝撃力が加わると，静的な通常の試験の場合に比べて変形速度がきわめて速いため，鋼材が十分に変形する余裕がなく，破壊の状況はもろく脆性的破断を生じるので吸収エネルギーは小さくなる。吸収エネルギーが大きいということは，鋼材の靭性が大きいことを意味する。

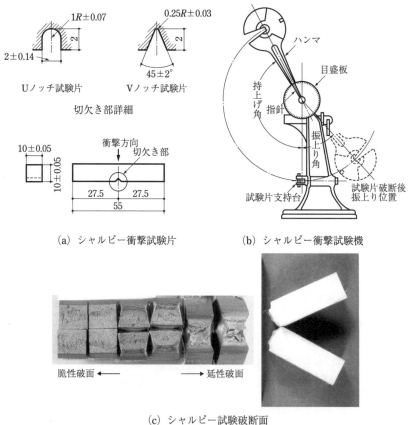

図 2・12　シャルピー衝撃試験

(6) 疲労強度

鋼材に降伏点以下の低応力の引張りを多数回繰り返すと，ある回数に達すると脆性的に破壊することがある。この現象を**疲労破壊**という。繰返し荷重の最大応力と最小応力（応力度のこと，以下同じ）の差の 1/2 を**応力振幅** S といい，図 2・13(a)に示すように，正負の応力が繰り返される場合を両振り，同図(b)のように，引張りまたは圧縮応力のみ繰り返される場合を片振りという。

繰り返される応力が小さくて，破壊するまでの繰返し数が多いものを低応力高サイクル疲労とい

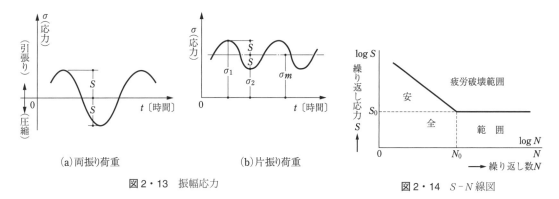

(a) 両振り荷重 (b) 片振り荷重

図2・13 振幅応力

図2・14 S-N線図

い，応力が大きくて，繰返し数が少ない破壊を高応力低サイクル疲労という。

最大応力 σ_1 に対する最小応力 σ_2 の比を一定に保って最大応力を変化させ，縦軸に応力振幅 S，横軸に繰返し回数 N をそれぞれ対数目盛りで図示すると，図2・14のようになる。この図を **S-N線図** という。普通の鋼では，$N=10^6 \sim 10^7$ 回の間で曲線は水平となり，この応力振幅以下では破壊を生じない。この図からわかるように，S-N線図以下では疲労に対して安全であり，線図の折れ曲がる点の応力 S_0 以下では，繰返し回数を増加しても疲労破壊しない。この限界応力を **疲労限界** という。

なお，建築構造物で疲労強度が問題となるのは，クレーンまたは動力機械を支持する構造など特殊なものにかぎられる。

2・4・2 高温時の性質

鋼材は，高温になると機械的性質が変化する。これは，防耐火設計に関わる要素となる。図2・15に20～500℃の範囲の普通の構造用鋼材の機械的性質の変化を示す。引張強さは，最初は温度上昇とともに大きくなり，250～300℃で最高となる。これに対して伸び・絞りは，減少して250～300℃で最小となる。この温度付近での鋼は青色の炎を発するので，この温度を **青熱脆性温度** という。温度が青熱脆性温度を超えると引張強さは急激に低下し，450℃付近で常温の1/2程度になる。降伏点・比例限は，温度上昇とともに漸次低下する。

鋼構造物が火災を受けたとき，柱・梁などの主要構造部が耐火被覆しない状態であれば，図の温度になるため非常に危険となることが図から推測される。鋼材の温度が350℃以下であれば，鋼材の降伏点は長期許容応力度

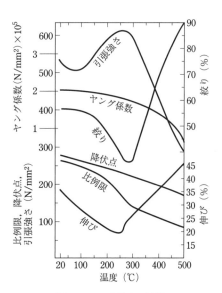

図2・15 高温時の性能

より小さくならないので，建築基準法では，火災時でも鋼材の表面温度が450℃以下かつ，平均温度が350℃を超えないよう，耐火被覆することを規定している。

最近は，Mo，Cr，Nb，V などの高温性能を向上させる元素を添加することで，耐力の低下する温度が600℃程度となる耐火鋼が開発され，実用に供されている。

2・4・3 低温時の性質

低温になると鋼材は粘り強さを失い，脆性破壊を生じる。これは，極寒冷時の建物や冷凍施設の設計に関わる要素となる。この状況を調べるのには，通常，シャルピー衝撃試験が用いられる（2・4・1(5)参照）。図2・16に，この試験結果の例を示す。この図からわかるように，通常の状態で延性破壊する材料でも，切欠きを付けて衝撃力を与えると，ある温度以下になると吸収エネルギー(衝撃値)が急激に低下し，

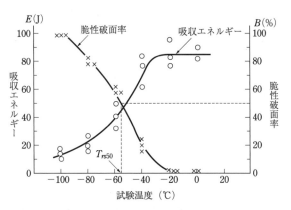

図2・16 Vノッチシャルピー衝撃試験結果例（キルド鋼）

脆性破断する。脆性破面率が50％となるこの温度を**遷移温度**（T_{rs50}）という。このように，鋼材が低温時に延性的な性質から脆性的な性質に変化することを**低温脆性**という。

2・4・4 溶接性

鉄骨構造に溶接は欠かすことができない。もし溶接部に割れその他の欠陥が生じたり，溶接熱によって母材が硬化したりすると，危険な溶接部となる。特に重要なものは，溶接部の引張強さ，溶接熱の影響による硬化と溶接部の割れの発生である。鋼の溶接性は溶接の総入熱量，パス間温度，部材板厚や形状にもよるが，主として鋼材の化学成分，すなわち鋼材中に含まれるC，Mn，Cr，Ni，Moなどの添加元素の量と冷却速度によって決まる。これらのうち，特に影響の大きいのは鋼材中の炭素の含有量である。

溶接部近傍の母材は溶接熱により溶融状態となり，これが急冷されると，その部分は焼入れされるので，溶接部を切り出して硬度を調べると，図2・17のように，溶着金属と母材の境界付近の硬度は非常に高くなっている。この部分を母材の**熱影響部**HAZ（ハズ）といい，**溶接金属**との境界を**ボンド**という。このように，溶接部付近で鋼の組織が急変していると割れを生じやすく，疲れ強さ，衝撃強さが低下するので，溶接用鋼材ではボンド部の最高硬さを，ビッカース硬さ350HV以下におさえることが一般に推奨されている。

これらのことを考慮して，炭素含有量を増

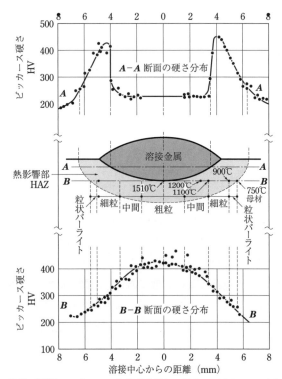

母材の鋼種H.T.50（$t=20$mm），化学成分（0.20%C, 1.38%Mn, 0.23%Si），溶接条件（170A, 25V, 150mm/min）

図2・17 溶接部の硬さ分布

して引張強さを増大している SS 490，SS 540 材は，溶接する鋼材に使用してはならないことになっている。

建築構造用圧延鋼材（SN 材の B，C）では，炭素量を増やさず，シリコン・マンガンなどの他元素を混入して強度を高めている。しかし，これら炭素以外の元素も硬化に対して影響するので，その程度を炭素量に換算し，次式のように累計したものを**炭素当量** C_{eq} と呼び，鋼材の溶接性の目安にしている（付録 6・2 参照）。

$$C_{eq} = C + \frac{Mn}{6} + \frac{Si}{24} + \frac{Ni}{40} + \frac{Cr}{5} + \frac{Mo}{4} + \frac{V}{14} \quad [\%]$$

溶接金属の冷却速度は，母材の初温と熱容量等によって定まる。初層溶接部（7・1・4 参照）は母材の温度も低く，入熱量も小さいので，冷却速度が速く硬化して割れなどの欠陥が生じやすい。したがって，母材の板厚が厚い場合とか，気温が低いとき（0°C 以下）には，溶接前に母材を予熱して溶接金属の急冷却を防止する方法がとられる。

割れは金属成分や冷却速度のみでなく，溶接部の拘束度や含有水素量が関係することから，C_{eq} のかわりに次式に示す**溶接割れ感受性指数** P_C や**溶接割れ感受性組成** P_{CM} も，溶接性の指標として用いられている。P_C が 0.3% を越すと，割れ率が急増するといわれている。

$$P_C = P_{CM} + \frac{H}{60} + \frac{t}{600} \quad [\%] \qquad H：水素量 \quad [ml/100\,g] \qquad t：板厚 \quad [mm]$$

$$P_{CM} = C + \frac{Si}{30} + \frac{Mn}{20} + \frac{Cu}{20} + \frac{Ni}{60} + \frac{Cr}{20} + \frac{Mo}{15} + \frac{V}{10} + 5B \quad [\%]$$

2・5　構造用鋼材の材質と形状

鉄骨構造に用いられる鋼材は，建築基準法・同施行令による国土交通省告示第 2464 号に規定される JIS 規格材が原則である。熱間で圧延した棒鋼・平鋼・形鋼・鋼板や鋼板を，常温でロール成形して製造する軽量形鋼・鋼管・角形鋼管などがある。代表的な鋼種の引張強さなど機械的性質は付録 6・1 に，化学成分は付録 6・2 に示す。汎用的な部材断面の形状は，図 2・18 に示す。

なお，JIS の「種類の記号」などと称する表示の内容は，次のとおりとなっている。

例 『 <u>JIS</u> <u>G</u> <u>3136</u>：<u>2012</u> <u>建築構造用鋼材</u> <u>SN</u> <u>400</u> <u>B</u> 』

- **JIS**：日本産業規格の意味で Japan Industrial Standards の頭文字
- **G**：部門区分記号，たとえば A は土木建築，B は機械，G は鉄鋼…，Z は一般を表す。
- **3136**：上の 2 桁は基準の対象物の形状用途などによる分類を区分する番号，下の 2 桁は分類ごとの連番号
- **2012**：制定または改正西暦年号
- **建築構造用鋼材**：規格名称
- **SN**：規格名称の略記号　JIS 規格の全てにあるとは限らないが，鉄鋼類には全て略記号があり日常多用している。2 文字とは限らず 3 文字，4 文字のものもある。
- **400**：材料の引張強さ [N/mm²] の規格下限値

24 第2章 鋼　　材

　　　角形鋼管の一部や鉄筋では，降伏点の下限値を表示する場合もある。
　　　同じJIS番号の中で規格によって490，520など，複数種が規定される。
B ：熱処理などの製造工程や化学成分等による溶接性・耐候性などの特性を表す記号
　　　A，B，C，W，Pなどがある。
SN 400 B：種類の記号といい，日常，これを多用している。

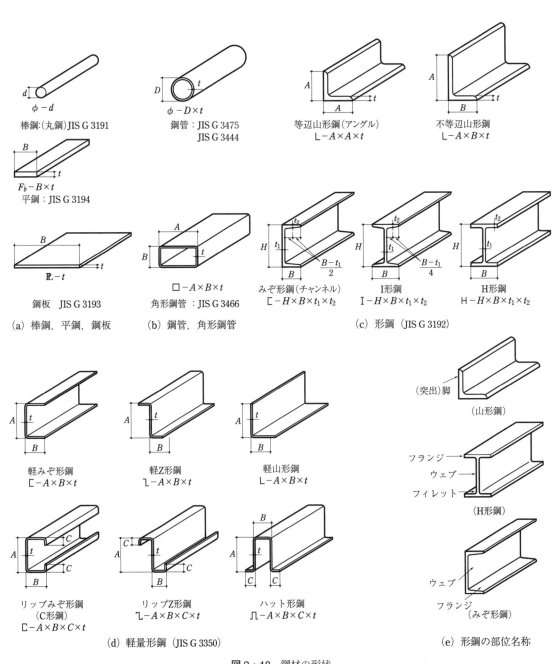

図2・18　鋼材の形状

第3章
鉄骨の構造設計

鉄骨構造物の設計方法の概要と基本となる材料の許容応力度について示した。

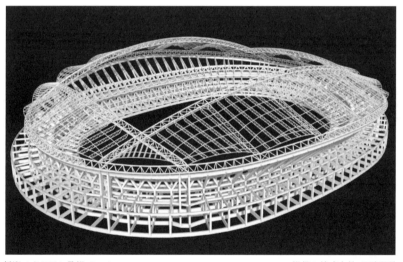

新潟スタジアム骨組ベース　　　　　　　　提供：株式会社　日建設計

3・1 構造設計の概要

鉄骨構造の**構造設計**は，企画から建設まで建築基準法・同施行令や学協会の技術的規準類のほか，多くの関連法令に基づいて行われるので，設計者は力学ばかりでなく，法令や基規準の内容を十分に理解することが必要である。

第1章で述べたいずれの架構形式でも，建築物がその機能を発揮するためには，建物に作用する各種の外力に対し，強度・変形の両面において十分安全でなければならない。すなわち，構造体各部に作用するさまざまな応力は，構造物を構成する全ての部材と接合部を経由して柱脚から基礎に伝達させることから，この力の伝達経路上の全ての部材や接合部で，有害な変形や損傷の発生を防止する必要がある。

建築物の構造安全性は，**構造計算**によって確認しなければならないことは法によって定められている。構造計算で建築物の構造安全性を確認する計算法は，大別して，想定する作用力に対して部材応力と伸びやたわみなどの変形を，弾性範囲に留めるように部材や接合部を設計する**弾性設計法**もしくは**許容応力度設計**と，建築物の終局強度を前提として部材や接合部の安全性を検討する**終局強度設計**または**塑性設計法**がある（図8・1参照）。塑性設計に基づく設計法は，主として耐震性の検討用として**限界耐力設計法・時刻歴応答解析法**などがあるが，いずれの設計法を用いても，通常想定する荷重に対しては弾性設計である許容応力度による検討を行うことになっている。

一般に建物の構造設計は，図3・1に示す手順で行われる。すなわち構造計画と骨組の選定，設計荷重の算定，応力計算と設計応力の算定，そして部材と接合部の設計，基礎の設計の順序で行われる。これらの設計の結果は，設計図と仕様書にとりまとめ，次工程としての専門技術者・技能者の手による工場製作，工事場施工の順で完成する。なお，構造全体・部材・接合部などの「設計」ということは，必要とする耐力・剛性等の性能を充足するように，架構形式，鋼種，部材の断面形状を決めることである。しかし建築構造物では，部材や接合部形状を未知数としていくら必要な条件を与えても，解を得ることができないものである。すなわち，架構形式と部材や接合部は設計者が仮定し，その仮定した断面・形状について耐力や剛性を算定し，必要な性能の充足状況を検討するのである。必要な条件を充足しない場合や過剰に安全となった場合には，仮定をやり直して同じことを繰り返し，適切な形状を決定することを設計と称している。

建物に作用する外力は，作用時間の長短，作用方向（水平・鉛直），作用形態（集中・分布），作用状況（動的・静的）などはさまざまであるが，構造体を構成する部材の中に発生する応力は，構造力学で学習する**曲げモーメント** M，**引張軸力** T，**圧縮軸力** C，**せん断力** Q の4種類しかなく，これらが単独または複合して発生している。

軽微なブレースやトラスの部材などで，引張力のみが作用する部材を引張材という。柱やトラスの部材などで，圧縮力が作用する部材を圧縮材と呼び，梁などの曲げモーメントおよびせん断力が作用する部材を曲げ材といい，それぞれの部材挙動には特性があり，それぞれを正しく理解しなければならない。

M，T，C，Q によって部材に生ずる力学的現象は，破損（耐力）と変形（剛性）に分けられる。応力と部材の挙動を要約すると，表3・1となる。これらの現象は使用している部材の断面の

3・1 構造設計の概要　27

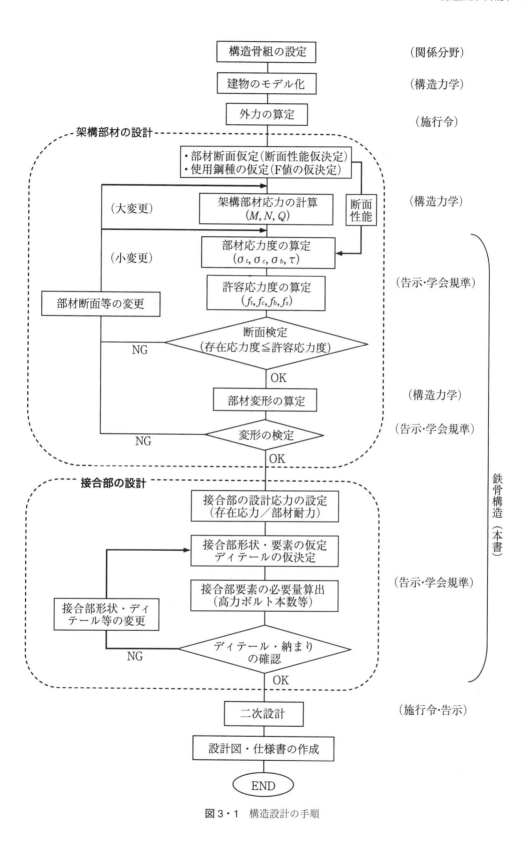

図3・1　構造設計の手順

表3・1 部材応力と部材の挙動

応 力	変 形 現 象	変 形 評価用指標	破 壊 現 象	破 壊 評価用指標
曲げモーメント(M)	たわむ(δ)	断面二次モーメント(I) $\delta \propto \dfrac{M}{EI}$	折れる	断面係数(Z) $\left(\sigma_b = \dfrac{M}{Z}\right)$
引張軸力(T)	伸びる(Δ)	断面積(A)：長さ(L) $\Delta = \dfrac{T}{EA}L$	引きちぎれる	断面積(A) $\left(\sigma_t = \dfrac{T}{A}\right)$
圧縮軸力(C)	縮む(Δ)	同上	つぶれる 座 屈	細長比 $\left(\lambda = \dfrac{l}{i}\right)$ $\left(\sigma_{cr} = \dfrac{\pi^2 E}{\lambda^2}\right)\left(\sigma_c = \dfrac{C}{A}\right)$
せん断力(Q)	ずれる(γ)	断面積(A) $\gamma = k\dfrac{Q}{GA}$	ずれ切れる	断面一次モーメント(S) $\left(\tau = \dfrac{QS}{bI}\right)$

形状によって定まる断面性能（断面積 A，断面一次モーメント S，断面二次モーメント I，断面係数 Z，断面二次半径 i）を用いて安全性を検討する。

部材については，建築物の使用する部位や発生応力の状況および納まりの適合性に対して最適となるように鋼種と断面形状を付録6，図2・18に示す多様な鋼材の中から選定する。

部材の安全性について，耐力面では発生する応力 M，T，C，Q を断面性能を用いて，表3・1に例示する応力度に換算し，3・2に示す鋼材ごとの許容応力度以下となるようにする。応力的には，許容応力度より十分小さくても，変形が限界値となることは鉄骨では生じうるので，剛性の安全性として作用する応力時の変形を求め，許容限界以内にあるようにする。

一方，接合部では耐力と剛性について**部材の連続性**と施工性を確保することになる。すなわち，接合部が伝達する応力状況と溶接，高力ボルト，ボルトなどの接合要素の力学的特性を活用しつつ，接合部の局部変形・局部応力を防止し，必要かつ円滑な応力の伝達を図らなければならない。接合部の設計には次のような考え方があり，設計対象とする応力が異なる。

(a)　存在応力設計

構造物の自重や外力によって接合部分に生じる応力に対し，安全となるように設計する方法である。応力の小さい部位に接合部を設けたときは，過小な接合部となることが起こり得るので，部材の耐力の半分は伝達できるようにするのが一般的である。

(b)　全強設計

接合部の強さを接合部位に存在している応力ではなく，接合される部材そのものの耐力と同等以上にする方法である。ボルト接合部で部材にボルト孔欠損が生じる場合は，欠損断面の部材耐力を伝達できるようにしている。

(c)　保有耐力設計

接合部の最大強さが，部材の降伏強さを一定の安全率をもって上まわるように設計する方法である。地震時に部材が塑性変形した場合にも，接合部が破断しないようにし，構造物のねばり強さを確保するための条件として用いられている。

現在，実際の設計では，ほとんど全強設計と保有耐力設計が使われる。なお，構造安全の確認は，上記の各検証の後に部材や構造物全体の変形や振動，基礎の不同沈下など，周辺環境に対しても必要に応じた検討をする。最終的には，その内容を設計図書（設計図・仕様書）として表示する。

3・2 鋼材の許容応力度

構造骨組を構成する部材の強度（耐力）的安全性を計算で確認する方法として，許容応力度計算によるものがある。これは構造物の各部材に発生する曲げモーメント M，引張力 T，圧縮力 C，せん断力 Q により，部材内部に発生する単位面積当たりの力（**応力度**〔N/mm^2〕）を算出し，鋼種ごとにその強さに応じて定めている許容限界値を超えないようにする方法であり，この限界値を**許容応力度**という。

許容応力度は，同一鋼種でも板厚や応力の種類によって異なる値となる。そこで各鋼種ごとに JIS などで規定されている降伏点の下限値または，高張力鋼のように，降伏比の大きいものでは引張強さの 70% のいずれか小さいほうの値を，許容応力度設定の基準の値 F（法令上では**基準強度** F と称している）として表記し，これを安全率で除した式で表示している。これは，引張強さや降伏強さの異なるいろいろな鋼種に対する許容応力度を F という記号を用いることで，統一的に表示するためのものである。この F の値は，表 3・2 に例示するように，鋼種・板厚に応じて異なる値が規定されている。同表でわかるように，同じ鋼種でも板厚によって F の値は異なる。これは，同じ鋼片から製造した鋼材でも，薄くするほど圧延の効果により強度が上昇する特性を反映したためである。

なお，部材に発生する応力が構造物に作用する荷重の長期荷重・短期荷重により，安全率を 1.5 と 1.0 とすることで，同じ材料でも荷重の種類によって許容応力度が変わるしくみとなっている。

表 3・2 代表的な構造用鋼材および溶接部の許容応力度の基準強度 F
（平成 12 年 12 月 26 日，建設省告示第 2464 号より抜粋）

（板厚の単位：mm）

規 格	400N/mm² 級鋼		490N/mm² 級鋼		520N/mm² 級鋼		
JIS G 3101	SS400						
JIS G 3106	SM400A, SM400B, SM400C		SM490A, SM490B, SM490C SM490YA, SM490YB		SM520B, SM520C		
JIS G 3114	SMA400AW, SMA400AP SMA400BW, SMA400BP SMA400CW, SMA400CP		SMA490AW, SMA490AP SMA490BW, SMA490BP SMA490CW, SMA490CP				
JIS G 3136	SN400A, SN400B, SN400C		SN490B, SN490C				
JIS G 3444	STK400		STK490				
JIS G 3475	STKN400B, STKN400W		STKN490B				
JIS G 3466	STKR400		STKR490				
基準強度 F 〔N/mm^2〕	板厚≦40	40<板厚≦100	板厚≦40	40<板厚≦100	板厚≦40	40<板厚≦75	75<板厚≦100
	235	215	325	295	355	335	325

3・2・1　長期応力に対する許容応力度

許容応力度には，表3・2の鋼種ごとに定められた基準強度 F に基づいて表3・3に示すものが施行令として示されている。

表3・3　鋼材の許容応力度（単位：N/mm²）（施行令第90条）

鋼材の種類＼許容応力度	長期応力に対する許容応力度				短期応力に対する許容応力			
	圧縮	引張り	曲げ	せん断	圧縮	引張り	曲げ	せん断
一般構造用鋼材 溶接構造用鋼材	$\dfrac{F}{1.5}$			$\dfrac{F}{1.5\sqrt{3}}$	長期応力に対する圧縮・引張り・曲げまたはせん断の許容応力度の，それぞれの数値の1.5倍とする。			

この表において，F は基準強度で表3・2による。

(a)　許容引張応力度 f_t

全鋼種について基準強度 F に対して1.5の安全率をとって，次式としている。

$$f_t = \frac{F}{1.5} \quad [\text{N/mm}^2] \tag{3・1}$$

(b)　許容せん断応力度 f_s

せん断弾性ひずみエネルギー説によれば，せん断で降伏する応力度は引張りの場合の $1/\sqrt{3}$ となることを考慮し，許容せん断応力度は次式としている。

$$f_s = \frac{F_s}{1.5} \qquad F_s = \frac{F}{\sqrt{3}} \tag{3・2}$$

なお，垂直応力とせん断力によって局部座屈する恐れのある部分には適用はできない。

この値は，次のようにして誘導している。鋼材の破壊に対する仮説のミゼス・ヘンキー（Mises Hencky）のせん断弾性ひずみエネルギー説では，平面応力状態では式(3・3)で表せる。

$$f_t^2 = \sigma_X^2 + \sigma_Y^2 - \sigma_X \sigma_Y + 3\tau_{XY}^2 \tag{3・3}$$

$\sigma_X,\ \sigma_Y$：垂直応力度　　τ_{XY}：せん断応力度

純せん断応力状態では，$\sigma_X = \sigma_Y = 0$ であるから，式(3・2)が得られる。

(c)　許容圧縮応力度 f_c

圧縮を受ける部材には，柱のように，座屈を考えなければならない場合と，局部的なもので座屈を考えなくてもよい場合とがある。前者については「第5章　圧縮材の力学」で詳述するので，ここでは許容圧縮応力度の式を示す。

$$\left.\begin{array}{l} \lambda \leqq \Lambda\ ;\quad f_c = \dfrac{\left\{1 - 0.4\left(\dfrac{\lambda}{\Lambda}\right)^2\right\}F}{\dfrac{3}{2} + \dfrac{2}{3}\left(\dfrac{\lambda}{\Lambda}\right)^2} \\[2em] \lambda > \Lambda\ ;\quad f_c = \dfrac{0.277 F}{\left(\dfrac{\lambda}{\Lambda}\right)^2} \end{array}\right\} \tag{3・4}$$

λ：細長比　　Λ：限界細長比 $= \sqrt{\dfrac{\pi^2 E}{0.6 F}}$

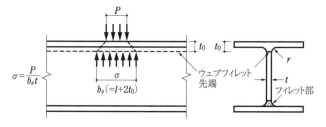

図3・2 ウェブフィレット先端の局部圧縮応力

後者については，図3・2に示すようなウェブフィレット先端の局部的な応力 σ に対する許容圧縮応力度 f_c' を，次のように与えている。

$$f_c' = \frac{F}{1.3} \quad [\text{N/mm}^2] \tag{3・5}$$

この値は，式(3・1)と比較してわかるように，短期応力に対して弾性限を超えているが，局所的であるから，塑性変形が生じても構造全体から見れば微小であり，耐力的に問題が生じないとみなして定めたものである。

(d) 許容曲げ応力度 f_b

1) 図3・3のような形鋼梁では，弱軸まわりでは横座屈は生じないが，強軸まわりに曲げモーメントを受ける場合は，横座屈が生じる。したがって，許容曲げ応力度も，許容圧縮応力度と同じように，座屈を考慮する場合と，そうでない場合とに分けられる。前者については，「第6章 曲げ材の力学」で詳述するので，ここでは式だけを示す。すなわち，法令では長期応力に対して式(3・6)の2式のうち，いずれか大きい値としている。

$$\left.\begin{array}{l} f_b = \left\{1 - 0.4 \dfrac{\left(\dfrac{l_b}{i_y{}^*}\right)^2}{C\Lambda^2}\right\} \dfrac{F}{1.5} \\[2mm] f_b = \dfrac{1}{1.5} \dfrac{0.65E}{\left(\dfrac{l_b h}{A_f}\right)} = \dfrac{89000}{\left(\dfrac{l_b h}{A_f}\right)} \end{array}\right\} \tag{3・6}$$

l_b：圧縮フランジの支点間距離　　Λ：限界細長比（図5・9参照）
C：補正係数　　A_f：圧縮フランジ断面積　　h：梁せい
$i_y{}^*$：圧縮フランジと梁せいの $\dfrac{1}{6}$ からなる T 形断面のウェブ軸まわりの断面二次半径

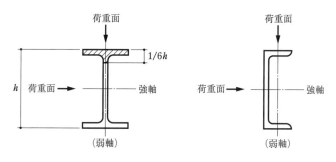

(a) 荷重面内に対称軸を　　(b) 荷重面内に対称軸を
　　有する断面　　　　　　　　有しない断面

図3・3 荷重と形鋼の対称軸

2) 形鋼梁などの弱軸（図3・3参照）まわりの曲げでは横座屈を考えないでよいから，許容曲げ応力度 f_b は，引張りに対する許容応力度と同等として，次式としている。

$$f_b = f_t = \frac{F}{1.5} \quad [\text{N/mm}^2] \tag{3・7}$$

3) 図3・4(a) のようなベアリングプレートなど，鋼板の面外曲げに対する許容応力度 f_{b1} は構造全体に対して支障のない程度の塑性変形を許し，建築学会の規準では式(3・8)の値としている。

$$f_{b1} = \frac{F}{1.3} \quad [\text{N/mm}^2] \tag{3・8}$$

4) 図3・4(b) のような曲げを受ける円形断面のピンに対する許容応力度 f_{b2} は，3) と同様の理由から式(3・9)としている。

$$f_{b2} = \frac{F}{1.1} \quad [\text{N/mm}^2] \tag{3・9}$$

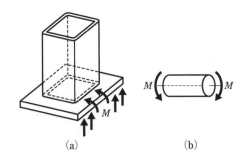

図3・4　ベアリングプレート，ピンの曲げ

(e) 許容支圧応力度 f_l

1) ボルトで接合される鋼材の孔内面でボルトと接触する面の許容支圧応力度は，式(3・10) としている。

$$f_l = 1.25F \tag{3・10}$$

2) 図3・5のようなピン，および図3・6のような荷重点スチフナの接触部，その他接触応力を受ける仕上面一般に対する許容支圧応力度 f_{p1} は，式(3・11) としている。

$$f_{p1} = \frac{F}{1.1} \quad [\text{N/mm}^2] \tag{3・11}$$

ただし，接触する2材の材質が異なるときは，基準値 F は小さいほうの値をとる。なお，支圧応力度 σ_p は，式(3・12)で算定する。

$$\sigma_p = \frac{P}{A_p} \quad [\text{N/mm}^2] \tag{3・12}$$

$$A_p = td$$

ここで，P：圧縮力〔N〕　A_p：一般に接触部の面積〔mm²〕　ただし，ピン接合にあっては，ボルトの軸径に板厚を乗じた投影面積とする。

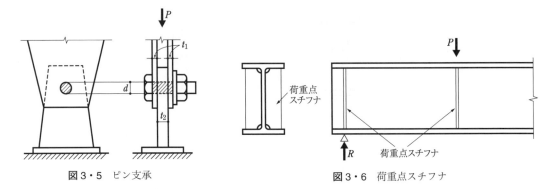

図3・5　ピン支承　　　　　図3・6　荷重点スチフナ

t：板の厚さ〔mm〕　　d：ピンの直径〔mm〕

3) 図3・7のようなすべり支承，ローラ支承部の許容支圧応力度 f_{p2} は，式(3・13)としている。

$$f_{p2}=1.9F \quad [\text{N/mm}^2] \tag{3・13}$$

ただし，接触する2材の材質が異なるときは，基準値 F は小さいほうの値となり，支圧応力度 σ_p は式(3・14)で算定する（図3・7参照）。

$$\sigma_p=0.42\sqrt{\frac{PE}{br}} \quad [\text{N/mm}^2] \tag{3・14}$$

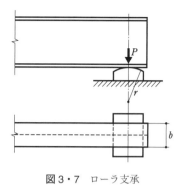

図3・7 ローラ支承

E：鋼材のヤング係数（表3・4参照）〔N/mm²〕
b：支承部の幅〔mm〕
r：支承部の曲率半径〔mm〕

(f) 組合せ応力を受けるときの許容応力度

垂直応力度とせん断応力度が生じる構造部分の応力度は，式(3・15)を満足しなければならない。

$$f_t^2 \geqq \sigma_x^2 + \sigma_y^2 - \sigma_x\sigma_y + 3\tau_{xy}^2 \tag{3・15}$$

σ_x, σ_y：互いに直交する垂直応力度〔N/mm²〕
τ_{xy}：σ_x, σ_y の作用する面内のせん断応力度〔N/mm²〕

3・2・2　短期応力に対する許容応力度

長期荷重による応力に対する許容応力度と，地震力や風圧力などの短期荷重による応力に対する許容応力度は鋼材の種類，応力度の種類によらず，

（長期応力に対する許容応力度）：（短期応力に対する許容応力度）＝1：1.5　　　　(3・16)

としている。すなわち，鉄骨構造では長期荷重に対しては1.5の材料安全率を考慮しているが，短期に対しては安全率はないことになる。これは，構造計算時に想定する短期荷重として，地震力は中地震程度の地震を対象として構造体に加わる水平力を考慮しており，風圧力は50年再現期待値を考慮し，積雪量では過去の最深積雪量を前提とするなど，短期荷重としては過去の経験を基に十分に大きな状態に設定している。一方，鋼材は工業製品であり，降伏点の下限は確保されていることから，許容応力度を降伏点までとしているためである。

3・2・3　繰返し応力に対する許容疲労強さ

鋼材が繰り返し力を受けるとき，それによる最大応力が静的な破壊応力より小さい場合でも，破壊することがある。この現象を**疲労破壊**（2・4・1(6)参照）といい，疲労破壊強度と繰り返し数の関係は，S-N線図で示される。繰返し回数が 1×10^4 回以上の疲労荷重を受ける部材および接合部に対しては，疲労破壊に対する安全性の確認を行う必要がある。疲労強度は応力集中，特に切り欠きに非常に影響されるので繰返し荷重を受ける構造物の部材は，相互に鋭い角度で交叉しないように交叉部に丸みを持たせるなどをして，応力の円滑な伝達など，構造物全体にわたって注意することが大事である。ただし，せん断力のみを受ける高力ボルト摩擦接合では，繰り返し応力による

影響は無視してよい。

建築構造物で疲労強度が問題となる構造部材は，クレーンガーダまたは動力機械を支持する部材など，特殊なものに限られている。したがって，ここでは日本建築学会「鋼構造許容応力度設計規準（第1版）」に規定されている疲労破壊に対する安全性の確認方法の概要を示す。詳細は，学会規準を見られたい。

学会規準では，部材や接合部に作用する繰り返し力の最大応力と最小応力の差を繰り返し応力の範囲（応力振幅 $\Delta\sigma_e$）と称し，作用応力の種類（垂直応力・せん断応力）と継手形式の組合せ別に，繰り返し数に応じて算定する**許容疲労強さ**（$\Delta\sigma_a$）以下とすることが規定されている（式3・18）。なお，当然ながら応力の範囲が打ち切り限界 $\Delta\sigma_L$（疲労限界）以下の場合は，検討する必要はない。

$$\Delta\sigma_e \leqq \Delta\sigma_a \tag{3・17}$$

　　$\Delta\sigma_e$：繰り返し応力の範囲

　　$\Delta\sigma_a$：許容疲労強さ

ここで，許容疲労強さ $\Delta\sigma_a$ は，応力の種類（垂直応力・せん断応力）と接合部の形式の組合せごとのS-N線図に基づき，繰返し回数 2×10^6 回で疲労破壊するときの応力を**基準疲労強さ**（$\Delta\sigma_F$）と定義して定められている値と，繰返し数 N によって3・8図中の式(3・18)で求めることにしている。しかし，不規則な繰り返し力によって生じる変動応力振幅の場合は，マイナー則に従って等価な一定応力振幅に換算するか，あるいは**累積損傷度** D（$D=1$ のとき破壊）によって確認することとしている。

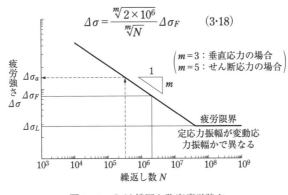

図3・8　S-N線図と許容疲労強さ

3・3　たわみの限度

部材に発生する応力度が許容応力度以下であっても，構造物が過大な変形を生じることがある。こうした変形は防止しなくてはならない。

梁などは，**たわみ**が過大になると仕上材を損傷したり，ねじれなどによる二次応力を誘発して，構造上障害を生じる。また，床が振動して居住者に不快感を与えたり，クレーンの支持梁のたわみが大きいと，クレーンが走行しなくなるなどの使用上の障害も生じる。鉄骨構造は，部材に発生す

る応力度が許容応力度以下であっても，構造物に過大な変形を生ずることがある．これを防止するために，たわみを適当な範囲に制限しておくことは，構造設計上大切なことである．梁のたわみは，通常曲げたわみを考えればよいが，トラス梁など非充腹梁では，せん断変形によるたわみも併せて考えなければならない場合もある．H形鋼梁など，通常われわれが使用する上下対称な梁の曲げたわみは，最大曲げ応力度 σ_b を用いて次式で概算できる．

$$\frac{\delta}{l} = k \frac{\sigma_b l}{Eh} \qquad (3 \cdot 19)$$

l：スパン〔mm〕　　h：梁せい〔mm〕　　E：ヤング係数〔N/mm²〕
σ_b：曲げ応力度（$=M/Z$）　　k：支持条件等による定数
単純支持　中央集中荷重　$k=1/6$　　等分布荷重　$k=5/24$
両端固定　中央集中荷重　$k=1/12$　　等分布荷重　$k=1/16$

建設省告示 1459 号では，$h/l > 1/15$（h：梁せい）を満たさない場合には，たわみの検証が必要としているが具体的数値は 1/250 としている（p. 84，6・4・6 参照）．一方，鋼構造許容応力度設計規準では，たわみの限度を構造部材に応じて次のように定めている．

1) 一般の梁　　　　　　　　　　　　　　　　　　　　　$\delta/l \leq 1/300$
2) 片持梁　　　　　　　　　　　　　　　　　　　　　　$\delta/l \leq 1/250$
3) もや・胴縁
 　スレートなど損傷を受けやすい仕上材の場合　　$\delta/l \leq 1/200$
 　亜鉛鉄板のように多少たわんでも差し支えないもの　$\delta/l \leq 1/150$
3) 天井走行クレーン用クレーン梁
 　手動クレーン　$\delta/l \leq 1/500$
 　電動クレーン　走行速度 60 m/min 以下で軽微なもの　$\delta/l \leq 1/500 \sim 1/800$
 　　　　　　　　走行速度 90 m/min 以下の一般用　　　$\delta/l \leq 1/800 \sim 1/1000$
 　　　　　　　　走行速度 90 m/min 以下または製鉄・製鋼用クレーンなど
 　　　　　　　　　　　　　　　　　　　　　　　　　　$\delta/l \leq 1/800 \sim 1/1200$

なお，式(3・19)の σ_b に許容曲げ応力度 f_b を代入して次式のように変形し，たわみの限度を上述の範囲で適当に定めれば，設計に当たって必要な梁せい h をあらかじめ仮定する式として使用できる．

$$\frac{h}{l} = k \frac{f_b}{E} \frac{l}{\delta} \qquad (3 \cdot 20)$$

通常，梁せいとスパンの比（h/l）は 1/15～1/25 程度である（6・4・6 参照）．

このほかに，風圧力・地震力などの水平力による水平変形についても配慮しなければならない．法令では原則として，地震力に対しては層間変形角 1/200 以下とするよう規定されている．但し，仕上材に損傷がないことが確認された場合は $\frac{1}{120}$ まで緩和される．なお，風荷重に対しては層間変形角の規定はなく，部材が許容応力度以内にあることを確認するものとしている．

3・4 材料定数

構造用鋼材の材料定数のうち**ヤング係数・せん断弾性係数・ポアソン比**および**線膨張係数**は，鋼種および板厚によらず表3・4に示す値とすることとしている。

表3・4 鋼材の材料定数

材料＼定数	ヤング係数 E 〔N/mm^2〕	せん断弾性係数 G 〔N/mm^2〕	ポアソン比 ν	線膨張係数 α (1/℃)
鋼材	205×10^3	79×10^3	0.3	0.000012

第4章
引張材の力学

　引張力を受ける筋かいやトラス部材などの引張材の力学理論とそれに基づく設計方法について示した。

地震による山形鋼筋かいの破断　　　　　　　　　　　提供：橋本研究室

4・1 概要

鋼材は，引張材として使用するのが最も効率的である。しかし，つり屋根構造など特殊な構造以外，引張材を主要構造部材として鋼材の特性を有効に利用できるものはなく，一般の鉄骨構造での引張材は**筋かい，トラスの弦材**および**腹材**など使用箇所が限られている。

軽微な引張材には 2・5 に示した**丸鋼・山形鋼・平鋼・みぞ形鋼**などが用いられ，高層建築物の筋かいなど高応力を受ける引張材には，**みぞ形鋼**などの**組立引張材**や**鋼管・H形鋼**などが用いられる。

4・2 引張材の検定

引張材の検定では，部材の引張応力度を算出し，これが 3・2・1 で示した許容引張応力度以下となるようにする。接合用のボルト孔がある引張材では，引張応力度の算出にボルト孔による断面欠損を考慮した**有効断面積**を用いる。

$$\sigma_t = \frac{T}{A_e} \leqq f_t \tag{4・1}$$

σ_t：引張応力度　　T：引張力　　f_t：許容引張応力度（長期）
A_e：有効断面積（全断面積からボルト孔部分を差し引いたもの）

4・3 有効断面積

接合部にボルトまたは高力ボルト孔を穿ける場合，引張材の断面検定では，ボルト孔による断面欠損を考慮した（差し引いた）有効断面積を用いる。

ボルトの配置としては，並列ボルト配置の場合と千鳥または不規則なボルト配置がある。

（1） 並列ボルト配置の場合

図 4・1 のような並列ボルト配置の場合は，図中に**想定破断線**として示すボルト孔の中心を通る材軸に垂直な実断面を**有効断面積** A_e と考え，式(4・2)により計算する。図 4・1 の場合では $n=3$ となる。

$$A_e = A_0 - ndt = t(w - nd) \tag{4・2}$$

A_0：引張材の全断面積
d：ボルト孔の径
w：板材の幅
n：引張力と垂直な同一断面中にあるボルトの数
t：板材の厚さ

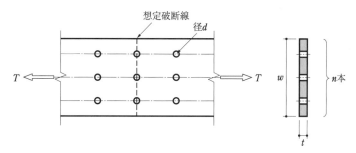

図4・1 並列ボルト配置

（2） 千鳥または不規則なボルト配置の場合

図4・2(a) のように，千鳥または不規則なボルト配置の場合は，図4・2(b)～(h) に示すように考えられるすべての破断線を想定する。各々の**想定破断線**ごとに，その破断線上の隣接するボルト孔のゲージ寸法 g と材軸方向ずれ寸法 b との関係により，順次，ボルト孔の控除する率 α を式 (4・3) を用いて定める。b，g は，想定破断線の隣接ボルト相互について算定する。

$$\left.\begin{array}{ll} \dfrac{b}{g} \leqq 0.5 \text{ のとき} & \alpha=1 \\ 1.5 > \dfrac{b}{g} > 0.5 \text{ のとき} & \alpha=1.5-\dfrac{b}{g} \\ 1.5 \leqq \dfrac{b}{g} \text{ のとき} & \alpha=0 \end{array}\right\} \qquad (4\cdot3)$$

図(e)のように，破断線上に3つのボルト孔が存在する場合，第2ボルト孔の控除率 α は第1ボルト孔を原点として考え，第3ボルト孔の控除率は第2ボルト孔を原点として考える。3孔以上の場合も，順次，隣接する b/g を計算して式 (4・3) により α の値を求め，式 (4・4) により破断線ごとに有効断面積を求め，各々の破断線の中で最小値を有効断面積とする。なお，いずれの場合も，1番目のボルト孔の控除率 α は1とする。

$$A_e = A_0 - \sum \alpha d t \qquad (4\cdot4)$$

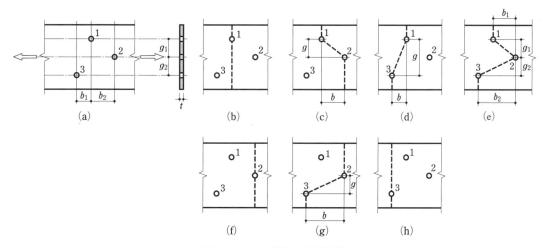

図4・2 千鳥配置の想定破断線

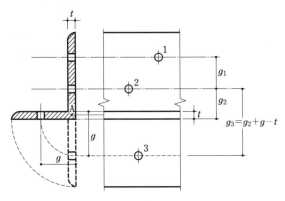

図4・3 山形鋼のゲージ

　山形鋼など平板でない場合は，図4・3のように，安全側となるように図中A（板厚中心点）を中心として脚を展開して，展開したものを鋼板と見立てて g_3 および全幅 w を求め，鋼板の場合と同様に有効断面積の計算を行い，それらの中で最小のものを有効断面積とする。

(3) 偏心引張材の場合

　山形鋼などをボルトまたは溶接で，図4・4のように，ガセットプレートに接合すると，ボルト列重心線（一般には形鋼のゲージライン）と形鋼の重心線が一致しないので，偏心モーメントが作用するが，図4・4(a) のように2つの山形鋼の背中合せ材の場合は，偏心が1方向であり，偏心の影響は部材に対してあまり大きくないことから，この影響は無視することとしている。

　しかし，図4・4(b) のような単一山形鋼の場合は，図4・5に示すように，2方向に偏心（e_x, e_y）した偏心接合となり，その影響を無視できない。したがって，この場合は，引張力と偏心モーメントを受ける部材として断面を検定する必要がある。しかし，計算が複雑になるので，実務的には突出部の1/2の断面積を無視することにより，その影響を考慮したこととし，この状態からボルト孔を控除した断面積（図4・5(b) のハッチ部分）を有効断面積として，式（4・1）を用いて検定を行う。

　溝形鋼の場合も，図4・6(a) に示すように，突出部の1/2を無視し，かつ，ボルト孔も控除し

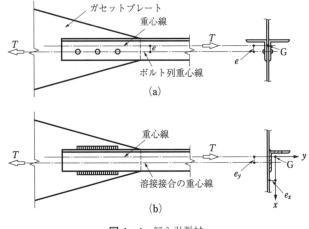

図4・4　偏心引張材

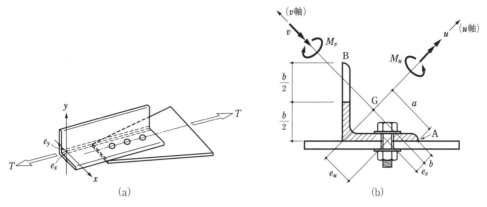

図4・5 山形鋼とガセットプレートの接合

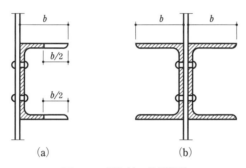

図4・6 偏心材の有効断面

た有効断面積（ハッチ部分）を用い，式(4・1)を用いて検定を行う。しかし，図4・6(b) のように，2つの部材を背中合わせで用いる場合には偏心がないので，突出脚部の1/2を無効とする必要はない。

なお，耐震設計時の保有耐力検定用の突出脚の断面控除の方法は，ここで述べた許容耐力算定方法とは異なる。このことについては8・4・3を参照されたい。

（4） 丸鋼のねじ部

丸鋼にねじを作る方法は転造と切削が普通である。切削は丸鋼からねじの溝に相当する部分を切削して作るもので，ねじの山の直径は元の丸鋼と同じになる。一方，転造は丸鋼の表面からねじの谷までねじの形をしたダイスを押し込み，盛り上がる部分でねじの山を作るので，ねじの山の外径は元の丸鋼より太くなる。このため，ねじ部分の外径とボルト円筒部の径を同じにするには，ねじを作る部分を前もって細くする必要がある。そのため同じ呼び径でも，ねじの作り方でねじ部の有効断面積が相違する。ねじ部の有効断面積（A_e）は，厳密にはねじ部有効径から算定するもので，その詳細はJIS B 1082「ねじの有効断面積および座面の負荷面積」に規定されているので，そちらを参照されたい。なお，転造するメートル並目ねじの通常のボルト類では $A_e \fallingdotseq 0.78 A_b$ となるが，基準類では安全側にまるめて $A_e = 0.75 A_b$ としている（A_b：ボルト円筒部の断面積）。

なお，ねじ部のある丸鋼の代表的な部材はターンバックルボルトがある。これの詳細については，JIS A 5540-2008「建築用ターンバックル」を参照されたい。

4・4 引張材に対する注意

(1) 組立引張材のつづり合せ間隔

2以上の鋼板・平鋼をボルトなどでつづり合わせて組立引張材とする場合は，それぞれの素材が一体となって働くようにする。

図4・7のように，2以上の形鋼をボルト・高力ボルトまたは溶接でつづり合わせて組立引張材とするときは，つづり合せのピッチは100cm程度以内とする。

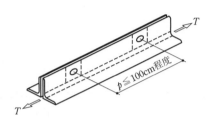

図4・7 組立引張材

(2) 引張材の細長比

引張材があまり細長いとたわみが生じやすく，初期変形が大きくなり，引張材の効果が減少するので，**細長比**をある限度以下にすることが望ましい。建築学会規準には，これに対する具体的な規定がないが，参考のため AISC（アメリカ鋼構造協会）規準に規定されている引張材の細長比の限度を示す。

主材　$\lambda \leqq 240$，　　筋かいまたは二次部材　$\lambda \leqq 300$

ここで，細長比 λ は次式による。

$$\lambda = \frac{l}{i} \tag{4・5}$$

　　l：引張材の支点間距離
　　i：引張材の断面二次半径 $\left(i = \sqrt{\dfrac{I}{A}}\right)$

例題1　引張材有孔板の有効断面積

図4・8のように，板厚(t) 12 mm，幅(w) 210 mm の鋼板に直径(d) 22 mm のボルト孔があいている鋼板の有効断面積を求める。

図4・8の点線のような破断線Ⅰ〜Ⅴを想定し，各部破断線ごとに有効断面積を以下のとおり算出する。

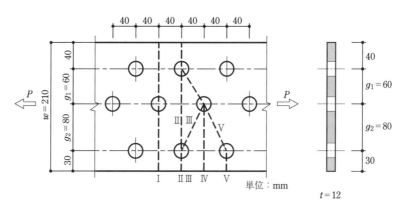

図4・8　プレートとボルト孔位置

[解]

(1) 破断線Ⅰ

ボルト孔は1つであるから，
$$A_e = t(w-d) = 1.2 \times (21.0 - 2.2) = 22.56 \text{ cm}^2$$

(2) 破断線Ⅱ

第1ボルトに対し，$a_1 = 1.0$

第2ボルトは第3行目のボルトとなり，$g = g_1 + g_2 = 6.0 + 8.0 = 14.0$，$b = 0$ から，
$$\frac{b}{g} = 0.0 \leq 0.5$$

したがって，$a_2 = 1.0$

よって，$A_e = A_0 - (a_1 + a_2) dt$
$$= t\{w - (a_1 + a_2) d\} = 1.2\{21.0 - (1.0+1.0) \times 2.2\} = 19.92 \text{ cm}^2$$

(3) 破断線Ⅲ

第1ボルトに対し，$a_1 = 1.0$

第2ボルト（第2行目のボルト）は第1ボルトとの関係から，$\dfrac{b}{g_1} = \dfrac{4.0}{6.0} = 0.67$

したがって，$a_2 = 1.5 - 0.67 = 0.83$

第3ボルト（第3行目のボルト）は第2ボルトとの関係から，$\dfrac{b}{g_2} = \dfrac{4.0}{8.0} = 0.5$

したがって，$a_3 = 1.0$

よって，$A_e = A_0 - (\alpha_1 + \alpha_2 + \alpha_3)dt = t\{w - (\alpha_1 + \alpha_2 + \alpha_3)d\}$
$= 1.2 \times \{21.0 - (1.0 + 0.83 + 1.0) \times 2.2\} = 17.72 \text{ cm}^2$

(4) **破断線Ⅳ**

第1ボルトに対し，$\alpha_1 = 1.0$

第2ボルト（第2行目のボルト）は第1ボルトとの関係から，$\dfrac{b}{g_1} = \dfrac{4.0}{6.0} = 0.67$

$\alpha_2 = 1.5 - 0.67 = 0.83$

よって，$A_e = A_0 - (\alpha_1 + \alpha_2)dt = wt - (\alpha_1 + \alpha_2)dt$
$= 1.2 \times \{21.0 - (1.0 + 0.83) \times 2.2\} = 20.36 \text{ cm}^2$

(5) **破断線Ⅴ**

第1ボルトに対し，$\alpha_1 = 1.0$

第2ボルトは第1ボルトとの関係から，$\dfrac{b}{g_1} = \dfrac{4.0}{6.0} = 0.67$

したがって，$\alpha_2 = 1.5 - 0.67 = 0.83$

第3ボルトは第2ボルトとの関係から，$\dfrac{b}{g_2} = \dfrac{4.0}{8.0} = 0.5$

したがって，$\alpha_3 = 1.0$

よって，$A_e = A_0 - (\alpha_1 + \alpha_2 + \alpha_3)dt$
$= wt - (\alpha_1 + \alpha_2 + \alpha_3)dt$
$= 1.2 \times \{21.0 - (1.0 + 0.83 + 1.0) \times 2.2\} = 17.72 \text{ cm}^2$

以上より，最小断面は 17.72 cm² となる。すなわち，破断線Ⅲ，Ⅴの場合が有効断面積となる。

第5章
圧縮材の力学

圧縮力を受ける単一材および組立材の座屈現象を伴う全体挙動と局部的な挙動に対する力学理論について解説するとともに，圧縮材の具体的設計方法について示す。

曲げ座屈（オイラー座屈）　　　提供：岡田研究室

5・1 圧縮材の概要

　主として圧縮力を受ける部材を**圧縮材**と呼ぶ。鉄骨構造で圧縮材が使用される部分は，支柱のような曲げを伴わない柱材やトラス構造の弦材・腹材などである。ラーメン構造の柱は，通常，圧縮力と曲げモーメントを受けるので，純粋な圧縮材となることは少ないが，圧縮材としての力学特性も考慮して設計される。

　圧縮材には図5・1のように，部材1本の形鋼や鋼管などの**単一圧縮材**と2つ以上の小断面部材を組み合わせた**組立圧縮材**とがある。これらのうち断面の主軸が，素材をよぎる軸を**充腹軸**，よぎらない軸を**非充腹軸**という。図5・1に示すように，単一圧縮材では x, y 両主軸が充腹軸となる。

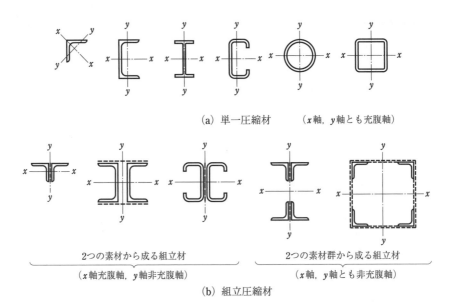

図5・1　単一圧縮材と組立圧縮材

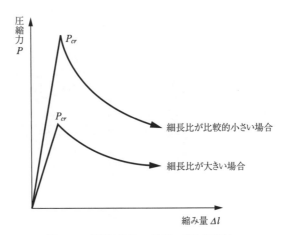

図5・2　断面が同じで材長の異なる部材の圧縮力 – 縮み量関係

組立圧縮材では，一方または両方の主軸が非充腹軸となるものがある。

まっすぐで材長の短い部材が重心位置に圧縮力を受けた場合，断面が降伏するまでフックの法則に従って縮んでいく。しかし，材長の長い部材では，圧縮力が図5・2のP_{cr}で示すある値に達すると，図5・3(a)，(b)のように，突然軸方向の縮み変形とは異なる曲げ変形が材軸直角方向に生じ，耐荷力が低下していく。このような現象を**曲げ座屈**（単に座屈と呼ぶことがある）と呼び，設計の際に考慮しなければならない不安定現象である。曲げ座屈の座屈する方向はいろいろである。各方向の座屈を生じる荷重のうち，最も低い荷重で発生する方向になる。図5・3の(a)，(b)のような2方向では，図(a)を強軸まわりの曲げ座屈，図(b)を弱軸まわりの曲げ座屈と呼ぶ。同じ材長であれば必ず弱軸まわりの座屈を生ずる。また，鉄骨断面は

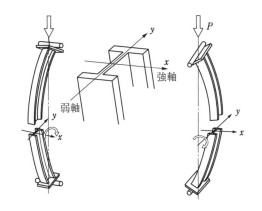

(a) 強軸まわりの曲げ座屈　　(b) 弱軸まわりの曲げ座屈

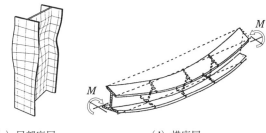

(c) 局部座屈　　(d) 横座屈

図5・3　構造物で生じる座屈

薄い板要素で構成されているので，短柱であっても圧縮力により，その板要素が図5・3(c)に示すような局部変形を起こすことがある。このような現象を**局部座屈**という。これは曲げ座屈と並んで圧縮材の耐荷力を低下させる要因となる。座屈という不安定現象は，圧縮力が作用したときだけに起こる現象ではなく，図5・3(d)に示すように，曲げモーメントによって生じる**横座屈**（第6章参照）と呼ばれるものもある。曲げ座屈・局部座屈・横座屈などのように，荷重がある値に達すると急激に本来の変形と異なった変形が生じ，耐荷力が低下する現象を総称して**座屈**と呼んでいる。この現象が鉄骨構造の設計を難しくしている最大の要因といえる。

5・2　単一圧縮材

5・2・1　オイラー座屈（弾性座屈）

曲げ座屈現象を最初に理論的に研究したのはオイラー（L. Euler）であり，弾性応力域で生じる細長い棒の曲げ座屈を，彼の名前をとって**オイラー座屈**と呼ぶ。オイラーは図5・4のように，両端ピン支持された細長い棒の座屈荷重がヤング係数Eと断面二次モーメントIに比例し，部材長lの2乗に反比例することを解析的に示し，座屈荷重P_{cr}を式(5・1)のように与えた。

$$P_{cr} = \frac{\pi^2 EI}{l^2} \tag{5・1}$$

式(5・1)は次のようにして求められる。中心圧縮力によって座屈し，図5・4のように棒がたわみ，下端からxの位置で変形量がyであるとき，その位置に発生する偏心曲げモーメントMは，$M=Py$である。したがって，この座屈時の曲げモーメントに関する釣合い式は，式(5・2)となる。(6・2・1参照)

$$EI\frac{d^2y}{dx^2}+Py=0 \qquad (5・2)$$

I：部材の断面二次モーメント
E：ヤング係数

両辺をEIで除し，$\alpha=\sqrt{\dfrac{P}{EI}}$とおくと，式(5・3)となる。

$$\frac{d^2y}{dx^2}+\alpha^2 y=0 \qquad (5・3)$$

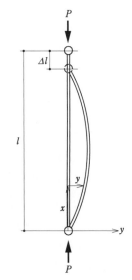

図5・4 両端ピン支持されている棒の座屈

この二階常微分方程式の一般解は，

$$y=C_1\sin\alpha x+C_2\cos\alpha x \qquad (5・4)$$

であり，積分定数C_1，C_2は材端の条件から定められる。図5・4に示される両端がピンの材端条件は，$x=0$およびlのとき$y=0$である。これより積分定数は次式となる。

$$C_2=0$$
$$C_1\sin\alpha l=0 \qquad (5・5)$$

式(5・5)の第2式からは，$C_1=0$も解として成立するが，このときは，部材全長にわたって$y=0$となり，棒はまっすぐであることを意味するので，座屈に対する解としての意味をもたない。したがって，$C_1\neq 0$で式(5・5)の第2式が成立するためには，$\sin\alpha l=0$すなわち$\alpha l=n\pi$（$n=1,2,3\cdots$）でなければならない。$\alpha=\sqrt{\dfrac{P}{EI}}$を代入すると，式(5・6)が求まる。

$$P=n^2\pi^2\frac{EI}{l^2} \qquad (n=1,2,3\cdots) \qquad (5・6)$$

式(5・6)のPはnの値に応じて無数にあるが，まっすぐな棒が圧縮力によって曲がった座屈状態に移行するのは，それらのうちの最小の荷重であり，これが座屈荷重である。よって，式(5・6)で$n=1$とすることで式(5・7)となる。

$$P_{cr}=\pi^2\frac{EI}{l^2} \qquad (5・7)$$

式(5・7)は，オイラーの座屈荷重式(5・1)にほかならない。材端支持条件が両端ピン支持と異なる圧縮材の座屈荷重も，同様の考え方で求めることができる（5・2・4参照）。

設計では式(5・7)を座屈応力度で表現しておくと便利である。そこで式(5・7)の両辺を断面積Aで割ると，次の式(5・8)のように，座屈応力度σ_{cr}として表現することができる。

$$\sigma_{cr}=\frac{P_{cr}}{A}=\frac{\pi^2 E}{\left(\dfrac{l}{i}\right)^2}=\frac{\pi^2 E}{\lambda^2} \qquad (5・8)$$

$i=\sqrt{\dfrac{I}{A}}$：断面二次半径，$\dfrac{l}{i}=\lambda$：細長比

式(5・8)の $\dfrac{l}{i}$ を**細長比**と呼び，一般に λ で表示する。座屈応力度 σ_{cr} は材料の降伏応力度とは関係せず，λ の2乗に反比例する。しかし，実際の圧縮材の最大耐力は，図5・5に示すように，まっすぐな材（図中の点線）の座屈荷重 P_{cr} に比べて低い耐力 P_u となる。これは，通常の部材は次のような点で不完全性が避けられず，座屈理論で仮定したようなまっすぐな中心圧縮材にならないことが要因となっている。

① 部材には製作誤差があり，図5・6(a)に示す範囲の元たわみが許容されている。
② 完全な中心圧縮材を設計・製作することは困難である（図5・6(b)参照）。
③ 圧延形鋼・溶接組立材などには，製作上残留応力が避けられない（図5・6(c)参照）。

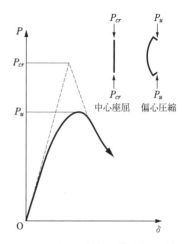

図5・5 偏心圧縮材の荷重変形曲線

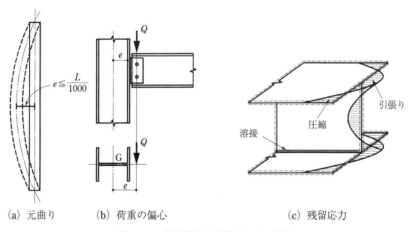

(a) 元曲り　　(b) 荷重の偏心　　(c) 残留応力

図5・6 座屈荷重に影響を与える要因

そこで，式(5・8)の座屈応力度に安全率を導入することで，5・2・3に示す設計用の許容圧縮応力度を与えている。

5・2・2 短柱の座屈（非弾性座屈）

オイラー座屈応力度を求める式(5・8)で，細長比の小さい短柱の座屈応力度を計算すると細長比が小さくなるにつれて座屈応力度は著しく増大し，鋼材の降伏応力度を超える高い応力度となる。しかし実際は圧縮応力度も引張応力度と同様に，鋼材の降伏応力度を超えることはできない（3・2参照）。

実験を行い，座屈応力度と細長比の関係を図示すると図5・7のようになり，大きな細長比では不完全性によりばらつきはあるものの，オイラー座屈を適用できる。しかし，座屈応力度が鋼材の比例限度を超える付近から，オイラー座屈曲線からはなれた座屈曲線を描く。この座屈する応力度が鋼材の比例限度より大きい応力度となる領域の座屈を非弾性座屈という。これは2・4・1に述べ

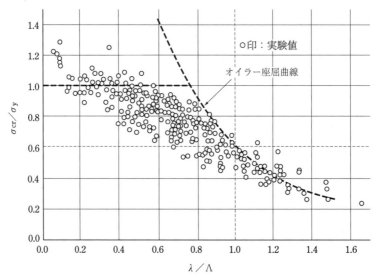

図 5・7 圧縮材の実験結果（出典：若林実著「鉄骨構造学詳論」）

たように応力度が比例限度を超えるとヤング率は次第に小さくなり，応力度とひずみ度が比例しなくなるので弾性理論に基づくオイラー座屈式が成り立たなくなるためである。

鋼材の比例限度 σ_p は降伏応力度 σ_y の約 80% であるが，設計式を導く場合は，部材のまっすぐな状態に対する不完全さなども考慮して式(5・9)としている。

$$\sigma_p = 0.6\sigma_y \tag{5・9}$$

したがって，座屈する応力度の鋼材の弾性範囲となる弾性座屈のオイラー座屈から非弾性座屈に移行する点の細長比は，式(5・8)に式(5・9)を代入し，式(5・10)として求まる。

$$\lambda_p = \Lambda = \sqrt{\frac{\pi^2 E}{0.6\sigma_y}} \rightarrow \pi^2 E = \Lambda^2 \times 0.6\sigma_y \tag{5・10}$$

この λ_p を**限界細長比** Λ といい，鋼種により σ_y が異なるので Λ も異なり，後出の図 5・9 に示すものになる。圧縮材の細長比 λ が Λ より大きい範囲を弾性座屈を生じる**長柱域**，小さい範囲を非弾性座屈を生じる**短柱域**と呼ぶこともある。

短柱域の座屈曲線は，不完全性による影響を考慮して，実験データに基づいて得られた実験式を用いるのが世界的傾向である。現在用いられているものにゴードン−ランキン式，ジョンソンの放物線式，テトマイヤーの直線式があるが，建築学会の**鋼構造許容応力度設計規準**では短柱域の座屈曲線としてジョンソン式を採用し，式(5・11)としている。短柱域・長柱域の座屈応力度を模式的に示すと，図 5・8 となる。

$$\sigma_{cr} = \left\{1 - 0.4\left(\frac{\lambda}{\Lambda}\right)^2\right\}\sigma_y \tag{5・11}$$

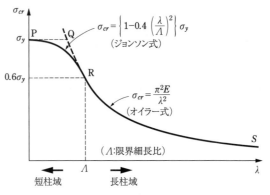

図 5・8 座屈応力度と細長比

5・2・3 許容圧縮応力度と圧縮材の検定

3・2・1(e) の許容圧縮応力度 f_c は $\sigma_y = F$ とし, 長柱域 ($\lambda > \Lambda$) においてオイラーの座屈応力度式(5・8)を, また短柱域 ($\lambda \leq \Lambda$) においては, ジョンソンの放物線式(5・11)を安全率 ν で除したものとしている. 建築学会の鋼構造許容応力度設計規準では, この安全率 ν を長柱域では $\nu = \frac{13}{6}$ とし, また, 短柱域では, $\lambda = 0$ のとき許容引張応力度と同じ安全率 $\nu = 1.5$ となり, $\lambda = \Lambda$ のときに長柱域と同じ値 $\nu = \frac{13}{6}$ となる放物線式としている. すなわち, 安全率 ν は式(5・12)で表される.

$$\lambda \leq \Lambda \text{ のとき } \quad \nu = \frac{3}{2} + \frac{2}{3}\left(\frac{\lambda}{\Lambda}\right)^2, \qquad \lambda > \Lambda \text{ のとき } \quad \nu = \frac{13}{6} \qquad (5\cdot12)$$

ここで, $\Lambda = \sqrt{\dfrac{\pi^2 E}{0.6F}}$

したがって, 短柱域 ($\lambda \leq \Lambda$ のとき) における長期の許容圧縮応力度は, 式(5・13)となる.

$$f_c = \frac{\left\{1 - 0.4\left(\dfrac{\lambda}{\Lambda}\right)^2\right\}F}{\dfrac{3}{2} + \dfrac{2}{3}\left(\dfrac{\lambda}{\Lambda}\right)^2} \qquad \text{ただし, } \lambda \leq \Lambda \quad \text{〔注〕分子は(5・11)式} \qquad (5\cdot13)$$

また, 長柱域 ($\lambda > \Lambda$ のとき) における長期の許容圧縮応力度は式(5・8)に(5・10)を代入して式(5・14)のように書き換えることができるので, 式(5・15)となる.

$$\sigma_{cr} = \frac{0.6\,\sigma_y}{\left(\dfrac{\lambda}{\Lambda}\right)^2} \qquad (5\cdot14) \qquad f_c = \frac{0.6F}{\nu\left(\dfrac{\lambda}{\Lambda}\right)^2} = \frac{0.277F}{\left(\dfrac{\lambda}{\Lambda}\right)^2} \qquad \text{ただし, } \lambda > \Lambda \qquad (5\cdot15)$$

なお, 式(5・13), (5・14)に示す値は長期荷重に対する許容圧縮応力度だから短期荷重に対する許容圧縮応力度はそれぞれを1.5倍したものにする.

式(5・13)と式(5・14)を用いて SS 400, SM 490 および SM 570 について, 長期荷重に対するの許容圧縮応力度を摸式的に示したのが図5・9である.

圧縮材の検定では, 部材が受けている圧縮応力度 σ_c を算出し, これが許容圧縮応力度 f_c 以下であることを, 次式で確認する.

$$\sigma_c = \frac{N}{A} \leq f_c \qquad (5\cdot16)$$

N:圧縮力 　　A:部材の断面積

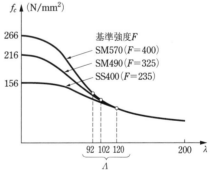

図5・9 鋼種別許容圧縮応力度 f_c

なお, 上式により任意の細長比のものが設計できることになるが, 単一材でも組み立て材でも細長比が大きくなると, たわみや振動などの障害が生じやすくなる. このため, 施行令65条および鋼構造許容応力度設計規準では, 圧縮力を受ける部材は細長比を250以下とし, 特に柱材では200以下とすることが定められている.

5・2・4　材端支持方法の異なる圧縮材

　断面形状や材長が同じであっても，材端の支持方法が異なると，全長が曲がる両端部がピン支持された材の座屈形状とは異なるので座屈荷重も異なる．これを考慮して材端支持条件に応じた座屈荷重は，支持方法が両端ピンの座屈荷重(5・7式)に係数 k を乗じた，式(5・17)としている．

$$P_{cr} = \frac{k\pi^2 EI}{l^2} \tag{5・17}$$

　　　l：部材の実長，k：座屈係数

座屈係数 k は材端の支持条件によって異なる値となる．$l_k = \frac{l}{\sqrt{k}}$ とおくと，式(5・17)は，次のように表現できる．

$$P_{cr} = \frac{k\pi^2 EI}{l^2} = \frac{\pi^2 EI}{l_k^2} \tag{5・18}$$

$$l_k = \frac{1}{\sqrt{k}} l = \gamma \cdot l \tag{5・19}$$

l_k を**座屈長さ**，γ を**座屈長さ係数**と呼ぶ．式(5・18)は，式(5・7)の材長 l を部材の実長 l に座屈長さ係数 γ を乗じた座屈長さ l_k に置き換えた式になっている．この座屈長さを用いることにより，材端支持方法の異なる種々の圧縮材に対する座屈荷重を，式(5・18)で評価できるようにしている．また，座屈応力度は座屈長さ l_k による細長比

$$\lambda = \frac{l_k}{i} \tag{5・20}$$

を用いると，式(5・8)で求めることができる．

　表5・1に，種々の材端支持条件に対する座屈長さ係数 γ，座屈長さ l_k と座屈形（表中の図の破線）を示す．座屈長さは，座屈形の反曲点間の距離あるいは座屈形を sin 曲線で当てはめたときの半波長に対応している．骨組に組み込まれた圧縮材に対しても，それぞれの部材の座屈長さを適切に評価することで，式(5・18)を用いて座屈荷重を求めることができる（5・2・5参照）．

表5・1　座屈長さ l_k

移動に対する条件	拘束（横移動しない）			自由（横移動する）	
材端移動の支持条件	(a)両端ピン	(b)一端ピン 他端固定	(c)両端固定	(d)一端ピン 他端固定	(e)両端固定
座屈形	$l=l_k$	l_k	l_k	l_k	l_k
座屈長さ係数 γ	1.0	0.7	0.5	2.0	1.0
C.R.C.推奨値 γ	1.0	0.8	0.65	2.1	1.2

C.R.C.：Column Research Council

5・2・5 部材の座屈長さ

一般に骨組に組み込まれた圧縮材の材端は，完全固定やピン支持されることは少なく，圧縮力も必ずしも一様でない。設計では，これらを考慮して部材のさまざまな状態に応じ，設計用の座屈長さを定めている。

(1) トラス弦材の座屈長さ

トラス弦材の座屈長さは，図5・10のように，構面内と構面外とに分けて考える。構面内トラスの座屈長さ l_{kx} は，図(a)のように，トラスの節点間長さとする。一方，構面外トラスの座屈長さ l_{ky} は，弦材がつなぎ梁などで，図(b)のように，A点，B点で構面外への移動を拘束され，その区間での圧縮力が一様であれば，つなぎ梁間の距離 l_y とする。

しかし，構面外の移動を拘束したAB区間において，弦材の圧縮力が節点間ごとに異なると，構面外の座屈長さは，AB区間長よりも短くなる。このような場合の座屈長さの評価方法は，つなぎ梁間の圧縮力の変化の状態で異なる。この詳細については日本建築学会鋼構造設計規準（11・4節）に示されているので参照されたい。

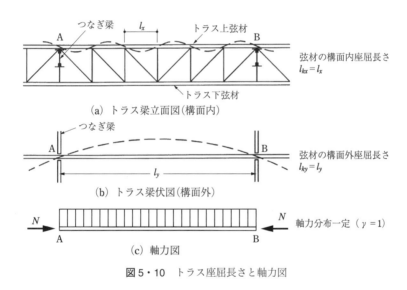

図5・10 トラス座屈長さと軸力図

(2) トラスウェブ材の座屈長さ

図5・11のような**トラスウェブ材**の座屈長さは，構面内と構面外に分けて取り扱う。構面内の座屈長さは，図(a)のように，ガセットプレートの剛性が期待できるので，材端が剛に接合されているとみなし，ボルト群の重心間距離を構面内の座屈長さとする。構面外の座屈長さは，ガセットプレートの剛性が乏しいことから，安全側の処置として，原則，節点間距離（図(b)）とする。

(3) 筋かいの座屈長さ

図5・12のように，圧縮筋かいと引張筋かいが，それぞれの材の中央でピン接合された筋かい構面の圧縮筋かいの座屈長さは，式(5・21)による座屈長さ係数を用いて定める。

$$\gamma = \sqrt{1 - 0.75 \frac{N_2 l_1}{N_1 l_2}} \quad かつ \quad 0.5 以上 \tag{5・21}$$

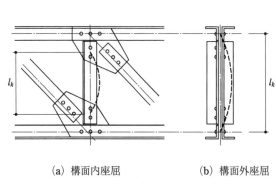

(a) 構面内座屈　　(b) 構面外座屈

図5・11　ウェブ材の座屈長さ　　　　　図5・12　圧縮筋かいと引張筋かい

（4）ラーメンの柱材の座屈長さ

　ラーメンの柱材は一般に曲げモーメント，せん断力および軸力が作用する。このような部材は，軸力と曲げモーメントが同時に作用する材として設計しなければならない。ここでは，ラーメンの柱材に対する座屈長さの特性を示す。

① 材長 h の柱材において，その材端が移動しない場合（図5・13）の座屈長さは，一般に $l_k \leqq h$ となる。

② 材長 h の柱材において，柱頭部が移動する場合（図5・14）の座屈長さは，一般に $l_k > h$ となる。

③ 柱頭に接合されている梁の剛比が小さくなるに従って柱頭の拘束効果が低下するので，座屈長さ l_k は大きくなる。

④ 筋かい構面を持たない多層ラーメンの柱材は，梁の剛比と層数 m の影響を受ける（図5・15）。

　実際の設計では，このような特性を考慮しながら座屈長さを安全側に評価している。筋かいを持つ多層ラーメンの場合では，安全側に評価して $l_k = h$ として設計する。また，水平移動の拘束のない多層ラーメンでは，剛比 $k = 1.5 \sim 2.0$ ならば，座屈係数 $\gamma \fallingdotseq 1.5$ 程度として計算する。

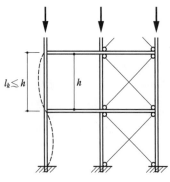

図5・13　節点移動拘束のラーメン柱材の座屈長さ

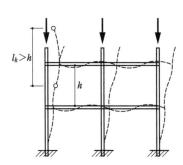

図5・14　節点移動拘束していないラーメン柱材の座屈長さ

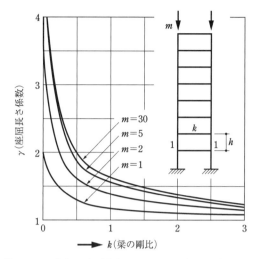

図 5・15　節点が水平移動するラーメン柱材の座屈長さ

5・2・6　支点の補剛

圧縮材の座屈荷重は，式（5・7）に示すように，座屈長さの2乗に反比例するので，座屈長さが長くなると急激に座屈荷重が小さくなる。このような場合，図5・16で示すように，材の途中を何箇所か支えることによって圧縮材全長の座屈を防止し，途中で支えた支点間で座屈が発生するようにすると，座屈長さが短くなるので座屈荷重が大きくなり，圧縮材の設計を経済的に行うことができる。このような目的で設ける支えを補剛といい，これを用いる材を**補剛材**という。補剛材の剛性と強度が適切であれば，部材の座屈形は，補剛材の取り付く位置（図5・16のP, Q, R点）を節としたいくつかの小さな座屈形に分割される。したがって，この圧縮材の座屈荷重は，補剛材で分割された支点間距離（図5・16のl_1〜l_4）を座屈長さとするそれぞれの座屈荷重のうち，最小のものとなる。

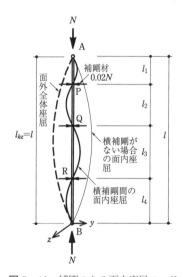

図 5・16　補剛のある面内座屈モード

一方，補剛材に対して直角方向（面外方向，図5・16のz方向）は，AB間に変形を防止する支え材がないので座屈長さはlとする。このように，補剛により座屈形や座屈する方向が変わるので，全体としての面外座屈と補剛点間の素材の**面内・面外座屈**のすべての座屈荷重を求め，その最小のものを座屈荷重とする。

また，補剛材を設けた位置は，座屈形の節が形成されるために，補剛材に十分な剛性と強度を確保することが重要となる。実際の設計にあたっては略算として部材の圧縮力（N）の2％の力が補剛材に作用するものとし，必要剛性$\geq 4.0N/l_k$（l_k：座屈長さ）として補剛材の設計を行うことにしている。

5・3 組立圧縮材

組み立て材は，図5・17に示すように，いくつかの材をボルトや溶接で綴り合わせて，固有の耐力と剛性を保有する1つの新しい断面の柱や梁などの部材とするものである。

このためには，FB，アングルなど軽微な綴る材（同図中の点線（綴り材という））と，単一形鋼類の綴られる材（同図中の実線（素材という））の形状と配置を適切にする必要がある。組み立て材でも圧縮材とする場合の耐力は，座屈の検討が重要になる。組み立て材全体の座屈耐力は，単一材と同様に，組み立て材断面の重心を通る主軸について検討する。軸のうち素材断面をよぎる軸を充腹軸（同図中の x 軸）と称し，素材をよぎらない軸を非充腹軸（同図中の y 軸）と称する。

組立圧縮材（図5・1(b)）の充腹軸に関する座屈耐力は，素材が完全に一体となり，集成した全断面が有効なものとして単一圧縮材と同等に取り扱うことができるが，非充腹軸についての座屈耐力は，単一圧縮材と同様に計算した座屈耐力より低下する。この低下の原因は，非充腹軸の**せん断剛性**が低いために座屈時に生じるせん断変形が大きくなり，その結果付加曲げ応力が大きくなるためである。それゆえ，非充腹軸に対する座屈荷重は，せん断変形を考慮して検討しなければならない。

5・3・1 有効細長比

上述のせん断変形の影響を考慮した非充腹軸に対する座屈応力度は，式(5・22)で示せる。

$$\sigma_{cr} = \frac{\pi^2 E}{\lambda^2 \left(1 + \dfrac{\sigma_E A}{K_s}\right)} = \frac{\pi^2 E}{\lambda^2 + \dfrac{\pi^2 EA}{K_s}} \tag{5・22}$$

λ：組立材が一体となっているとみなした非充腹軸に対するせん断変形を考慮しない細長比

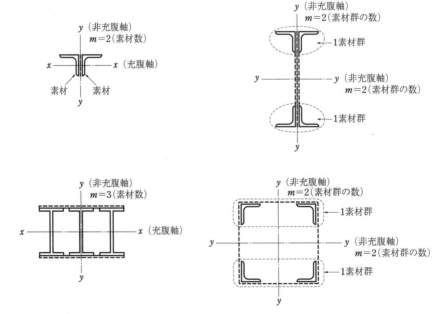

図5・17　組立材の素材または素材群の数

A：素材の全断面積　　　K_s：組立材の非充腹軸に対するせん断剛性
σ_E：オイラー座屈応力度

$$\lambda_e=\sqrt{\lambda^2+\lambda_1{}^2} \qquad \lambda_1=\sqrt{\frac{\lambda^2\sigma_E A}{K_s}}=\sqrt{\frac{\pi^2 EA}{K_s}} \qquad (5\cdot23)$$

とおくと，式(5・23)は式(5・24)となる。

$$\sigma_{cr}=\frac{\pi^2 E}{\lambda_e{}^2} \qquad (5\cdot24)$$

この細長比 λ_e は**有効細長比**と呼ばれており，上記の細長比 λ をせん断変形の影響を考慮して次項に示す λ_1 によって割り増した細長比である。λ_e を用いれば，組立圧縮材の非充腹軸に関する座屈応力度も，オイラー座屈応力度式と同形の式(5・24)で算定できることになり，非常に便利である。鋼構造許容応力度設計規準では，5・3・3の構造細則に従う場合には，組立材の非充腹軸 y に関する有効細長比 λ_{ye} の略算として，次の式(5・25)のように定めている。

$$\lambda_{ye}=\sqrt{\lambda_y{}^2+\frac{m}{2}\lambda_1{}^2} \qquad (5\cdot25)$$

ただし，$\lambda_1 \leq 20$ のときは，$\lambda_{ye}=\lambda_y$ とみなすことができる。

λ_y は，素材が一体となっているとみなしたときの y 軸についての細長比を示し，m は，図5・17に示すように，つづられている素材または素材群の数である。また，λ_1 は，後述するように，つづり材の形式や断面性能のほか，つづられている素材の断面性能の影響を考慮して算定する。

(1) はさみ板・帯板形式の λ_1

図5・18は，はさみ板・帯板形式で組み立てられた組立材である。この場合の λ_1 は，はさみ板・帯板形式のせん断剛性を式(5・23)の λ_1 の式に代入して求められる。

詳細は省略するが，その結果，λ_1 として次式を得る。

$$\lambda_1=\sqrt{\frac{\pi^2 EA}{K_s}} \fallingdotseq \frac{l_1}{i_1} \qquad i_1=\sqrt{\frac{I_1}{A_1}} \qquad (5\cdot26)$$

A_1：素材の全断面積　　　I_1＝素材の断面二次モーメント

断面2次半径 i_1 は，理論的には図5・18の例では素材の2－2軸に関するものであるが，鋼構造許容応力度設計規準では，素材の曲げねじれ座屈の影響を考慮し，素材の最弱軸となる1－1軸まわりの断面2次半径を採用している。したがって，はさみ板・帯板形式の λ_1 は，つづり間距離 l_1 を座屈長さとする素材の最弱軸まわりの細長比と等しくなる。

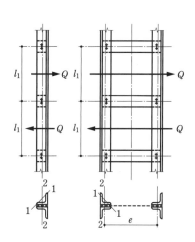

図5・18　はさみ板・帯板の形式

(2) ラチス形式の λ_1

図5・19(a) で示すつづり材としてラチスを用いた組立圧縮材を，図 (b) のようなトラス構造と考え，その一層を取り出すと，この部分のせん断変形は，ラチス材の伸びによる変形（図 (c)）と帯板の縮みによる変形（図 (d)）との和となる。しかし，帯板の縮みによる変形は無視できるので，せん断力 Q によるせん断変形角は，式(5・37)となる。

第5章 圧縮材の力学

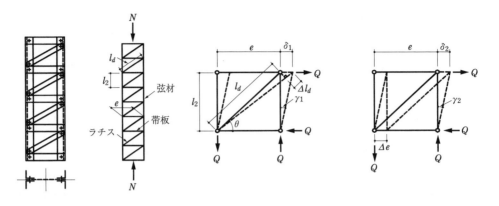

(a) ラチス構造　(b) モデル図　(c) ラチス材の伸びによる変形　(d) 帯板の縮みによる変形

図 5・19　ラチス形式

$$\gamma = \left(\frac{1}{\sin\theta\cos^2\theta\, EA_d} + \frac{e}{l_2 EA_b}\right)\frac{Q}{n} \fallingdotseq \frac{\dfrac{Q}{n}}{\sin\theta\cos^2\theta\, EA_d} \tag{5・27}$$

A_b：帯板の断面積　　A_d：ラチス材の断面積　　n：つづり材の構面の数

したがって，$\sin\theta = \dfrac{l_2}{l_d}$, $\cos\theta = \dfrac{e}{l_d}$ を代入すると式(5・22)にある K_s は次式となる．

$$\frac{1}{K_s} = \frac{\gamma}{Q} \fallingdotseq \frac{l_d^3}{l_2 e^2 EA_d n}$$

となり，式(5・23)代入すると λ_1 として，次式を得る．

$$\lambda_1 = \sqrt{\frac{\pi^2 EA}{K_s}} = \pi\sqrt{\frac{A}{nA_d}\frac{l_d^3}{l_2 e^2}} \tag{5・28}$$

　A ：圧縮材を構成する素材の断面積の総和　　l_d ：ラチス材の長さ
　l_2 ：l_d の組立材材軸方向の長さ成分
　A_d：ラチス材の断面積　　ただし，複ラチスの場合は断面積の総和（図5・20(d)）
　e ：ラチス材でつづられる素材の重心間距離（図5・19(c)）
　n ：つづり材（斜材）の構面の数

　図5・20に示すラチス形式に対しては，図中に示すように，l_d, l_2 を評価して式(5・28)で λ_1 を算定する．

　なお，ラチス形式の場合，はさみ板形式とは異なり，区間長を座屈長さとする素材の細長比と λ_1 とは，一致しないことに留意しておく必要がある．

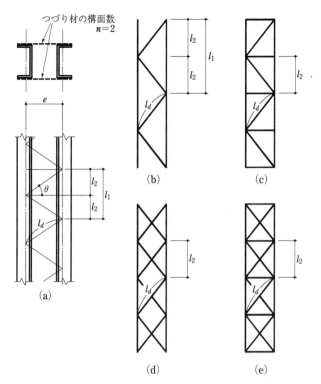

図 5・20 ラチス形式の場合の λ_1

5・3・2 つづり材

組立圧縮材が座屈するとき，部材にはせん断力が生じる。このせん断力に対しつづり材が十分に安全である必要がある。

座屈時に発生するせん断力の大きさ Q の算定方法にはいくつかの考え方があるが，鋼構造許容応力度設計規準では，式(5・29)で座屈時に発生するせん断力 Q を算定し，つづり材の設計を行うこととしている。

$$Q = 0.02P \quad (P：許容圧縮力) \tag{5・29}$$

(1) 帯板・はさみ板形式のつづり材

座屈によって生じるせん断力を式(5・29)で算定し，そのせん断力によって帯板の端部に生じる曲げモーメント M_b，せん断力 Q_b に対して許容応力度設計する。

$$M_b = \frac{Ql_1}{2n} \qquad Q_b = \frac{Ql_1}{ne} \tag{5・30}$$

　　　　n：つづり材構面の数

また，はさみ板形式では，接合ボルトに発生するせん断力を主材の距離を e として式(5・30)の第2式を用いて算定し，安全性を検討することとしている。

(2) ラチス形式のつづり材

ラチスに加わる圧縮または引張軸方向力 D を次式で求め，この応力によりラチス材断面を設計する。

$$D = \pm \frac{Q}{n\cos\theta} \tag{5・31}$$

　　θ：ラチス材の傾角（図5・20参照）
　　n：ラチス材の構面数（図5・20参照）

5・3・3　組立圧縮材の構成上の注意

　組立圧縮材を帯板・はさみ板形式やラチス材形式で設計する場合は，鋼構造許容応力度設計規準の組立圧縮材に関する以下の構造細則に従う必要がある。

1) 圧縮材を組み立てる高力ボルトあるいは断続溶接のピッチは，集結材片中の最薄材厚の $0.73\sqrt{E/F}$ 倍以下，かつ 300 mm 以下とする。ただし，高力ボルトが千鳥打ちされるときは，各ゲージラインの上のピッチは上記の値の1.5倍以下とする。

2) はさみ板・帯板またはラチスで分けられた区間数は3以上とし，各区間長はなるべく均等になるようにする。

3) はさみ板形式・帯板形式では，素材の細長比が50以下になるように区間長をとる。⊥形断面では，はさみ板は交互に直角に配置する。ラチス形式では，素材の細長比が組立材の両主軸に関する細長比のうち，大きいほうの値以下になるように区間長をとる。

　　なお，素材の細長比とは，区間長（図5・19，5・20の l_2，ただし，図5・20(b)においては l_1）を座屈長さとした素材の最弱軸まわりの細長比をいう。

4) ラチス材の細長比は，160以下とする。

5) 素材間の距離（図5・19，5・20の e）の大きい組立圧縮材の材端部は，十分剛なガセットプレートまたは帯板に3本以上の高力ボルト，または，これと同等以上の溶接によって取り付ける。この部分における高力ボルトのピッチは，径の4倍以下，溶接の場合は連続溶接とする。

5・4 局部座屈

5・4・1 板要素の座屈

鉄骨部材は，図5・21に示すように，比較的薄い板要素で構成されている。このような部材に圧縮力が作用すると，短柱であっても図5・3(c)や図5・22(a)のような局部的な変形を生じ，その結果，耐荷力が低下する。このような現象を**局部座屈**と呼んでいる。断面を構成している板要素が，面内圧縮力を受けて面内圧縮変形とは異なる面外変形を起こすことによるもので，**板座屈**とも呼ばれる。局部座屈は圧縮材固有の現象ではなく，曲げ材の圧縮フランジなど圧縮力を受ける板要素でも生じる（図5・22(b)）。

向かい合う2辺に一様な圧縮力を受ける四辺単純支持の平板では，図5・23に示すような座屈を生じる。

板要素の座屈応力度は，板の支持条件，作用荷重の種類，分布状態により変動するが，座屈係数 k を用いて式(5・32)で表すことができる。

$$\sigma_c = \frac{k\pi^2 E}{12(1-\nu^2)}\left(\frac{t}{b}\right)^2 = \frac{k\pi^2 E}{12(1-\nu^2)} \frac{1}{\left(\dfrac{b}{t}\right)^2} \tag{5・32}$$

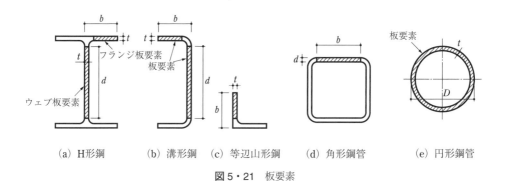

(a) H形鋼　　(b) 溝形鋼　　(c) 等辺山形鋼　　(d) 角形鋼管　　(e) 円形鋼管

図5・21 板要素

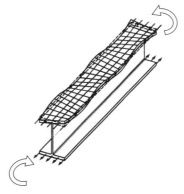

(a) 角形鋼管の局部座屈　　(b) フランジの局部座屈

図5・22 板要素の座屈

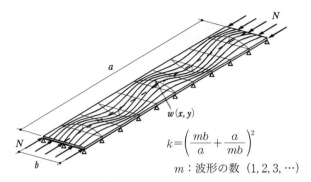

図5・23　単純支持板の圧縮座屈

上式（前ページ）の k は**板座屈係数**，$\dfrac{b}{t}$ は**幅厚比**と呼ばれている。座屈応力度は幅厚比の2乗に反比例し，板座屈係数に比例している。この式の形は式(5・8)の長柱の座屈応力度（オイラー座屈）と同じ形で長柱での細長比 $\lambda = \dfrac{l}{i}$ が板座屈の場合には，幅厚比 $\dfrac{b}{t}$ となっている。

5・4・2　幅厚比の制限

断面を構成している板要素の幅厚比が大きいと，前述のように，局部座屈が生じて耐力が低下する。そこで設計では，断面を構成している各板要素の幅厚比の大きさに対して限界を定め，部材断面が降伏するまで局部座屈を生じさせないようにしている。板要素の板座屈応力度と幅厚比の関係を模式的に示すと図5・24となる。式(5・32)は弾性座屈式であるから，単一材の曲げ座屈応力度の場合と同じように，座屈応力度 σ_c が $0.6\,\sigma_y$（図中P点）以上になる場合には適用できない。非弾性座屈領域の座屈応力度は，おおむね曲線PSTのようになるが，ばらつきも大きく，座屈曲線を明確に決めることは難しい。そこで建築学会の鋼構造許容応力度設計規準では，図中P点で曲線OPQに接する直線と，降伏応力度 σ_y との交点Aにおける幅厚比 $\left(\dfrac{b}{t}\right)_A$ を限界値としている。したがって，P点における幅厚比を $\left(\dfrac{b}{t}\right)_P$ で表せば，幅厚比の限界値は次式となる。

$$\left(\dfrac{b}{t}\right)_A = 0.667 \left(\dfrac{b}{t}\right)_P$$

$$\left(\dfrac{b}{t}\right)_P = \sqrt{\dfrac{1}{12(1-\nu^2)}} \sqrt{\dfrac{k\pi^2 E}{0.6\sigma_y}} \tag{5・33}$$

この考えに基づく圧縮材の板要素に対する幅厚比の制限値を表5・2に示す。**幅厚比制限**を超えている断面を使用する場合には，図5・25に示すように，幅厚比の制限を超えた部分の断面積を無効として断面検定を行う必要がある。なお，応力解析に使用する曲げ剛性や細長比の算定では，全断面有効として扱う。

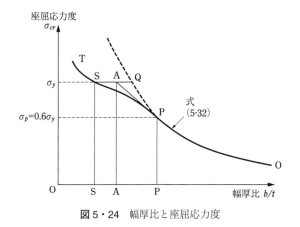

図5・24 幅厚比と座屈応力度

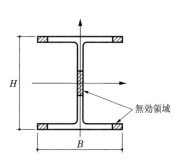

図5・25 幅厚比制限を超えた断面の扱い

表5・2 圧縮材の板要素の幅厚比の制限

断面形 / 鋼種				
制限式	$\dfrac{b}{t} \leq 0.44\sqrt{\dfrac{E}{F}} \fallingdotseq \dfrac{200}{\sqrt{F}}$	$\dfrac{b}{t} \leq 0.53\sqrt{\dfrac{E}{F}} \fallingdotseq \dfrac{240}{\sqrt{F}}$	$\dfrac{d}{t} \leq 1.6\sqrt{\dfrac{E}{F}} \fallingdotseq \dfrac{735}{\sqrt{F}}$	$\dfrac{D}{t} \leq 0.114\dfrac{E}{F} \fallingdotseq \dfrac{23500}{F}$
$F=235\text{N/mm}^2$ SS400, SM400, STK400, STKR400, SSC400, SN400 ($t \leq 40\text{mm}$)	$\dfrac{b}{t} \leq 13$	$\dfrac{b}{t} \leq 16$	$\dfrac{d}{t} \leq 47$	$\dfrac{D}{t} \leq 99$
$F=325\text{N/mm}^2$ SM490, SM490Y, STK490, SN490, STKR490, ($t \leq 40\text{mm}$)	$\dfrac{b}{t} \leq 11$	$\dfrac{b}{t} \leq 13$	$\dfrac{d}{t} \leq 40$	$\dfrac{D}{t} \leq 72$

　局部座屈は，部材の耐荷力を低下させるだけでなく，変形能力を左右する主要な因子の一つである。変形能力が小さいと，大地震など予想を超える大きな外力を受けたとき，倒壊などの大被害を受けやすくなる。そこで，二次設計では変形能力を確保するために，表5・2よりも厳しい幅厚比制限を規定し，塑性化後ただちに局部座屈が生じないようにしている（8・4・1(6) 参照）。

例題2　単一圧縮材の許容圧縮力

図5・26のような全長4m，断面がH-150×150×7×10（SN 400）の両端部をピン支持した柱がある。この柱の長期許容圧縮力を求めよ。

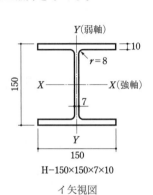
イ矢視図

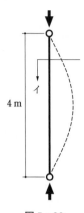
図5・26

［解］

（1） 付録3・3より，H-150×150×7×10の（$r=8$）断面性能は次となる。

　　断面積　　　$A=39.65$ cm^2
　　断面二次半径　$i_x=6.4$ cm
　　　　　　　　$i_y=3.77$ cm

また，SN 400 B は表3・2より，
$$F=235 \text{ N/mm}^2$$

（2）　幅厚比の検討

4・2の規定より，

フランジ：$\dfrac{b}{t}=\dfrac{7.5}{1.0}=7.5<0.53\sqrt{\dfrac{E}{F}}\fallingdotseq\dfrac{240}{\sqrt{F}}\fallingdotseq 15.6$

ウェブ　：$\dfrac{d}{t}=\dfrac{H-2(t_2+r)}{t_1}=\dfrac{15-2(1.0+0.8)}{0.7}=16.3<1.6\sqrt{\dfrac{E}{F}}\fallingdotseq\dfrac{735}{\sqrt{F}}\fallingdotseq 47.9$

よって，全断面有効とする。

（3）　細長比

強軸・弱軸方向とも両端ピン支点であるから，

　　座屈長さ　$l_x=l_y=400$ cm

強軸方向の細長比　$\lambda_x=\dfrac{l_x}{i_x}=\dfrac{400}{6.4}=62.5$

弱軸方向の細長比　$\lambda_y=\dfrac{l_y}{i_y}=\dfrac{400}{3.77}=106.1$

（4）　許容圧縮応力度

$\lambda_y>\lambda_x$ であるから，許容圧縮応力度は，$\lambda_y=106.1\leqq 200$（5・2・3参照）によるものとなる。すなわち弱軸まわりの座屈を生ずる。

　　限界細長比は，$\Lambda=\sqrt{\dfrac{\pi^2 E}{0.6F}}=\sqrt{\dfrac{3.14^2\times 205000}{0.6\times 235}}=119.7$

$\lambda_y<\Lambda$ であるから，許容圧縮応力度は式（5・13）を用いて，

$$f_c=\dfrac{\left\{1-0.4\left(\dfrac{106.1}{119.7}\right)^2\right\}235}{\dfrac{3}{2}+\dfrac{2}{3}\left(\dfrac{106.1}{119.7}\right)^2}=79.6 \text{ N/mm}^2$$

または付録1・1による場合は切り上げて $\lambda_y\fallingdotseq 107$ として $f_c=78.7$ N/mm^2 となる。

ここでは，許容圧縮力は精算値を用いて，

$N_c = A \cdot f_c = 39.65 \text{ cm}^2 \times 7.96 \text{ kN/cm}^2 = 315.6$ kN（付録によると 312.0 kN）

例題3　横補剛された単一圧縮材の許容圧縮力

図5・27に示す全長6mのH形鋼の柱（H-200×100×5.5×8, $r=8$, SN 400）において，A点を固定支持，B点をピン支持し，途中C点を弱軸方向に山形鋼 L-65×65×5（SS 400）で，横補剛した柱の短期許容圧縮力 $N_{短}$ を求める。なお，横補剛材の長さは5.4m（隣接する柱までの距離）とする。

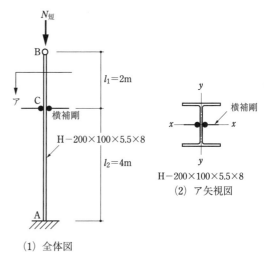

(1) 全体図

図5・27　単一圧縮材

[解]
（1） 付録3・3より，H-200×100×5.5×8の断面性能は，次となる。

断面積 $A=26.67$ cm^2
断面二次半径 $i_x=8.23$ cm
$i_y=2.24$ cm

また，SN 400 B は表3・2より，
$F=235$ N/mm^2

（2） 幅厚比の検討

5・4・2の規定より，

フランジ：$\dfrac{b}{t}=\dfrac{5}{0.8}=6.25<0.53\sqrt{\dfrac{E}{F}}=0.53\sqrt{\dfrac{205000}{235}}=15.65\fallingdotseq 15.6$　よって全断面有効とする。

ウェブ：$\dfrac{d}{t}=\dfrac{H-2(t_2+r)}{t_1}=\dfrac{20-2\times(0.8+0.8)}{0.55}=30.55<1.6\sqrt{\dfrac{E}{F}}=1.6\sqrt{\dfrac{205000}{235}}=47.25\fallingdotseq 47.2$

よって全断面有効とする。

（3） 各座屈長さ

補剛区間ごとに，表5・1による部材両端の拘束条件による座屈長さ係数を算入して，

$l_{ky1}=200\times 1.0=200$ cm（BC間　面内）
$l_{ky2}=400\times 0.7=280$ cm（AC間　面内）
$l_{kx}=600\times 0.7=420$ cm（AB間　面外）

（4） 各細長比（各区間ごとに最弱軸方向について算定）

$\lambda_{y1}=\dfrac{l_{ky1}}{i_y}=\dfrac{200}{2.24}=89.3$（BC間）

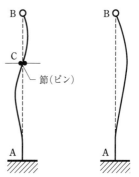

(a) 構面内の座屈形　(b) 構面外の座屈形

図5・28　座屈形

$$\lambda_{y2} = \frac{l_{ky2}}{i_y} = \frac{280}{2.24} = 125 \quad \text{(AC間)}$$

$$\lambda_x = \frac{l_{kx}}{i_x} = \frac{420}{8.23} = 51.0 \quad \text{(AB間)}$$

（5） 許容圧縮応力度

$\lambda_{y2} > \lambda_{y1} > \lambda_x$ であるため許容圧縮応力度 f_c は，細長比が最大となる $\lambda_{y2} = 125 \leqq 200$（5・2・3参照）によるものとなる．

付録1・1より，$f_c = 59.7\,\text{N/mm}^2$（長期）を得る．

一方，3・2・1(c) より，限界細長比 $\Lambda = \sqrt{\dfrac{\pi^2 E}{0.6F}} = 120$ であり，$\lambda_{y2} > \Lambda$ となるので，f_c を式(5・15)を用いて算定すれば次となる．

$$f_c = \frac{0.277F}{\left(\dfrac{\lambda}{\Lambda}\right)^2} = \frac{0.277 \times 235}{\left(\dfrac{125}{120}\right)^2} = 60.0 \quad \text{N/mm}^2$$

これは，付録1・1から求めた上記と同じとなることが確認される．

（6） 短期許容圧縮力

短期の許容圧縮応力度は，3・2・2で述べたように，長期の値の1.5倍であるから，

$$N_{短} = 1.5 \times f_c \times A = 1.5 \times 59.7 \times 26.67 \times 10^2 \times 10^{-3} = 238.8 \to 238\,\text{kN} \quad \text{とする．}$$

（7） 補剛材の検討

短期許容圧縮力 $N_{短}$ に対して，横補剛材の必要耐力 F_n，必要剛性 K_n は，5・2・6より

$$F_n = 0.02 N_{短} = 0.02 \times 238 = 4.76\,\text{kN}, \quad K_n = 4.0 \cdot \frac{N_{短}}{l_{ky2}} = 0.4 \times \frac{238}{280} = 0.340\,\text{kN/cm}$$

補剛材の山形鋼は，断面積 $A_a = 6.367\,\text{cm}^2$，断面2次半径 $i_v = 1.28\,\text{cm}$，またSS 400のF値は，$F = 235 N/\text{mm}^2$ である．補剛材の細長比は，$\lambda = 540/1.28 = 422 > 250$（5・2・3参照）となるので，柱両側の補剛材のうち圧縮側となる補剛材の補剛効果は無視することにする．

したがって，材長 $l_m = 540\,\text{cm}$ の山形鋼の軸方向の短期耐力 F_a と軸剛性 K_a は，

$$F_a = A_a \cdot F = 6.367 \times 10^2 \times 235 \times 10^{-3} = 149\,\text{kN} > F_n = 4.76\,\text{kN}$$

$$K_a = \frac{A_a E}{l_m} = \frac{6.367 \times 10^2 \times 2.05 \times 10^5}{5400} = 2.41 \times 10^4\,N/\text{mm} = 2.41\,\text{kN/cm} > K_n = 0.340\,\text{kN/cm}$$

となり，山形鋼 L-65×65×5 は補剛材として十分の性能がある．

例題4　組立圧縮材の許容圧縮力

みぞ形鋼 [-150×75×6.5×10 ($r=10$, SN 400 B) 2本を, 図5・29 のように, はさみ板 (PL-12) で組み立てた全長5mの両端ピンの部材の短期許容圧縮力 $N_{短}$ 求める。ただし, つづり部の間隔は $l_1=1$ m とし, はさみ板は F 10 T M 20 の高力ボルト1本で締め付けるものとする。

[解]
(1) 断面性能

素材のみぞ形鋼 [-150×75×6.5×10 1本の断面性能は付録3・2 より,

$A=23.71$ cm² $\quad C_y=2.28$ cm

$I_x=861$ cm⁴ $\quad I_y=117$ cm⁴

$i_x=\sqrt{\dfrac{I_x}{A}}=6.03$ cm $\quad i_y=2.22$ cm

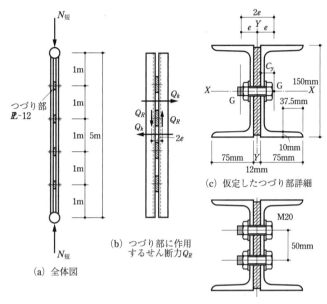

図5・29　例題4の組立圧縮材

(2) 部材の検定

1) 幅厚比の検討

素材の全断面が有効か否かを, 5・4・2の規定によって検討する。

ここで, フランジの板厚は, フランジ幅の中央位置の厚さ $t=1.0$ cm とする (図5・29(c) 参照)。

フランジ：$\dfrac{b}{t}=\dfrac{7.5}{1.0}=7.5<0.53\sqrt{\dfrac{E}{F}}=0.53\sqrt{\dfrac{205000}{235}}=15.65≒15.6$　よって, 全断面有効とする。

ウェブ　：$\dfrac{d}{t}=\dfrac{15-2\times(1.0+1.0)}{0.65}=16.9<1.6\sqrt{\dfrac{E}{F}}=1.6\sqrt{\dfrac{205000}{235}}=47.25≒47.2$　よって, 全断面有効とする。

2) λ_1 (素材の細長比) の算定 (第5章3・1参照)

はさみ板形式の場合, λ_1 と素材の細長比は等しくなるので, $i_1=i_y$ として,

$\lambda_1=\dfrac{l_1}{i_1}=\dfrac{100}{2.22}=45<50$ (はさみ板形式の場合の素材細長比の制限値, 5・3・3参照)　　適

3) 図5・29(c) における X 軸まわりの細長比 λ_X

$i_X=\sqrt{\dfrac{2I_x}{2A}}=i_x$　だから　$\lambda_X=\dfrac{l_k}{i_X}=\dfrac{500}{6.03}=82.9$

4) 図5・29(c) における Y 軸まわりの有効細長比 λ_{Ye}

$l_{kY} = 500 \text{〔cm〕} \qquad e = 2.28 + \dfrac{1.2}{2} = 2.88 \text{ cm} \qquad i_1 = i_y = 2.22 \text{ cm}$

$I_Y = (A \cdot e^2 + I_y) \times 2$ となるから $i_Y = \sqrt{\dfrac{I_Y}{2A}} = \sqrt{\dfrac{2(A \cdot e^2 + I_y)}{2A}}$

$= \sqrt{e^2 + \dfrac{I_y}{A}} = \sqrt{e^2 + i_y^2} = \sqrt{e^2 + i_1^2} = \sqrt{2.88^2 + 2.22^2} = 3.636 \text{ cm}$

よって $\lambda_Y = \dfrac{l_{kY}}{i_Y} = \dfrac{500}{3.636} = 137.5$

これより $\lambda_{Ye} = \sqrt{\lambda_Y^2 + \dfrac{m}{2}\lambda_1^2} = \sqrt{137.5^2 + \dfrac{2}{2} \times 45^2} = 144.7 > \lambda_X = 82.9$

したがって，非充腹軸方向に座屈する．

5) 許容圧縮応力度 f_c（3・2・2 参照）

$\lambda = \lambda_{Ye} = 145 \leq 250$（5・2・3 参照）として付録1・1より，長期の許容圧縮応力度は

$f_c = 44.4 \text{ N/mm}^2$

6) 短期許容圧縮力（3・2・2 参照）

短期許容圧縮応力度は長期の1.5倍であるから

$N_{短} = 1.5 \times f_c \times A = 1.5 \times 44.4 \times 2 \times 23.71 \times 10^2 \times 10^{-3} = 315.8 \rightarrow 315 \text{ kN}$

7) つづり部のせん断力に対する検討（5・3・2 参照）

座屈に伴うせん断力 $Q_k = 0.02N = 0.02 \times 315 = 6.3 \text{ kN}$

はさみ板の高力ボルトに作用するせん断力 Q_R は，近似的に（図5・29(b) 参照）

$Q_R = \dfrac{Q_k \cdot l_1}{n \cdot e \times 2} = \dfrac{6.3 \times 100}{1 \times 5.76} = 109.4 \text{ kN}$

高力ボルト F10T M20 の1面せん断の長期許容せん断耐力は付録2・1・2より，47.1 kN であるので短期許容せん断耐力は1.5倍して

$R_s = 1.5 \times 47.1 = 70.65 < 109.4 = Q_R$ **不適**

よって，つづり部の納まりを考慮の上，M20 の高力ボルト2本配置（図5・39(d)）とすると

$R_s = 1.5 \times 47.1 \times 2 = 141.3 > 109.4 = Q_R$ **適**

以上より，与えられた組立圧縮材の短期許容圧縮力 $N_{短}$ は，つづり部の高力ボルトを2本に変更することで $N_{短} = 315 \text{ kN}$ となる．

第6章
曲げ材の力学

　梁のような曲げモーメントを受ける部材の弾性，および弾性域を超えた挙動の力学理論について例題を示しながら設計方法について示した。

H形鋼梁の横座屈　　　　　　　　　　　　　　提供：岡田研究室

6・1 曲げ材

　主として曲げモーメントを受ける部材を曲げ材といい，大梁・小梁・つなぎ梁・母屋（もや）・胴縁などがある。母屋・胴縁には，通常，山形鋼・みぞ形鋼・リップみぞ形鋼などが用いられ，大梁・小梁などには，H形鋼などの単一の形鋼やトラス梁・ラチス梁などが用いられる。大きな曲げモーメントを受けるため，形鋼の断面では耐力が不足する場合や，たわみが過大になるような場合には，トラス梁や鋼板を溶接などで接合した**プレートガーダー**などの組立材が使用される。これらの主な断面形状を図6・1に示す。

　組立材は溶接H形鋼やプレートガーダーのような**充腹材**とトラス梁・ラチス梁などのような**非充腹材**に分類される。プレートガーダーではウェブの幅厚比が大きいので，荷重点や支点などの集中荷重が作用するところや座屈する恐れがある箇所では，**スチフナ**による補強が必要となる。また，トラス梁・ラチス梁などでは，トラスの解法により構成部材の応力を求め，圧縮材として検定する。弦材とウェブ材との接合部においては，偏心について配慮する必要がある。

　曲げ耐力が十分であっても，曲げ剛性が小さいとたわみが大きくなり，その結果，床材や屋根材，天井材などの損傷を招いたり，床が振動しやすくなって居住者に不快感や不安感を与えることがある。また，大きなたわみによって軸力などの二次応力が発生したり，これに接続している柱材に悪影響を及ぼすことがある。

　この章では，形鋼梁による曲げ材の力学と曲げ材の断面検定について述べる。

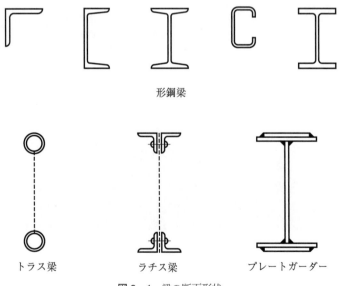

図6・1　梁の断面形状

6・2　曲げの力学

6・2・1　曲げ応力度

曲げモーメントによって部材に発生する曲げ応力度は部材断面の最外縁部で最大となるので，その応力度の大きさを知る必要がある。

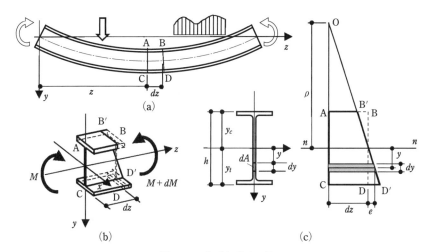

図 6・2　曲げを受ける梁

図 6・2 に示す H 形鋼梁に集中荷重が作用したとき，任意の位置で長さ dz の微小部分の釣合いを考える。微小部分 ABCD（図 6・2(b)）は，曲げ応力度によって変形している。いま，AC および BD 断面は，変形後も平面を保持していると仮定する。中立軸の曲げ変形の曲率半径を ρ とすれば，中立軸から y の位置の長さ dz の伸び量 e（図 6・2(c)）は，

$$e = \frac{dz}{\rho} y \tag{6・1}$$

したがって，中立軸から y の位置のひずみ度および応力度は，次のようになる。

$$\varepsilon = \frac{e}{dz} = \frac{1}{\rho} y \qquad \sigma = E\varepsilon = \frac{E}{\rho} y \tag{6・2}$$

曲げモーメントと応力の釣合いを考えれば，

$$M = \int_A \sigma \cdot y dA = \frac{E}{\rho} \int_A y^2 dA = \frac{EI_x}{\rho} \tag{6・3}$$

$$\int_A y^2 dA = I_x : 中立軸に関する断面二次モーメント$$

式(6・2) と式(6・3) より，中立軸から y の位置の曲げ応力度は，次式となる。

$$\sigma = \frac{M}{I_x} y \tag{6・4}$$

したがって，曲げ応力度の最大となる断面圧縮側および引張側縁部の応力度は，

$$_t\sigma_b = \frac{M}{I_x} y_t = \frac{M}{\left(\frac{I_x}{y_t}\right)} = \frac{M}{Z_t} \qquad (6\cdot5\,\text{a})$$

$$_c\sigma_b = \frac{M}{I_x} y_c = \frac{M}{\left(\frac{I_x}{y_c}\right)} = \frac{M}{Z_c} \qquad (6\cdot5\,\text{b})$$

$\dfrac{I_x}{y_t} = Z_t,\ \dfrac{I_x}{y_c} = Z_c$：引張側断面係数ならびに圧縮側断面係数

　曲げ応力度を検討する位置の引張側断面領域にボルト孔がある場合は，これを控除して断面係数を算出する。H形鋼のような対称断面の場合，図6・3のように中立軸 n の移動量 η を求めて圧縮側・引張側の断面係数を算出する。しかし，これと対応する圧縮側のボルト孔についても控除し，断面係数を求めることは中立軸の移動量計算をしないですむうえに，安全側の処置であることからさしつかえないこととしている。

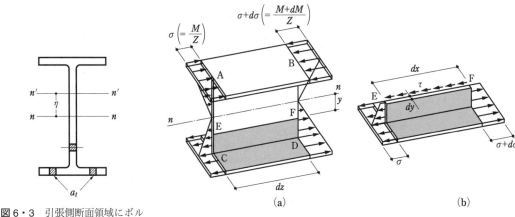

図6・3　引張側断面領域にボルト孔があるH形鋼

図6・4　曲げ応力とせん断応力

6・2・2　せん断応力度

　材軸方向に曲げモーメントが変化している部材では，必ずせん断力が生じている。図6・2の梁から微小部分 ABCD（図6・2(b) 参照）を切り出し，AC 断面 BD 断面に生じている曲げ応力度 σ を図示したのが，図6・4(a) である。微小長さ dz 間での曲げ応力度の増分 $d\sigma$ は，AC 断面と BD 断面の曲げ応力度の差であり，次式となる。

$$d\sigma = \frac{M+dM}{I_x} y - \frac{M}{I_x} y = \frac{dM}{I_x} y \qquad (6\cdot6)$$

　次に，この微小部分 dz 間を中立軸から y だけ離れた位置で，中立軸に並行に切断したと考えると，図6・4(b) のように，切断面 EF 断面には，曲げ応力度増分 $d\sigma$ の合力と釣り合う大きさのせん断応力 τ が生じていなければならない。すなわち式(6・7) が成立する。

$$\tau \cdot b(y)\, dz = \int_y^{y_t} d\sigma \cdot b(y)\, dy = \frac{dM}{I_x} \int_y^{y_t} y\, dA \qquad (6\cdot7)$$

　ここで，$b(y)$ は，中立軸から y の位置の水平断面の幅であり，フランジ位置ではフランジ幅，ウェブ位置ではウェブ板厚となる。式(6・7) から，

$$\tau = \frac{1}{I_x \cdot b(y)} \frac{dM}{dz} \int_y^{y_t} y dA = \frac{Q}{I_x \cdot b(y)} \int_y^{y_t} y dA \tag{6・8}$$

最大せん断応力度は中立軸で生じるから，そこの板厚を t，さらに $\int_0^{y_t} y dA$ すなわち中立軸に関する片側断面の一次モーメントを S とすれば，せん断応力度は次式となる．

$$\tau_{max} = \frac{Q \cdot S}{I_x \cdot t} \approx \tau_{mean} = \frac{Q}{A_w} \quad (Q：部材せん断力, A_w：ウェブ断面積) \tag{6・9}$$

このような考え方で求めたH形断面のせん断応力分布は，図6・5となる．

この図に示すようにH形断面材やI形断面材では部材に作用するせん断力（Q）はほとんどがウェブに存在し，フランジは微少となる．更にウェブのせん断応力度の分布状態は厳密には中立軸位置で最大（約1.15倍）となる凸形分布となる．しかし実務計算では全せん断力がウェブに均等分布（図6・5の点線）するものとして(6・9)式右項の τ_{mean} として算定するのが普通である．

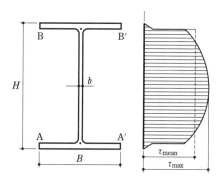

図6・5 H形断面のせん断応力分布

6・2・3 せん断中心

溝形断面部材先端に集中荷重を受ける片持梁の変形の様子を図6・6に示す．

図6・6(a)は断面の弱軸方向に載荷した図であり，集中荷重の作用線が断面の重心Gを通って溝形断面の x 軸に一致しており，断面はねじれを生ずることなく曲げ変形を起こす．一方図(b)は，断面の強軸方向に載荷した図であるが，集中荷重の作用線は重心Gを通って溝形断面の y 軸に一致していても，断面はねじれを伴った曲げ変形を生じる．しかし図(c)のように集中荷重の方向を y 軸に平行にしたまま載荷点の位置を変えると，ねじれを生ずることなく，曲げ変形のみを起こす載荷点がある．このときの作用線と x 軸との交点Sを**せん断中心**という．両主軸に関して

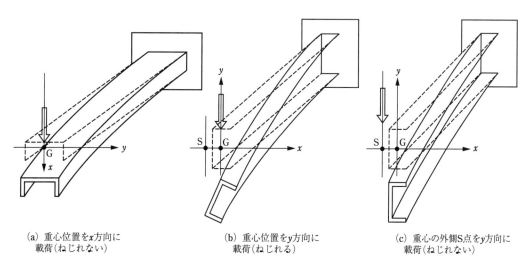

(a) 重心位置をx方向に載荷(ねじれない)　　(b) 重心位置をy方向に載荷(ねじれる)　　(c) 重心の外側S点をy方向に載荷(ねじれない)

図6・6 集中荷重を受ける非対称断面片持梁の変形

対称な断面では，せん断中心と重心とは一致するが，溝形断面のように，非対称な断面となる主軸（図6・7のy軸）が存在する断面では，重心とせん断中心が異なる。したがって，曲げモーメントを受けてせん断力が発生する部材において，せん断力の作用線がせん断中心を通らない場合には，図6・6(b)のように，ねじれを生じる。これは，薄板で構成された断面部材の特性のひとつで，せん断力を受けると断面を構成している各板要素に発生するせん断応力度分布が図6・7のようになり，重心Gに関して偶力を発生することによるものである。したがって，重心Gとせん断中心Sが一致しない非対称断面材において，荷重の

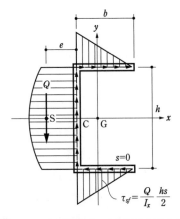

図6・7 みぞ形断面のせん断応力度分布

作用線がせん断中心Sを通らない場合には，ねじれを生じるので設計の際に注意が必要である。

6・2・4 曲げ材の極限状態

鋼材の応力度－ひずみ度関係は，図6・8の実線で示すように，図中O－A間でヤング係数に比例していた応力度は，A点を超えると，ひずみ硬化域に達するまではひずみ度が増大しても，応力度はほとんど変化しなくなる（図2・11参照）。そこで図中の実線のように，ひずみ硬化を無視し，A点の降伏応力度からひずみが増えても，応力度は変化しないと考える。これを，**完全弾塑性型の応力度－ひずみ度関係**という。これまでは，曲げモーメント

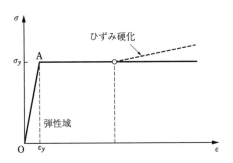

図6・8 完全弾塑性型の応力度－ひずみ度関係

によって発生する曲げ応力度が，O－A区間にある，すなわち，弾性範囲内にある場合の曲げ理論を述べてきた。ここでは，さらに，曲げ変形が増大し，断面内に発生する曲げひずみ，曲げ応力度がO－A区間を超えた状態について考える。

曲げによる変形が大きくなっても，局部座屈のような不安定現象が発生せず，また，弾性状態にあるときと同様に，平面保持の仮定が成立しているとすれば，曲げ曲率が増加するとともに，断面内のひずみ度の分布と応力度の分布は，図6・9(a)から(c)のように変化する。その結果，曲げ曲率に対する曲げモーメントの増加率は，しだいに減少していく。さらに極限状態まで考えると，断面内の応力度分布は，図(d)のような状態になる。このときの曲げモーメントを**全塑性モーメント**といい，その大きさは次式で与えられる。

$$M_p = \sigma_y \int_A y dA = \sigma_y \cdot Z_p \tag{6・10}$$

M_p：全塑性モーメント　　Z_p：塑性断面係数

塑性断面係数Z_pは，上式から分かるように，断面の形状で決まる。長方形断面の塑性断面係数は，$\dfrac{BH^2}{4}$（B：幅，H：断面せい）となり，断面係数Zとの比$f=\dfrac{Z_p}{Z}$は，1.5である。fを形状係数と呼ぶ。H形断面では，$f=1.1\sim1.3$である。

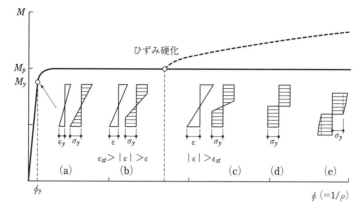

図6・9 曲げモーメントと曲げ曲率の関係

　水平力を受けるラーメン骨組における各部材の曲げモーメント分布は，柱も梁も中央付近に反曲点があり，両端部の曲げモーメントが大きくなっている。大きな水平力を受け，部材端部の曲げモーメントが全塑性モーメントに達し，これ以上に曲げモーメントが増加しなくなった端部の状態を**塑性ヒンジ**と呼んでいる。なお，全塑性モーメントは，完全弾塑性型の応力度―ひずみ度関係を前提とした極限モーメントであるが，実際の極限モーメントの大きさは，ひずみ硬化の影響で塑性域の応力度分布が矩形分布とならず，図6・9(e)のようになるため，式(6・10)で与えられる全塑性モーメントよりも大きくなる。H形断面の場合では，M_pの1.3〜1.4倍となる。

6・3　横座屈

6・3・1　横座屈現象

　梁が曲げ荷重を受けると，はじめは荷重面内にたわむだけであるが，曲げモーメントがある値に達すると，突然，梁は横方向にもはらみ出し同時にねじりを伴った変形が生じて耐力が低下する。普通，梁は荷重の作用する方向の曲げ剛性に比べ，それと直角方向の曲げ剛性のほうがかなり小さい。そのため，横方向の変形に対する支えが少ない梁では，このような現象がよく生ずる。これは

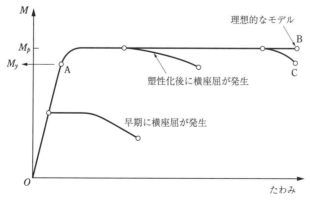

図6・10　横座屈による影響

座屈現象の一つで梁の**横座屈**という。横座屈は，梁の曲げ耐力や変形性能の低下を招くので，梁を設計するうえで極めて重要な問題である（図6・10）。また，この現象は，強軸方向と弱軸方向の曲げ変形とねじり変形とが同時に生じるので，一般に**曲げねじり座屈**ともいい，軸圧縮力やねじりモーメントの作用する部材でも起こる現象でもある。

6・3・2 一様曲げを受ける梁の横座屈

図6・11のように両端はねじりと横変位が拘束され，スパン長 l_b でピン支持された2軸対称断面の梁が，一様な曲げモーメントを受けて横座屈した状態を考える。この状態は，梁の面内曲げ変形と面外曲げ変形，および，ねじり変形が重合した状態である。誘導過程は省略するが，この状態についての力の釣合い方程式を解くことで，ねじれを伴う横座屈を生じる曲げモーメント M_{cr} は(6・11)式となる。

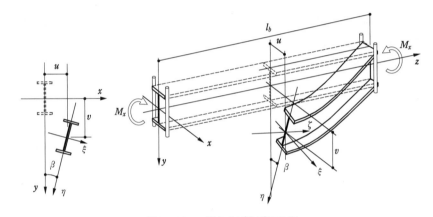

図6・11　一様な曲げを受ける梁

$$M_{cr} = \sqrt{EI_y GJ_T \left(\frac{\pi}{l_b}\right)^2 + EI_y EK_W \left(\frac{\pi}{l_b}\right)^4} \tag{6・11}$$

ここで，I_x：x 軸に関する断面二次モーメント　　I_y：y 軸に関する断面二次モーメント
　　　　GJ_T：サン・ブナンねじり剛性　　EK_W：曲げ・ねじり（ワーグナねじり）剛性

これを横座屈曲げ応力度で表現するために，式(6・11)を断面係数で除して，

$$_m\sigma_{cr} = \frac{M_{cr}}{Z_x} = \sqrt{{}_m\sigma_{cr1}^2 + {}_m\sigma_{cr2}^2} \tag{6・12}$$

と表す。

H形断面の場合，

$$J_T = \frac{1}{3}(2bt_f^2 + ht_w) \qquad K_W = \frac{h^2}{2}I_f \fallingdotseq \frac{h^2}{4}I_y \text{ であり，}$$

$$\frac{I_y}{2} = I_f, \quad Z_x \fallingdotseq h\left(A_f + \frac{A_w}{6}\right)$$

とすると，第1項 $_m\sigma_{cr1}$ は，ウェブ断面を無視することで

$$I_y \fallingdotseq 2 \cdot \frac{t_f b^3}{12} = \frac{t_f b^3}{6} \qquad J_T = \frac{1}{3}(2bt_f^2 + ht_w) \fallingdotseq \frac{2bt_f^2}{3} \qquad Z_x \fallingdotseq A_f h = Bt_f h \quad \text{となる。}$$

ここで，b：フランジ幅　　h：H形梁せい　　t_f：フランジ厚　　t_w：ウェブ厚

$G = \dfrac{E}{2(1+\nu)}$ とすると，次の式(6・13)となる。

$$_m\sigma_{cr1} = \dfrac{1}{Z_x}\sqrt{EI_y GJ_T}\left(\dfrac{\pi}{l_b}\right) = \dfrac{0.65E}{\left(\dfrac{l_b h}{bt_f}\right)} = \dfrac{0.65E}{\left(\dfrac{i_y^* h}{A_f}\right)\left(\dfrac{l_b}{i_y^*}\right)} = \dfrac{0.65E}{\left(\dfrac{i_y^* h}{A_f}\right)\lambda_m} \equiv \dfrac{0.65E}{\eta \cdot \lambda_m} \tag{6・13}$$

また，第2項の $_m\sigma_{cr2}$ は次式となる。

$$_m\sigma_{cr2} = \dfrac{E\sqrt{I_y K_w}}{Z_x}\left(\dfrac{\pi}{l_b}\right)^2 = \dfrac{\pi^2 E}{\left(\dfrac{l_b}{i_y^*}\right)^2} = \dfrac{\pi^2 E}{\lambda_m^2} \tag{6・14}$$

ただし，$i_y^* = \sqrt{\dfrac{I_f}{\left(A_f + \dfrac{A_w}{6}\right)}}$　　A_f：片側のフランジの断面積　　A_w：ウェブの断面積

これらより比較的フランジが厚板で，A_f が大きく，梁せい h の小さいずんぐりした断面では，式(6・13)で示される第1項の値のほうが式(6・14)で示される第2項の値に比べてはるかに大きくなる。逆に，梁せい h が大きい断面や横座屈長さ l_b が小さい場合には，第1項に比べて第2項のほうの値が大きくなる。荷重面内に対称軸を持たないみぞ形断面材では，式(6・13)で決定される。

6・3・3　許容曲げ応力度

前節で述べたように，横座屈を生じる応力度 $_m\sigma_{cr}$ は，

$$_m\sigma_{cr} = \sqrt{_m\sigma_{cr1}^2 + {_m\sigma_{cr2}^2}} \tag{6・15}$$

で表記される。フランジ板厚が大きく，ずんぐりした梁せいの小さい断面では，第1項の値のほうが大きく，また，梁せいが大きい断面や横座屈長さが小さい場合には，第2項の値のほうが大きくなる（図6・12）。

許容曲げ応力度に関する法令（国土交通省告示第1024号（平成13年6月））では，式(6・15)の第1項のみで評価した $_m\sigma_{cr1}$（6・13式）と，第2項のみで評価した $_m\sigma_{cr2}$（6・14式）のうち，大きいほうの値を $_m\sigma_{cr}$ とし，これに安全率を考慮した式(6・19)，(6・20)を後述する許容曲げ応力度としている。

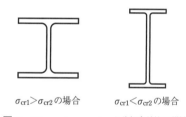

図6・12　$_m\sigma_{cr2}$，$_m\sigma_{cr2}$ と断面形状の関係

すなわち，(6・13)式は，サンブナンねじり剛性 GJ_T が関係しない第2項を無視した，長期応力に対する許容応力度式であり，式(6・13)を安全率1.5で除して(6・16)式となる。

$$f_{b1} = \dfrac{89000}{\left(\dfrac{l_b h}{A_f}\right)} = \dfrac{89000}{\left(\dfrac{i_y^* h}{A_f}\right)\left(\dfrac{l_b}{i_y^*}\right)} \equiv \dfrac{89000}{\eta\left(\dfrac{l_b}{i_y^*}\right)} \quad \text{ただし，} f_{b1} \leqq f_t \tag{6・16}$$

また，(6・14)式は，第2項が支配的となる場合の式である。第2項は，図6・13に示す圧縮フランジ側の斜線部分の断面が横座屈長さ l_b（図6・11参照）で座屈するときの座屈応力度を表している。この項の値が第1項より大きくなるのは，座屈長さが小さい場合であり，非弾性

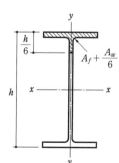

図6・13　圧縮側フランジ

域での座屈となる．このことから，第2項が支配的な場合の横座屈応力度式は，圧縮力を受ける短柱の座屈応力度と同じ次の式を用いる．

$$_m\sigma_{cr2} = \left\{1 - 0.4 \frac{\left(\frac{l_b}{i_y{}^*}\right)^2}{\Lambda^2}\right\}\sigma_y \qquad (6・17)$$

式(6・17)は，一様な曲げモーメントを受け，圧縮フランジ側が座屈するときの曲げ応力度であるが，補剛区間内で曲げモーメントが変化している場合には，圧縮側フランジの圧縮領域は減少し，横座屈が起きにくいので，横座屈曲げ応力度は式(6・17)で評価するよりも大きくなる．サルバドリー(Salvadori)は，解析結果に基づいて，モーメント分布が直線的に変化する曲げ部材(図6・14(b)，(c))に対する横座屈モーメント M_e と，一様曲げモーメント状態で(図6・14(a))横座屈を生ずるモーメント M_{0e} を比較し，両者の比 $C\left(=\dfrac{M_e}{M_{0e}}\right)$ について，式(6・18 b)のような評価式を提案した．なお，梁の中間で曲げモーメントが最大となる場合には，$C=1$ とする(図6・14(e)，(f))．このサルバドリーの提案した曲げモーメント分布影響係数 C は，第2の式である式(6・17)の細長比の項で考慮し，さらに，安全率を細長比によらず一定値1.5として，長期応力に対する許容応力度式を次式のように規定している．

$$f_{b2} = \left\{1 - 0.4 \frac{\left(\frac{l_b}{i_y{}^*}\right)^2}{C\Lambda^2}\right\}f_t \qquad (6・18\,\text{a})$$

$$C = 1.75 + 1.05\left(\frac{M_2}{M_1}\right) + 0.3\left(\frac{M_2}{M_1}\right)^2 \leq 2.3 \qquad (6・18\,\text{b})$$

M_1：補剛区間端部の大きいほうの曲げモーメント

M_2：補剛区間端部の小さいほうの曲げモーメント

ただし，$\dfrac{M_2}{M_1}$ の符号は単曲率の場合は負，複曲率の場合は正とする（図6・15参照）．

以上のように，法令で規定されている長期応力に対する許容曲げ応力度は，第1項である式(6・16)と第2項である式(6・18)の大きいほうの値としている．これは式(6・15)の2つの項のうち大きいほうで許容曲げ応力度を代表させる略算法といえる．

これに対し日本建築学会の鋼構造許容応力度設計規準やECCS (European Convention for Constructional Steelwork) では，より合理的に評価することができるものとして**横座屈細長比**（換

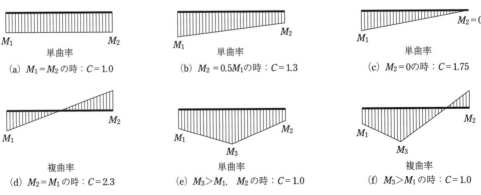

図6・14 曲げモーメント分布図形状と C

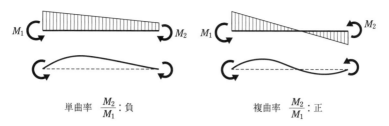

図 6・15　曲げ率と複曲率

算細長比) λ_b を導入し，λ_b によって横座屈モーメントの耐力を定め，許容曲げ応力度を表示する方法を採用している．すなわち，鋼構造許容応力度設計規準では，長期許容曲げ応力度を次式としている．ここで安全率 ν は，許容圧縮応力度の安全率の式(5・12) と同じである．

$\lambda_b \leqq {}_p\lambda_b$ のとき，　　$f_b = \dfrac{F}{\nu}$ 　　　(6・19 a)

${}_p\lambda_b < \lambda_b \leqq {}_e\lambda_b$ のとき，　　$f_b = \dfrac{\left\{1.0 - 0.4 \dfrac{\lambda_b - {}_p\lambda_b}{{}_e\lambda_b - {}_p\lambda_b}\right\} F}{\nu}$ 　　　(6・19 b)

${}_e\lambda_b \leqq \lambda_b$ のとき，　　$f_b = \dfrac{1}{\lambda_b{}^2} \dfrac{F}{\nu}$ 　　　(6・19 c)

ここで，$\lambda_b = \sqrt{\dfrac{M_y}{{}_eM_{cr}}}$ 　　　(6・19 d)

$${}_eM_{cr} = C\sqrt{\dfrac{\pi^2 EI_y GJ_T}{l_b{}^2} + \dfrac{\pi^4 EI_y EK_W}{l_b{}^4}} \quad (6・19\,e)$$

${}_e\lambda_b = \dfrac{1}{\sqrt{0.6}} \;(=1.29)$ 　　　(6・19 f)

${}_p\lambda_b = 0.6 + 0.3 \dfrac{M_2}{M_1}$ 　（M_1，M_2 は図 6・14 参照）　　　(6・19 g)

安全率 ν は，

$\lambda_b \leqq {}_e\lambda_b$ のとき，　　$\nu = \dfrac{3}{2} + \dfrac{2}{3}\left(\dfrac{\lambda_b}{{}_e\lambda_b}\right)^2$ 　　　(6・20 a)

${}_e\lambda_b \leqq \lambda_b$ のとき，　　$\nu = \dfrac{13}{6}$ 　　　(6・20 b)

なお，短期許容曲げ応力度は，長期の 1.5 倍とする．

曲げモーメント分布影響係数 C は，補剛区間内で曲げモーメントが直線的に変化する場合には式(6・18 b)で算定し，補剛区間内の中間で曲げモーメントが最大になる場合には $C=1.0$ とし，式(6・19 g)の ${}_p\lambda_b$ は ${}_p\lambda_b = 0.3$ とする．

式(6・19)ならびに法令による短期許容曲げモーメントと，安全率 $\nu=1.0$ とした式(6・19)による横座屈曲げ応力度との比較を，図 6・16 に示す．これより $C=1.0$ の場合には，横座屈細長比による許容曲げ応力度は，法令に比べて安全側の値となり，$C=1.75$ の場合には，ほぼ同じ値となる特性があることがわかる．

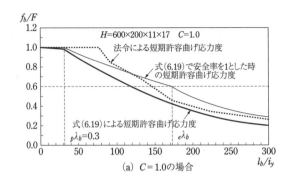

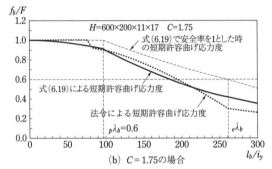

図6・16 法令と横座屈細長比による許容曲げ応力度の比較
（H-600×200×11×7の場合）

6・4 曲げ材の検定

6・4・1 形鋼梁の検定

使用する梁の断面形・サイズ・鋼材の種別は，種々の荷重に対する応力計算を行う前に仮定する（図3・1参照）。応力計算によって求められた各部材応力に対し，仮定された断面が安全であることを確認する作業を**検定**という。形鋼梁に対しての断面検定は，次の順序で行えばよい。

① 幅厚比の検討
② 許容曲げ応力度を求め，曲げ応力度の検定
③ せん断応力度の検定
④ たわみを計算し，たわみ制限値以内かを検討する

6・4・2 幅厚比の検討

曲げ材の断面は，まず，断面を構成する板要素の幅厚比が，表6・1に示す幅厚比制限値を満足していなければならない。この制限は，弾性範囲で断面に局部座屈を起こさないためのものである。使用する断面が，この幅厚比の制限を満足しない場合には，満足する断面に変更するか，ある

表 6・1　梁材の板要素の幅厚比の制限

断面形\\鋼種	制限式		
制限式	$\dfrac{b}{t} \leq 0.53\sqrt{\dfrac{E}{F}} \fallingdotseq \dfrac{240}{\sqrt{F}}$	$\dfrac{d_1}{t} \leq 1.6\sqrt{\dfrac{E}{F}} \fallingdotseq \dfrac{735}{\sqrt{F}}$,	$\dfrac{d}{t} \leq 2.4\sqrt{\dfrac{E}{F}} \fallingdotseq \dfrac{1100}{\sqrt{F}}$
400N/mm²級鋼 $t \leq 40$mm ($F=235$)	$\dfrac{b}{t} \leq 16$,	$\dfrac{d_1}{t} \leq 47$,	$\dfrac{d}{t} \leq 71$
490N/mm²級鋼 $t \leq 40$mm ($F=325$)	$\dfrac{b}{t} \leq 13$,	$\dfrac{d_1}{t} \leq 40$,	$\dfrac{d}{t} \leq 59$

注．表 5・2（p.63）圧縮材に対する値とは異なる．

いは，圧縮材の場合と同様に，超過した部分を取り去った有効断面を用い，存在応力によって発生する応力度を求めて検討しなければならない（5・4・2 参照）．

6・4・3　曲げ応力度の検定

(1) 1 軸曲げの場合

1 軸方向の曲げモーメントによって発生する曲げ応力度は，式(6・5)によって算出し，次式によって検定する．

$$\frac{_t\sigma_b}{f_t} \leq 1 \quad \text{かつ} \quad \frac{_c\sigma_b}{f_b} \leq 1 \tag{6・21}$$

　　$_t\sigma_b$：引張側最外縁の曲げ応力度　　$_c\sigma_b$：圧縮側最外縁の曲げ応力度
　　f_t：許容引張応力度　　　　　　　　f_b：許容曲げ応力度

許容曲げ応力度は，6・3・3 で述べたように，横座屈を考慮して定められた式(6・16)，(6・18)を用いて計算する．横座屈長さ l_b は，ねじれが拘束されている区間や圧縮側フランジの横変形が拘束されている支点間距離で，小梁間隔をとるのが原則である．なお，圧縮側フランジの上に鉄筋コンクリートなどの剛な床板がある場合には，構面外に連続して横補剛されているとしてよい．横座屈長さが長く，f_b が小さくなるために，式(6・21)を満たさない場合には，構面外の変形を防止するために，図 6・17 のように，大梁の片側フランジまたは上下フランジを補剛する**横補剛材**を設

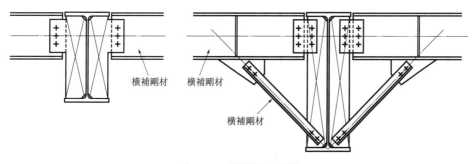

図 6・17　横補剛材の配置

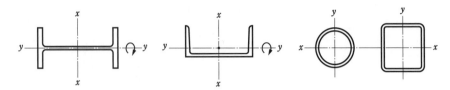

図6・18 横座屈のおそれのない断面形状

ける場合もある。また，図6・18のような曲げ材の断面が，弱軸まわりに曲げを受ける場合や，円形鋼管・角形鋼管など，横座屈の発生するおそれがない場合は，次式とする。

$$f_b = f_t \tag{6・22}$$

（2） 2軸曲げの場合

母屋（もや）などのように，荷重方向に対して断面の主軸が傾斜している場合や，Z形鋼のように，断面の主軸が最初から傾斜している場合は，主軸に対して2方向から同時に曲げを受ける。このような場合には，曲げモーメントをそれぞれの主軸方向成分に分割し（図6・19参照），次式で断面を検定する。

$$_t\sigma_{bx} = \frac{M_x}{_tZ_x} \qquad _c\sigma_{bx} = \frac{M_x}{_cZ_x}$$

$$_t\sigma_{by} = \frac{M_y}{_tZ_y} \qquad _c\sigma_{by} = \frac{M_y}{_cZ_y}$$

$$\frac{_t\sigma_{bx} + _t\sigma_{by}}{f_t} \leqq 1 \qquad \frac{_c\sigma_{bx}}{f_{bx}} + \frac{_c\sigma_{by}}{f_{ty}} \leqq 1 \tag{6・23}$$

$_tZ_x, \ _cZ_x$：強軸まわりの引張側断面係数および圧縮側断面係数

$_tZ_y, \ _cZ_y$：弱軸まわりの引張側断面係数および圧縮側断面係数

圧縮側の曲げ応力度については，強軸まわりに対する許容応力度は横座屈を考慮した許容曲げ応力度 f_b を用い，弱軸まわりに対する許容応力度は，横座屈が生じないので f_t とする。

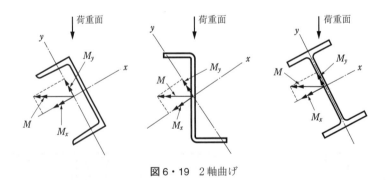

図6・19 2軸曲げ

6・4・4　せん断応力度の検定

梁に生じるせん断応力度は，6・2・2で述べたように，式(6・9)で算定する。しかし，通常，H形断面のような断面に対しては，ウェブが全せん断力を負担するとして，次式のように，平均せん断応力度の値を用いて検定する。

$$\tau \fallingdotseq \frac{Q}{h_w t_w} \leqq f_s \tag{6・24}$$

h_w：梁ウェブのせい　　t_w：ウェブ板厚

f_s：許容せん断応力度

ウェブが全せん断力を負担するとして，式(6・24)で算定した平均せん断応力度は，式(6・9)で精算した値よりもやや小さくなるが，せん断応力度に対してはかなり余裕がある場合が多い。また，ウェブが多少降伏しても梁の耐力に及ぼす影響が少ないことなどから，上式で検定してよい。

6・4・5　軸力と曲げモーメントを受ける部材

(1)　曲げモーメントを受ける圧縮材

ラーメン構造の柱は純粋な圧縮材であることは少なく，通常，圧縮力と曲げモーメントを同時に受けている。曲げモーメントを同時に受けている圧縮材では，曲げによって生じる変形と軸力による付加曲げモーメントの影響がある。軸力と同時に曲げを受け，面内だけに変形する圧縮材の耐力相関曲線の1例を，図6・20に示す。このような軸力と曲げを受ける耐力相関曲線の簡単な近似曲線として，次式が用いられる。

$$\frac{P}{P_{cr}} + \frac{C_m M}{M_p\left(1-\dfrac{P}{P_E}\right)} = 1 \tag{6・25}$$

この式では，$\left(1-\dfrac{P}{P_E}\right)$ に付加曲げモーメントの影響が，また，曲げモーメント分布などの荷重条件が，C_m で考慮されている。

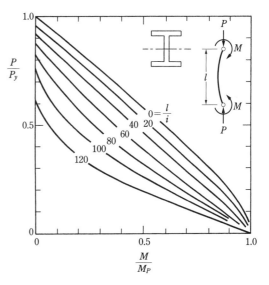

図6・20　軸力と曲げを受ける圧縮材の耐力相関曲線

一般に，柱の細長比は 40～50 以下であり，軸力も小さいので，付加曲げモーメントの影響は小さい。そこで，鋼構造許容応力度設計規準では，$M=0$ の場合は純圧縮材の設計式に一致し，また，$P=0$ の場合は純曲げ材の設計式と一致するような，次式を用いて検定する。

$$\frac{P}{P_{cr}} + \frac{M}{M_{cr}} = \frac{\sigma_c}{f_c} + \frac{\sigma_b}{f_b} \leqq 1 \tag{6・26}$$

σ_c：軸力による圧縮応力度

f_c：許容圧縮応力度

σ_b：曲げモーメントによる圧縮側の曲げ応力度

f_b：許容曲げ応力度

なお，曲げモーメントにより引張応力となる側の断面縁部では，次式で検定する。

$$\frac{\sigma_b - \sigma_c}{f_t} \leqq 1 \tag{6・27}$$

σ_c：軸力による圧縮応力度

σ_b：曲げモーメントによる引張側の曲げ応力度
f_t：許容引張応力度

（2） 曲げモーメントを受ける引張材

地震力などの水平力を受けるラーメン構造では，筋かいなどの耐震要素に隣接した柱の軸力が引張力となる場合がある。このような引張力と曲げモーメントを同時に受ける部材に対しては，曲げモーメントにより引張応力を生じる側の断面縁部に対して，次式で断面検定を行う。

$$\frac{\sigma_b+\sigma_t}{f_t}\leq 1 \tag{6・28}$$

σ_t：軸力による引張応力度
σ_b：曲げモーメントによる引張側の曲げ応力度
f_t：許容引張応力度

6・4・6　たわみの検討

6・1で述べたように，たわみが過大になると振動障害，二次応力の発生，仕上げ材など二次部材の損傷，あるいは，クレーンの支持梁において，走行などの障害が生じる。したがって，たわみを適切な範囲に制限しておくことは，構造設計上大切である（3・3参照）。

鋼構造許容応力度設計規準では，曲げ材のたわみの限度をスパン l の梁に対し，以下のように定めている。

$$\text{通常の梁} \quad \delta \leq \frac{l}{300}$$

$$\text{片持梁} \quad \delta \leq \frac{l}{250} \tag{6・29}$$

また，法令（建設省告示第1459号（平成12年5月））では，使用上の支障が起こらないことを計算によって確認しない場合には，梁せい h とスパン l の比が，

$$\frac{h}{l} \geq \frac{1}{15} \tag{6・30}$$

を満たすようにする。使用上の支障が起こらないことを計算で確認する場合には，

$$\delta \leq \frac{l}{250} \tag{6・31}$$

とすることが規定されている。

母屋や胴縁などは，水溜まりなどによる漏水や内外装材の破損などに支障を与えない範囲で，変形の限度を定める。

$$\text{損傷を受けやすい仕上げ材を使用する場合} \quad \delta \leq \frac{l}{200} \tag{6・32}$$

$$\text{多少変形しても問題を生じない仕上げ材を使用する場合} \quad \delta \leq \frac{l}{150} \tag{6・33}$$

天井クレーン走行梁では，手動クレーンでスパンの1/500以下電動クレーンの場合には，1/800～1/1000を限度としている。これは荷重を吊った状態で走行不能となることを防止するためである。

梁のたわみ量は，通常，安全側の値として単純梁と仮定して算出する。しかし，ラーメン大梁の

たわみなどを正確に算出したい場合には，単純梁中央のたわみ量 δ_1 から，梁両端部の曲げモーメント M_1，M_2 により生じる梁中央部のたわみ量 δ_2 を差し引いて，求めることができる（図 6・21）。

$$\delta = \delta_1 + \delta_2 = \delta_1 + \frac{(M_1 + M_2)l^2}{16EI} \tag{6・34}$$

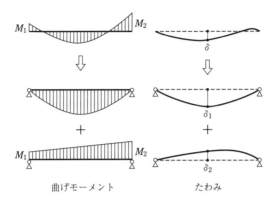

（M_1，M_2 が負の場合の例，δ_1，δ_2 異符号）

図 6・21 梁のたわみの求め方

例題 5　H 形鋼単純梁の曲げ耐力検定

図 6・22 に示すように，スパン 6 m の梁が 12 kN の長期集中荷重を受ける場合で，両支点で横補剛されている。梁断面を H-300×150×6.5×9（SN 400）と仮定したときの断面を検定せよ。

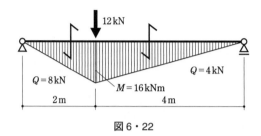

図 6・22

[解]

（1） H－300×150×6.5×9（SN400）の断面性能

付録 3・3 より，

$$I_x = 7210 \text{ cm}^4 \quad Z_x = 481 \text{ cm}^3 \quad i_y{}^* = 38.7 \text{ mm}$$

$$\eta = \frac{i_y{}^* h}{A_f} = 8.61$$

（2） 幅厚比の検討（表 6・1 参照）

フランジ：$\dfrac{b}{t} = \dfrac{150/2}{9} = 8.3 < 0.53\sqrt{\dfrac{E}{F}} = 16$　　適

ウェブ　：$\dfrac{d}{t} = \dfrac{300-2(9+13)}{6.5} = 39.3 < 2.4\sqrt{\dfrac{E}{F}} = 71$　　適

（3） 許容曲げ応力度の算定

$l_b = 6$ m であるから，細長比 λ_b は，

$$\lambda_b = \frac{l_b}{i_y{}^*} = \frac{600}{3.87} \fallingdotseq 155$$

なお，限界細長比は SN 400 であるから，$F = 235$ N/mm² を用いて式（5・10）より，$\Lambda = 120$ となる。

曲げモーメント分布の補正係数 C は，中間に最大曲げモーメントが存在するので，$C = 1.0$ となる（図 6・14(e) 参照）。

式（6・16）と式（6・18 a）から，

$$f_{b1} = \frac{89000}{\eta \lambda_b} = \frac{89000}{8.61 \times 155} = 66.6 \text{ N/mm}^2 < f_t = 156 \text{ N/mm}^2$$

$$f_{b2} = \left\{1 - \frac{2}{5C}\left(\frac{\lambda_b}{\Lambda}\right)^2\right\} f_t = \left\{1 - 0.4\left(\frac{155}{120}\right)^2\right\} 156 = 51.8 \text{ N/mm}^2$$

f_{b1}，f_{b2} の大きいほうの値が長期許容応力度となるので

$$f_b = 66.6 \text{ N/mm}^2$$

なお，付録 1・3 の図表を用いても求めることができる。

（4） 曲げモーメントの検定

曲げ応力度は，

$$\sigma_b = \frac{M}{Z_x} = \frac{1600}{481} = 3.33 \text{ kN/cm}^2 = 33.3 \text{ N/mm}^2$$

したがって，$\dfrac{\sigma_b}{f_b} = \dfrac{33.3}{66.6} = 0.50 < 1.0$　　適

（5） せん断応力度の検定

長期許容せん断応力度は，

$$f_s = \frac{F}{1.5\sqrt{3}} = 90.4 \text{ N/mm}^2$$

最大せん断応力度は，式（6・24）より

$$\tau \doteqdot \frac{Q}{h_w t_w} = \frac{8}{0.65(30 - 2 \times 0.9)} = 0.437 \text{ kN/cm}^2 = 4.37 \text{ N/mm}^2$$

したがって，$\dfrac{\tau}{f_s} = \dfrac{4.37}{90.4} = 0.05 < 1.0$　　適

（6） たわみの検討

載荷点の変位はモールの定理を用いて，

$$\delta = 0.289 \text{ cm} < \frac{600}{300} = 2 \text{ cm}$$　　適

例題6　H形鋼梁の曲げ耐力の検定

鉛直方向の等分布荷重 w kN/m が作用しているスパン9 m の大梁について，鉛直荷重と水平荷重（短期荷重）に対する骨組解析から，図6・23に示す曲げモーメントとせん断力の分布を得ている。このとき断面を H－500×200×10×16（SN 400）と仮定して断面検定をせよ。なお，大梁には3 m 間隔で横補剛材が配置されている。

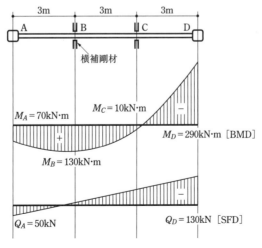

図6・23　短期応力分布

[解]

（1） H－500×200×10×16（SN 400）の断面性能

付録3・3より

$$I_x = 46800 \text{ cm}^4 \qquad Z_x = 1870 \text{ cm}^3 \qquad i_y{}^* = 52.0 \text{ mm} \qquad \eta = \frac{i_y{}^* h}{A_f} = 8.13$$

（2） 幅厚比の検討

フランジ： $\dfrac{b}{t} = \dfrac{200/2}{16} = 6.25 < 0.53\sqrt{\dfrac{E}{F}} = 16$　適

ウェブ　： $\dfrac{d}{t} = \dfrac{500 - 2(16+13)}{10} = 44.2 < 2.4\sqrt{\dfrac{E}{F}} = 71$　適

よって，全断面有効である。

（3） 許容曲げ応力度の算定

小梁が横方向の変形を拘束しており，横補剛とみなせるので横補剛間隔 l_b は 3 m である。

細長比は， $\lambda_b = \dfrac{l_b}{i_y{}^*} = \dfrac{300}{5.20} = 57.7$　なお，限界細長比は， $\Lambda = 120$ （p.63 例題 2（4）参照）

曲げモーメント分布の補正係数 C は，最大曲げモーメントを受けている図6・23のCD区間の曲げモーメント分布から，

$$M_1 = 290 \text{ kN·m} \qquad M_2 = -10 \text{ kN·m（複曲率）}$$

したがって，式（6・18 b）より，

$$C = 1.75 + 1.05\left(\frac{M_2}{M_1}\right) + 0.3\left(\frac{M_2}{M_1}\right)^2 = 1.75 + 1.05 \times \left(\frac{10}{290}\right) + 0.3 \times \left(\frac{10}{290}\right)^2 = 1.79$$

式（6・16），式（6・18 a）から，それぞれ

$$f_{b1} = \frac{89000}{\left(\dfrac{l_b h}{A_f}\right)} = \frac{89000}{\left(\dfrac{i_y{}^* h}{A_f}\right)\left(\dfrac{l_b}{i_y{}^*}\right)} = \frac{89000}{\eta\left(\dfrac{l_b}{i_y{}^*}\right)} = \frac{89000}{8.13 \times 57.7} = 189 > f_t = 156 \text{ N/mm}^2 \text{ となるから，}$$

$f_{b1} = 156 \text{ N/mm}^2$ とする。一方

$$f_{b2} = \left\{1 - \frac{2}{5}\frac{(l_b/i_y{}^*)^2}{C\Lambda^2}\right\}f_t = \left(1 - \frac{2}{5} \times \frac{57.7^2}{1.79 \times 120^2}\right) \times 156 = 141 \text{ N/mm}^2$$

f_{b1}，f_{b2} の大きいほうを用い，短期許容曲げ応力度だから1.5倍して，

$$f_b = 235 \text{ N/mm}^2$$

なお，f_b は付録1・3の図表を用いて直接求めることもできる。

（4） 曲げモーメントの検定

最大の曲げモーメントが発生するD点の曲げモーメントを対象として検定すると，曲げ応力度は，

$$\sigma_b = \frac{M_D}{Z_x} = \frac{29000}{1870} = 15.5 \text{ kN/cm}^2 = 155 \text{ N/mm}^2$$

したがって，$\dfrac{\sigma_b}{f_b} = \dfrac{155}{235} = 0.66 < 1.0$　適

（5） せん断応力度の検定

短期許容せん断応力度は，

$$f_s = \frac{F}{\sqrt{3}} = 135 \text{ N/mm}^2$$

最大となる D 点のせん断応力度について検定すると

$$\tau = \frac{Q}{A_s} = \frac{130}{1.0 \times (50 - 2 \times 1.6)} = 2.78 \text{ kN/cm}^2 = 27.8 \text{ N/mm}^2$$

したがって, $\dfrac{\tau}{f_s} = \dfrac{27.8}{135} = 0.21 < 1.0$ **適**

(6) たわみの検討

等分布荷重による梁中央のたわみは，次式で表せる．

$$\delta_0 = \frac{5}{384} \frac{wl^4}{EI_x}$$

ここで大梁に作用する等分布荷重 w は図 6・23 の SFD の傾きだから次となる．

$$w = \frac{50 (\text{kN}) + 130 (\text{kN})}{9 (\text{m})} = 20 \text{ kN/m} = 0.2 \text{ kN/cm}$$

材端モーメント M_A, M_D による梁中央のたわみ（6・37 式を参照）は，

$$\delta_1 = \frac{1}{16} \frac{(M_A + M_D) l}{EI_x}$$

となるので，図 6・23 の曲げモーメント分布による梁中央のたわみは M_D が負となることと $w = 20 \text{ kN/m} = 0.2 \text{ kN/cm}$ に注意して，

$$\delta = \delta_0 + \delta_1 = \frac{5}{384} \frac{wl^4}{EI_x} + \frac{1}{16} \frac{(M_A + M_D) l^2}{EI_x} = \frac{5}{384} \frac{wl^4}{EI_x} \left\{ 1 + \frac{24}{5} \frac{(M_A + M_D)}{wl^2} \right\}$$

$$= \frac{5}{384} \frac{0.2 \times 900^4}{20500 \times 46800} \left\{ 1 + \frac{24 \times (7000 - 29000)}{5 \times 0.2 \times 900^2} \right\} = 0.62 \text{ cm}$$

よって, $\delta = 0.62 < \dfrac{l}{300} = \dfrac{900}{300} = 3 \text{ cm}$ **適**

(参考：断面仮定の方法)

曲げモーメント分布を求めてから使用する梁の断面を仮定する場合は，式 (6・26) を満たすのに必要な断面係数と，たわみの制限を満たすのに必要な断面二次モーメントを求め，両者の値を満足する断面を断面性能表から選択するとよい．しかし，許容曲げ応力度 f_b は，断面が決まらないと求めることができないので，$f_b = f_t$ として必要断面係数を求め，余裕を持たせた断面の選択を行うことになる．

ここでは，上述の例題 6 を用いて仮定断面を求める手順を示す．

大ばりは H 形断面材とする．必要な断面係数は，$f_b = f_t$ と仮定するとして，

$$\sigma = \frac{M_{\max}}{Z_x} \leq f_b \text{ から} \quad Z_x \geq \frac{M_{\max}}{f_b} = \frac{M_{\max}}{f_t} = \frac{290 \times 10^2}{235 \times 10^{-1}} = 1235 \text{ cm}^3$$

通常 $f_b < f_t$ となることを考慮して，$Z_x > 1240 \sim 1500 \text{ cm}^3$ が必要な断面係数と予想する．

また，たわみの制限の式は

$$\delta = \delta_0 + \delta_1 = \frac{5}{384} \frac{wl^4}{EI_x} + \frac{1}{16} \frac{(M_A + M_D) l^2}{EI_x} = \frac{5}{384} \frac{wl^4}{EI_x} \left(1 + \frac{24}{5} \frac{(M_A + M_D)}{wl^2} \right) < \frac{l}{300}$$

となるから，必要な断面二次モーメントは，

$$I_x > \frac{300 \times 5}{384} \frac{wl^3}{E} \left(1 + \frac{24}{5} \frac{(M_A + M_D)}{wl^2} \right)$$

したがって，M_D が負となることに注意して，

$$I_x > \left(\frac{300\times 5}{384}\right)\left(\frac{0.2\times 900^3}{20500}\right)\left(1+\frac{24}{5}\frac{(7000-29000)}{0.2\times 900^2}\right) = 9.7\times 10^3 \text{ cm}^4$$

以上の計算結果から断面性能表を参照し，必要な断面係数と断面二次モーメントを満たすH形断面として付録3・3から，H — 450×200×9×14が選択される．以下，この断面を仮定断面として，本例題5，6の（1）～（6）で示した検討を行い確認する．

第7章
接合部の力学

　鉄骨構造は，個別に製作された部材同士を繋ぐことから，接合部は設計・施工を通じて常にかなめの役割を果たしている。

　鉄骨構造に通常用いられる接合要素であるボルト接合・高力ボルト接合・溶接について，基本的な接合原理とそれらを用いた各種接合部の設計方法を示した。

柱梁接合部　　　　　　　　　　　　　　　　　提供：山田研究室

7・1 接合要素

7・1・1 接合要素と接合部

　鉄骨構造は鉄筋コンクリート造のような一体式構造と異なり，鋼材を工場で切断・孔穿けし，溶接して柱・梁などの部材として製作し，現場に搬入して組み立てる工法であるから，設計・施工を通じて接合が常にかなめの役割を果たしている。したがって，その良否は，でき上がった構造物の安全性・信頼性および経済性にきわめて大きい影響を及ぼす。

　鉄骨構造に用いられる接合要素としては，ボルト・高力ボルト・溶接の3種類があり，これらを使った接合方法は原理的に，次の3つの方法に区分できる。

1) 接合部に孔をあけ，ボルトで固定する方法で，力の伝達形式としては，支圧形*と引張形がある（ボルト接合）。
2) 高力ボルトを用いて接合部を強く締め付け，材間圧縮力で力を伝達するもので，力の伝達形式としては摩擦形と引張形がある（高力ボルト摩擦接合・高力ボルト引張接合）。
3) 接合部を溶融して一体化する方法（溶接）

7・1・2 ボルト接合

(1) 概　要

　ボルトは非常に優れた接合要素であり，古くから建築構造用以外にも機械機器用など広範囲に使用されている。しかし，ボルト接合にはゆるみとすべりの欠点があるから，建築基準法施行令第67条では次のようなボルトの使用制限が定められている。

　「延べ面積が3000 m² 以下で，軒高9 m 以下，かつスパン13 m 以下の建築物でボルトのゆるみ止め** をした場合以外は，構造耐力上主要な部材の接合にボルトを使用してはならない。」

　なお，上記のボルトのゆるみ止め措置をすることで，ボルト接合できる建物の要件*** が令和6年6月25日付国土交通省告示第955号で追加公示された。

　このようなボルトの使用制限が建築基準法に設けられた理由は，

1) ボルトの締付け力は一般にあまり大きくないので，ボルト軸と孔とのクリアランス（鋼構造設計規準では＋0.5 mm，建築基準法では軸径が20 mm 未満のものは＋1 mm，20 mm 以上のものは＋1.5 mm）だけ接合部にすべりが生じる。このため重層建築物または大スパン構造では，これらの接合部のすべり変形が集積して大きなたわみが生じ，これによる二次的応力が派生する。
2) 振動などによる繰返し応力を受ける接合部にボルト接合を使用するとすべりが生じ，接合部の変形が大きくなる。

---

* ボルトの軸部と板の孔の側面とが接触し，力を伝達する形式である。せん断形ともいう。
** コンクリートで埋める，ナットを溶接する，ナットを二重にする。
*** 鉄骨造，地階を除く階数≦3，高さ≦16 m，柱間隔≦6 m，延べ面積≦500 m²，ボルト孔のクリアランスを考慮した層間変形角で検定。

一方，鋼構造許容応力度設計規準ではボルトの使用範囲を，次のように規定している。
1) 振動・衝撃または繰返し応力を受ける接合部には，ボルトを使用してはならない。
2) 軒高9m，梁間が13mを超える建築物の構造耐力上主要な部分には，ボルトを使用してはならない。
3) ボルトの孔径をボルトの公称軸径の+0.2mm以下にした場合には，鋼構造許容応力度設計規準の上記2)の規定にかかわらずボルトを使用してよい。

鋼構造許容応力度設計規準の3)が建築基準法と相違しているが，これは先にあげたボルト接合部の欠点を補う設計をした場合は，構造耐力上の問題がなくなるからである。このようにボルト接合は軽微な鉄骨構造に使用されるもので，大規模構造物では次節の高力ボルト摩擦接合または高力ボルト引張接合を使用するのが普通である。

鉄骨構造用の**ボルト・ナットの品質**は，それぞれJIS B 1180，JIS B 1181に規定されている。この規格では，ボルトを表面の仕上げ程度，ねじ精度および機械的性質を組み合わせた品質で表示するようになっている。鉄骨構造用のボルトは軸部と座面（ボルト頭が座金に接する面）を仕上げたボルトで，かつ，ねじ精度3級，機械的性質は4.6，4.8以上のものを使用する。

建築基準法施行令による各種の強度区分におけるボルトの許容応力度を，表7・1に示す。ここで，材料の強度区分4.6の小数点の前の数値4は，引張強さの下限値が400 N/mm²を，小数点の後の数値6は，降伏比が0.6であることを表している。

表7・1 ボルトの長期の応力に対する許容応力度 (N/mm²)

材料		引張り (f_t)	せん断* (f_s)	備考
ボルト	強度区分 ( )内はFの値 4.6 (240)	160	120	SS400, SM400によるボルト
	4.8 (240)			
	5.6 (300)	200		
	5.8 (300)			
	6.8 (420)	280	160	
	$F>180\sqrt{3}$のボルト	$\dfrac{F}{1.5}$	$\dfrac{F}{1.5\sqrt{3}}$	

(注) 短期応力に対しては上記の値の1.5倍とする。
平成12年5月31日建設省告示第1451号および建築基準法施行令第90条よる。
＊ 鋼構造許容応力度設計基準（2019）では許容せん断応力度はボルトの強度区分によらず$F/1.5\sqrt{3}$としている。

(2) 力の伝達機構

図7・1のように，2枚の板をボルトで締め付け，Tの力を作用させると，孔から十分離れた位置では，板内に$\sigma_t=T/A$の均等な引張応力度が働いているが，孔付近の応力は乱れて不均等な分布となり，孔の中心を通るa〜a断面で最大応力となる。もしこの部分の板のへりから孔中心までの距離（**へりあき** e_2）が小さいと，この部分が切れて破壊する。a〜a断面を通過した応力はボルトの後方に回り込み，板の孔内壁面とボルト側面との接触面からボルトに**支圧応力**が伝えられる。このとき孔の中心から板の端部までの距離（**はしあき** e_1）が不足していると，図7・1の右側の点線のように，板の端部が切れて破壊する。

ボルトと孔内壁面の支圧応力は局部的には非常に大きく，複雑であるが，設計上は接触部分の板とボルトは共に塑性化し，ボルト軸部の半円部分が完全に接触し，均等な応力伝達が行われるとみなしている。板厚が薄い場合は，板の塑性化が進行してボルトが板にめり込み，ボルト孔がだ円形となるいわゆる支圧破壊が生じる。板厚が厚く，ボルト径が板厚に比較して小さい場合は，接合面でボルトの軸部がせん断破壊する。以上のように，ボルト接合の破壊には以下の3形式がある。

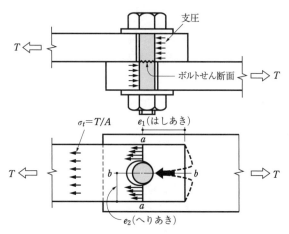

図7・1 ボルトの耐荷機構

1) 縁端部破壊（へりあき破壊，はしあき破壊）
2) 板の支圧破壊
3) ボルトのせん断破壊

したがって，ボルト接合部の耐力は，これらの破壊形式に対応した耐力のうち最小のものとなる。なお，縁端部破壊の耐力などについては，4・2および8・4・3を参照されたい。

（3） 縁端距離およびピッチ，ゲージ

ボルトは接合される部材の材軸に平行な線上に配置される。その線のことを**ゲージライン**，その間隔をゲージ間隔，ゲージライン上のボルト間隔を**ピッチ**という。また，前項でも述べたように，ボルト孔の中心からへりまたは端部までの距離をそれぞれ，へりあき・はしあきといい，総称して縁端距離という。この距離が不足すると前述の縁端部破壊が生じる。

（a） 最小縁端距離

鋼板を切断した縁を拡大して見ると，細かい凹凸が見られる。これを切欠き（ノッチ）という。この凹凸の大きさや鋭さの程度は切断方法によって異なり，自動ガス切断や鋸引き切断の場合は比較的小さく，シャーカッタによるせん断切断または手動ガス切断の場合は大きい。このような縁に切欠きのある材を引っ張るとその部分に応力集中が生じ，板の耐力が低下することがある。したがって，切欠きの程度に応じて縁端距離を大きくすることで，縁端部破壊に対して同程度の安全性を

表7・2 最小縁端距離（mm）

ボルトの径 (mm)	縁端の種類	
	せん断縁，手動ガス切断縁	圧延縁，自動ガス切断縁のこ引き縁，機械仕上縁
12	22	18
16	28	22
20	34	26
22	38	28
24	44	32
27	49	36
30	54	40

保つこととしている。このため最小縁端距離を鋼構造許容応力度設計規準では，表7・2に示すように，切断方法を2種類に区分して寸法を変えている。

なお，引張りを受ける接合部で，ボルトが2本以下しか応力方向に並ばない場合は，端部に大きな力が働くので，表7・2の規定では必要な縁端距離が不足することがある。このため鋼構造許容応力度設計規準では，このときのはしあき e_1 をボルト径の2.5倍以上確保することにしている。

(b) 最大縁端距離

ボルト頭部側の座金が直接接する鋼材の縁端からボルト孔の中心まで距離があまり大きいと，板がそったりして不都合が生じる。したがって，最大縁端距離は板厚の12倍，かつ15 cm以下と規定されている。ただし，この値が，前項の最小縁端距離以下となる場合は，この規定は適用しなくてもよい。

(c) ボルトのピッチおよびゲージ

ボルトの最小ピッチは，施工上必要な最小寸法も考慮して決められている。鋼構造許容応力度設計規準では，この最小ボルトピッチを軸径の2.5倍と規定し，無理なく施工できる間隔を標準ピッチと呼び，軸径の約3.5倍から4倍の間で丸めた数値を推奨している。これらの値を付録2・2に示す。

形鋼に配置するボルト列の位置をゲージという。このゲージは，ピッチと同様に施工上の観点と最小縁端距離を満足するように，形鋼のサイズに応じて付録2・2のように定められている。

(4) 単一ボルトのせん断耐力と板の支圧耐力

せん断形ボルト接合部には，図7・2(a)のように，ボルトのせん断面が1面である場合と図(b)のように2面の場合がある。これらをそれぞれ「1面せん断（単剪）ボルト」「2面せん断（複剪）ボルト」と呼ぶ。

1面せん断の許容耐力 R_s は，7・1・2 (2) により式(7・1)のいずれか小さい値となる。

  ボルトのせん断に対して
$$R_1 = A_s \cdot f_s$$
  板の支圧に対して
$$R_2 = d \cdot t \cdot f_l \tag{7・1}$$

   f_s：ボルトの許容せん断応力度（表7・1による）
   A_s：せん断面におけるボルトの有効断面積でせん断面が軸部かねじ部か不明な場合は，ねじ部の有効断面積とする。
   f_l：板の許容支圧応力度（長期応力に対して $1.25F$，短期応力に対しては長期の値の1.5倍。以下同じ）

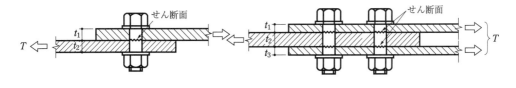

(a) 1面せん断   (b) 2面せん断

図7・2 せん断形ボルト接合部

t ：図7・2(a) の接合される鋼板の板厚 t_1, t_2 のいずれか小さい方の値

d ：ボルトの軸径

2面せん断ボルトの許容耐力 R_s は，式(7・2)のいずれか小さい値となる。

$$R_1 = A_s \times 2 \times f_s \qquad R_2 = d \cdot t \cdot f_t \tag{7・2}$$

t：図7・2(b) の板厚 t_2 か t_1+t_3 のいずれか小さいほうの値

実際の設計では，ボルトのせん断および板の支圧に対する許容耐力 R_s は，式(7・1)，(7・2)に基づいて作成された付録2・1・1に示したボルトの耐力表によればよい。

（5） 単一ボルトの引張耐力

引張形ボルト接合部の許容耐力 R_t は，次式で求める。

$$R_t = A_e \cdot f_t \tag{7・3}$$

A_e：ボルトの有効断面積

f_t：ボルトの許容引張応力度（表7・1による）

ボルトに引張力と同時にせん断力が作用する場合は，許容引張応力度がボルトに作用しているせん断応力度により低下するものとし，次式で求める。

$$f_{ts} = 1.4 f_t - 1.6\tau \quad かつ \quad f_{ts} \leq f_t \tag{7・4}$$

τ：ボルトに作用するせん断応力度で，表7・1の f_s を超えることはできない。

この式は，図7・3に示すように，引張応力度とせん断応力度の相関曲線を近似したものとなっている。

なお，鋼構造許容応力度設計規準では次式を用いている。

$$f_{ts} = \sqrt{f_t^2 - 3\tau^2}$$

引張力とせん断力が同時に作用する場合の許容引張力 $R_t{}'$ は，式(7・4)を用いて次式となる。

$$R_t{}' = A_e \cdot f_{ts} \tag{7・5}$$

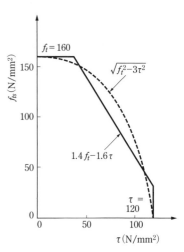

図7・3　ボルトの引張応力度とせん断応力度の相関曲線

7・1・3　高力ボルト接合

（1）　概　要

建築基準法では，構造物の規模によってボルトの使用制限が設けられている。この欠点を補った接合法が本項で述べる高力ボルト接合である。

高力ボルトを用いた接合法には，摩擦接合および引張接合がある。いずれも接合する部材相互をボルトを強い力で締め付けることで，接合面に発生する材間圧縮力により応力を伝達する機構であり，後述するように，ボルトと異なり高力ボルト自体が伝達応力を負担することはない。したがって，高強度で安定した締付け力の確保が前提となる。いずれも剛接合とすることができる。

（2）　高力ボルトの品質

高力ボルト摩擦接合では，ボルトの締付け力が高いほどすべり耐力が高い。このため高力ボルトは，熱処理のしやすい鋼材からつくったボルトを焼入れ，焼きもどして高強度化したものである。建築分野では JIS B 1186（摩擦接合用高力六角ボルト，六角ナット，平座金のセット）に規定さ

表7・3 高力ボルトの種類と機械的性質

種類	ボルトの機械的性質による等級	耐力 (N/mm²)	引張強さ (N/mm²)	伸び (%)	絞り (%)
1種	F8T	640以上	800〜1000	16以上	45以上
2種	F10T, S10T*	900以上	1000〜1200	14以上	40以上

* JSS II 09 の記号

(a) JIS形六角高力ボルトセット　(b) トルシア形高力ボルトセット

写真7・1 高力ボルトの例

れている3種類のうち，表7・3に示す品質の高力ボルトのセット（以下，**JIS形六角高力ボルト**），ならびに日本鋼構造協会規格 JSS II 09（構造用トルシア形高力ボルト，六角ナット，平座金のセット）に規定された2種（S10T）に適合し，国土交通大臣の認定を受けたトルシア形高力ボルトのセット（以下，**トルシア形高力ボルト**）が，一般に使用されている。写真7・1に，これらの高力ボルトの例を示す。形状は違うが，ボルトの締付け力は同じである。

（3）　導入ボルト張力

ボルトの締付け力を導入ボルト張力という。高力ボルト接合は締付力が大きい程，摩擦耐力も引張り耐力も上昇し高い剛性が得られ，接合効率が有利となる。しかし，締めすぎればボルトが破断

表7・4　軸径に応じたボルト張力（単位：kN）

種類		設計ボルト張力 N_0	標準ボルト張力
1種 F8T	M16	85.2	93.7
	M20	133	146
	M22	165	182
	M24	192	211
	M27	250	275
	M30	305	335
2種 F10T	M16	106	117
	M20	165	182
	M22	205	226
	M24	238	262
	M27	310	341
	M30	379	417

したりナット抜けが生じる。これらを考慮してボルトの導入張力はボルトの降伏耐力 σ_y を基準として表7・4のように規定している。ボルト張力は設計時に用いる張力（設計ボルト張力）とこれを十分に確保するために施工に当たって導入する**標準ボルト張力**に区分して規定している。表7・4の**設計ボルト張力** N_0 は，ボルトの耐力 σ_y を基準に次のように定められている。

  1種（F 8 T）に対して $N_0 \fallingdotseq 0.85\sigma_y A_e$

  2種（F 10 T）に対して $N_0 \fallingdotseq 0.75\sigma_y A_e$

   σ_y：表7・3の耐力 A_e：ねじ部の有効断面積

 施工に当たって，導入する表7・4の標準ボルト張力は，施工上の誤差を考えて，設計ボルト張力の10%増しの値としている。

（4）高力ボルトの締め付け方法

 JIS形六角高力ボルトの締付け方法には，トルクコントロール法とナット回転法がある。高力ボルトの締付けは，トルク法，ナット回転法ともにまず部材の十分な密着を図るために100～200 N・mのトルクで1次締めし，ボルト・母材にかかるマークを線引き（マーキング）した後，トルクレンチまたは所要トルクによく調整されたインパクトレンチなどの工具を用いて2次締めを行う。いずれもボルトはナットを回転して締め付けるのが原則である。

（a）トルクコントロール法

 トルクコントロール法は，ナットを回転させるのに必要なトルク値とボルト張力 N との間に式（7・6）のような比例関係があることを利用して，トルク値でボルト張力を管理する方法である。

$$T = k \cdot d \cdot N \tag{7・6}$$

  T：トルク値 d：ボルトの公称軸径 N：ボルト張力 k：トルク係数値

 トルク係数値 k は，ナットを回転するときに生じるナットとボルトのねじ部，およびナットと座金の接触面に生じる**摩擦係数**とみなせるものである。この値は，ボルト・ナット・座金の製造にあたって品質管理を厳重に行えば，1つのロット（製造単位）内ではほぼ一定の値が得られる。このため，高力ボルトのJIS規格はボルトだけでなく，ナット・座金を含めたセットの規格となっている。この規格では，トルク係数値を，表7・5のように，A，Bの2種類とし，トルク係数の平均値と標準偏差を同時に定めて，ロット内のトルク係数値の変動を極力小さくするよう規定している。

 高力ボルトセットの種別は，表7・3の機械的性質による種類と表7・5の**トルク係数**値の区分を組み合わせ，たとえば高力ボルト2種Aセットという表現をする。なお，トルク係数はねじ部に打ち傷，ゴミなどがある

表7・5 高力ボルトのセットのトルク係数

区　　分	A	B
トルク係数値の平均値	0.110～0.150	0.150～0.190
トルク係数値の標準偏差	0.010 以下	0.013 以下

と，トルク係数値は増加する方向に変動し，正確なボルトの導入張力が得られなくなるので，トルク係数が変動しないように取り扱いに注意しなければならない。また，太径のボルトはAセット，細径のボルトはBセットとするのが普通である。

（b）ナット回転法

 ナット回転法は，ナットを1回転すればボルトはおおむねねじ1ピッチ分伸びるという幾何学的な原理に基づくもので，その関係は次式で示せる。

$$N\left\{\frac{1}{K_b}+\frac{1}{K_p}\right\}=\frac{p\cdot\theta}{360}$$

N：ボルトの導入張力　　K_b：ボルトのばね定数　　K_p：板のばね定数
θ：ナットの回転角（度）　　p：ねじのピッチ

この式からわかるように，ナット回転法ではボルト導入張力にトルク係数値は無関係となる。ナット回転法は実用的には，前述の1次締めを行ってマーキングをした後，2次締めとして首下長さが呼び径の5倍以下では，マークを起点としてナットを120°±30°（M12は60°，−0°＋30°）回転させる。首下長さが呼び径の5倍を超えるときは，締付けが不十分な場合があるので，試験により2次締めのナット回転量を多目に決めることとされている。

トルシア形高力ボルトは，ナットを回転させる反力をボルトのねじ先端部のピンテールの溝部分にとっているので，この溝がねじ切れる破断トルクが締付けトルクになる機構のボルトである。したがって，原理的には締付けトルクが一定のトルクコントロール法により締付けを行うボルトである。トルシア形高力ボルトの締付けは，JIS形六角高力ボルトと同様に，1次締めを行ってマーキングをした後，写真7・2に示すようなトルシア形高力ボルト専用の締付け機を用いて，ピンテールが破断するまで締め付

写真7・2　トルシア形高力ボルト専用の締付け機

ける。正常に締め付けられたボルトはピンテール破断時のナットの回転量は接合部ごとにほぼ同じ量となるので，これで締付け後の検査を行っている。

（5）高力ボルト摩擦接合

（a）高力ボルト摩擦接合の原理

高力ボルト摩擦接合は，前項で述べた高強度のボルトを用いて接合部を強い力で締め付け，この締付け力によって接合部の板と板との接合面に働く圧縮力（材間圧縮力）により生じる摩擦力を利用する接合方法である。このように，摩擦接合の応力伝達方法はボルト接合と異なり，初期すべりがなく，剛性が高いので，信頼性のある剛接合部が得られる。

高力ボルト摩擦接合のボルト1本当たりのせん断耐力（＝摩擦耐力）は，$T=\mu N$/本・面で表示される（ここで，N：ボルト締付け力，μ：摩擦面の状態によるすべり係数）。

高力ボルトの締付け力は，座金の下面から図7・4の点線のように鋼板に伝わり，接触面に円環状の摩擦面（**材間圧縮力**の作用する面）が形成される。この材間圧縮力による摩擦力によって，せん断力は伝達され，ボルト軸部にはせん断力は作用しない機構となっている。

ここで，ボルトで締め付ける板の総厚（座金を含む）を$2h$，ボルト孔半径をr_a，ボルト頭台座半径をr_bとすると，板表面から深さtにおける材間圧縮力は，近似的に図7・5のように分布し，その大きさは次式となる。ただし，$t/h\leqq0.2$では，近似精度が低下するので，使用できない[20]。

$$\frac{\sigma_x}{p_0}=\frac{a(r_i-r)}{r_i-r_a} \qquad a=\frac{3(r_b^2-r_a^2)}{r_i^2+r_a\cdot r_i-2r_a^2} \qquad r_i=r_b+\frac{2}{3}t$$

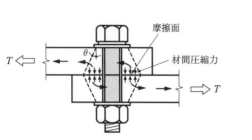
図7・4 高力ボルト摩擦接合

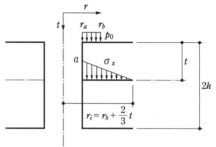
図7・5 材間圧縮力

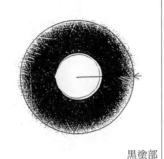

感圧紙による材間の圧縮応力分布	ボルト　M20 標準ボルト張力　182 kN 締付け板厚（SS400）　2×16 mm 座金厚　4.5 mm 接合面深さ t　20.5 mm ボルト孔半径 r_a　11 mm ボルト頭台座半径 r_b　14.5 mm 材間圧縮力の分布の半径 r_i　28.2 mm （左図に示す円）
黒塗部	諸元

図7・6 材間の圧縮応力分布の実験例

σ_x：垂直応力度　　p_0：表面の垂直応力度（＝導入軸力/$\{\pi(r_b^2 - r_a^2)\}$）

図7・6は，2枚の板間に感圧紙を挟み，高力ボルトを締め付けて圧縮応力分布を実験により計測したものの一例であり，上式の妥当性が示されている。

摩擦力は，接触面の表面状態によって異なる。摩擦面にペンキや黒皮（鉄の酸化被膜）など強度の小さい層があると，この層は低い荷重で破壊されるので，図7・7に示すように，接合部は低い荷重ですべる。すべりが進行して高力ボルトの軸部が孔内壁面と接触して，支圧接合に移行する。支圧状態になれば支圧抵抗が生じるので，耐力は再び増大する。摩擦接合は主すべりを生ずるまでの機構といえる。黒皮・ペンキなどの摩擦面の**すべり係数**は，0.05～0.10

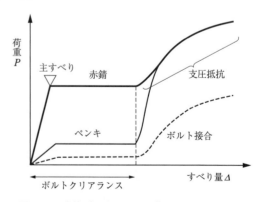
図7・7 摩擦面の違いによる荷重―すべり量関係

程度である。ショットブラスト*・グラインダなどで摩擦面の黒皮を取り除いてしばらく放置しておくと，赤さびが発生する。この状態が最も良好な摩擦面で，すべり係数は0.5～0.7程度となる。

＊　ショットブラストとは，圧搾空気により小さい鋼球を鋼板の表面に高速で吹き付け，さび・黒皮を除去する方法である。鋼球の代わりに砂を吹き付ける方法を，サンドブラストという。

(b) 許容せん断力

高力ボルト1本当たりの許容せん断力 R_s は，摩擦面に付着している黒皮・ペンキ・油などを取り除いた後，放置した自然発錆の赤さび状態を標準に，すべり係数 μ を0.45として，式(7・7)により求めることとしている。このせん断力 R_s は，ボルト接合と異なり，摩擦面で伝達されるもので，直接高力ボルト軸部にせん断力として作用するものではない。しかし，便宜上，この R_s を高力ボルトの軸断面(ねじ部有効断面ではない)の応力度の形で表現して，許容せん断応力度 f_{s0} として規定している。

$$R_s = \frac{1}{\nu} m\mu N_0 \qquad f_{s0} = \frac{R_s}{A_b} \tag{7・7}$$

ν：安全率（長期応力に対して1.5，短期応力に対して1.0）
m：摩擦面の数（1または2）　　μ：すべり係数（$\mu=0.45$）
N_0：設計ボルト張力　　A_b：ボルトの軸断面積

したがって，高力ボルト摩擦接合部においては，すべり係数を確保することと，高力ボルトを表7・4の標準ボルト張力を得るまで締め付けることが不可欠である。表7・6に，この式から計算された高力ボルトの種類に応じた許容せん断応力度を示す。

なお，ボルトの種類，軸径に応じた1本当たりの許容せん断耐力は，付録2・1・2に示す。

表7・6 高力ボルトの長期応力に対する許容応力度（建築学会規準）

(N/mm²)

種　　類	F 8 T	F 10 T
許容せん断応力度（f_{s0}）	120	150
許容引張応力度（f_{t0}）	250	310

(注)　短期応力に対しては上記の値の1.5倍とする。

(6) 高力ボルト引張接合

(a) 高力ボルト引張接合の原理

高力ボルト引張接合は，締め付けたボルト軸方向と引張力の方向が一致する形式で，図7・8に示すようなスプリットティー接合（H形鋼をウェブで切断したカット T 鋼を用いた接合法），エンドプレート接合，フランジ継手などがある。高力ボルト引張接合は接合部を強い力で締め付けることで，接合面に材間圧縮力が発生し，これが応力を伝達するので，ボルト軸部は直接的には引張力

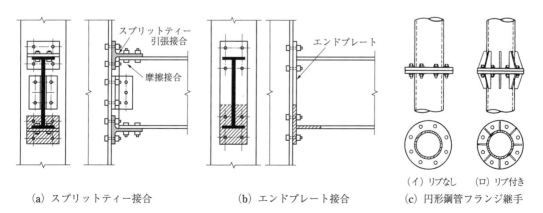

(a) スプリットティー接合　　(b) エンドプレート接合　　(c) 円形鋼管フランジ継手

図7・8 高力ボルト引張接合

伝達に関わらない。このためボルト軸部で応力伝達する普通のボルトの引張接合部と比較して剛性が高く，優れた力学的特性を持っている。

この力の伝達機構は次のようになる。高力ボルトを単純に引っ張ったときの荷重 B — 伸び ΔL_b の関係は，次式のように表すことができる。

$$B = K_b \Delta L_b \qquad K_b：高力ボルトのばね定数$$

また，鋼板を高力ボルトで締め付けたとき，締め付けられた2つの鋼板の接合面の材間圧縮力 C と板の縮み ΔL_p の関係は，次式で表せる。

$$C = K_p \Delta L_p \qquad K_p：板のばね定数$$

板のばね定数は，図7・9に示すような実際のばね定数と等価になるように半径 D の円筒に置換し，次式で計算する方法が提案されている。

$$K_p = \frac{A_p E}{L_p}$$

A_p：等価円筒の面積　　E：板のヤング係数　　L_p：締付け長さ

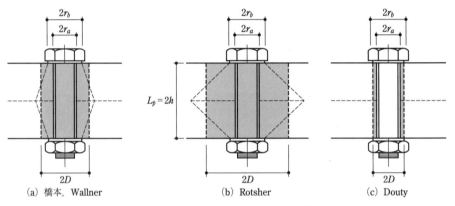

図7・9 板のばね定数を求める為の等価円筒モデル

等価円筒の面積 A_p は，ボルト孔半径を r_a，ボルト頭台座半径を r_b として，$A_p = \pi(D^2 - r_a^2)$ となる。ここで，等価円筒の半径 D はボルトの締付けによる圧縮力の分布の影響を受け，次式のようないくつかの提案がなされている。これらのうち橋本式は，理論解との誤差は±5%程度となっている。

$$D = \begin{cases} r_b + \dfrac{h}{6} & ：橋本式[20] \\[4pt] r_b + \dfrac{h}{2} & ：Rötsher's \\[4pt] r_b + \dfrac{h}{10} & ：Wallner's \\[4pt] r_b & ：Douty's \end{cases}$$

高力ボルトのばね定数との関係は，一般に $K_p \gg K_b$ で概略10倍程度である。

さて，ボルトを締め付けていくと，図7・10(a) のように，ボルトは伸び，鋼板は縮むから，ボルト張力 B_0 で締め付けたときのボルトの伸びを ΔL_B とし，このとき鋼板の材間圧縮力 C_0 は当然 B_0 に等しい。そのときの鋼板の縮みを ΔL_C とする。このような状態は図(b)と示せる。

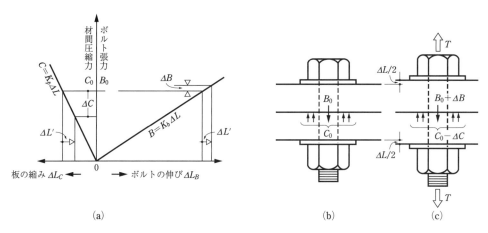

図7・10 引張接合におけるボルトへの作用応力と変形

いま、このボルトを力 T で引っ張ったとすると、ボルトは $\Delta L'$ だけ伸びるから、ボルト張力 B は $B_0+\Delta B$ に増大する。一方材間圧縮力 C は、板の縮みがボルトの伸び $\Delta L'$ だけ解除されるので $C_0-\Delta C$ となる。この状態の力の釣合いは、図(c)を参考にして、

$$T+C_0-\Delta C=B_0+\Delta B$$

ここで、$C_0=B_0$、$\Delta C=K_p\Delta L'$、$\Delta B=K_b\Delta L'$ であるから、これらを代入すれば上式は、

$$T=(K_p+K_b)\Delta L' \quad\text{あるいは}\quad \Delta L'=\frac{1}{K_p+K_b}T$$

となる。したがって、ボルトに引張力 T が作用したときのボルト張力、および材間圧縮力は、

$$\left.\begin{array}{l} B=B_0+\Delta B=B_0+\dfrac{K_b}{K_p+K_b}T \\[6pt] C=C_0-\Delta C=C_0-\dfrac{K_p}{K_p+K_b}T \end{array}\right\} \quad (7\cdot 8)$$

と表すことができる。

接合部の2枚の鋼板が離間（ボルト位置で考える）するときのボルトに作用する引張力 T_s（離間荷重）は、材間圧縮力 C が 0 になるときであるから、

$$C_0-\frac{K_p}{K_p+K_b}T_s=0$$

よって、

$$T_s=\frac{K_p+K_b}{K_p}C_0=\frac{K_p+K_b}{K_p}B_0 \quad (7\cdot 9)$$

鋼板が離間した後は、ボルトの張力は引張力 T と等しいから $B=T$ である。この関係は、図7・11 の B_0SU に示す線となる。接合部に離間が生じるまで、引張力によるボルトの付加張力 ΔB は $\dfrac{K_b}{K_p+K_b}T$ であり、$K_p\gg K_b$ であるから、離間が生じるまで締め付けたボルトの張力はほとん

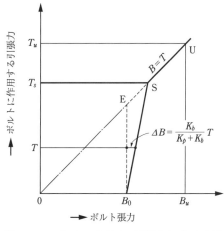

図7・11 ボルトに作用する引張力とボルト張力の関係

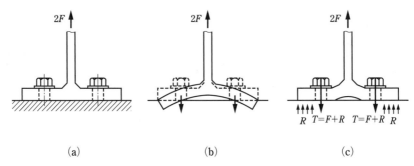

(a)　　　　　　　(b)　　　　　　　(c)

図7・12　スプリットティーにおけるてこ反力

ど増加しない。もし，鋼板を剛体と考えれば，$K_p=\infty$ であるから $\Delta B=0$ となり，図7・11中の B_0EU に示す点線のように，ボルト張力は離間が生じるまで不変である。

次に，スプリットティー接合を模式的に図7・12(a) のような T 形材が，2本のボルトによって板に固定されている場合として考える。T 形材のウェブを $2F$ の外力で引っ張ると，フランジは図(b)のように曲がろうとするが，下側の板があるので，ボルトから外側の部分がはじめの位置より下側へ変形することはできず，ボルトから外側の部分が R の力により押し戻されることとなり，図(c)のような状態となる。この場合，ボルト1本に作用する引張力 T は，外力 F のほかに，ボルトの外側に生じるてこ反力 R が付加される。引張接合部に生じるこのような現象をてこ作用という。フランジの板厚が極端に厚い場合は鋼板が曲がらないから，てこ反力は生じないことからわかるように，外力，ボルト位置，板の剛性およびボルト剛性によって，てこ反力の作用点と大きさが変化する。いま仮に，てこ反力 R が外力 F に比例するとし，$R=\alpha F$ とおけば，ボルトに作用する引張力 T は，

$$T=F+R=(1+\alpha)F$$

と表すことができる。これは，図7・13の OSU に示す点線となる。したがって，スプリットティー接合部が離間しない範囲では，ボルトに付加される張力 ΔB および ΔC は，式(7・8) の T の代わりに上の式を代入すればよいから，次式のように書くことができる。

$$\left.\begin{array}{l}\Delta B=\dfrac{K_b}{K_p+K_b}(1+\alpha)F\\[4pt]\Delta C=\dfrac{K_p}{K_p+K_b}(1+\alpha)F\end{array}\right\} \quad (7\cdot 10)$$

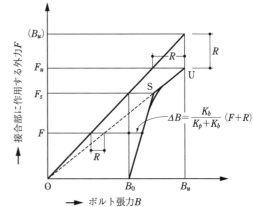

図7・13　スプリットティー接合部に作用する外力とボルト張力の関係

したがって，離間する外力 F_s は，式(7・8)の第2式に式(7・10)を代入して材間圧縮力 $C=0$ とおけば，次式のようになり，てこ反力のない式(7・9)より $1/(1+\alpha)$ 倍だけ小さくなる（図7・13参照）。

$$C_0-\frac{K_p}{K_p+K_b}(1+\alpha)F_s=0$$

よって，　$F_s=\dfrac{K_p+K_b}{K_p(1+\alpha)}C_0=\dfrac{K_p+K_b}{K_p(1+\alpha)}B_0$ 　　　　　(7・11)

フランジの板厚が極めて厚くなければ，離間（ボルト位置）後もてこ反力は存在するので，ボルト張力 B がボルトの破断強さ B_u になったとき，ボルトは破断する（図7・13のU点）。このときの接合部に作用する外力を F_u とすると，

$$B_u = (1+\alpha)F_u$$

よって， $$F_u = \frac{1}{1+\alpha}B_u \tag{7・12}$$

となり，見かけ上ボルトを直接引っ張ったときの破断耐力より小さい値で破断することになる。

(b) 許容引張力

てこ反力も含めてボルトに作用する引張力 T と締め付けたボルトの張力の関係は，図7・14のようになる。S点以下では**離間**は生じず，除荷した場合も元のA点に戻ることから，接合部の剛性確保のためには，ボルトに作用する力をS点以下にすることが望ましい。このS点は，多くの実験から初張力の90%付近になることが確かめられている。これを基に引張接合の短期許容引張力が定められている。すなわち，図7・14の B_0 を設計ボルト張力 N_0 とすることで，高力ボルト1本当たりの許容引張力 R_t およびボルト軸部は直接には引張外力を伝達しないが，便宜

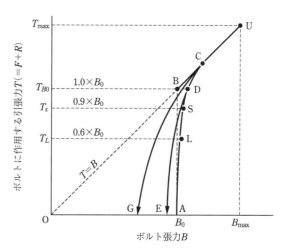

図7・14 ボルトに作用する引張力とボルト張力の関係

上ボルト軸断面の応力度で表示して許容引張応力度 f_{t0} を式(7・13)と定めている。

$$R_t = \frac{1}{\nu}0.9N_0 \qquad f_{t0} = \frac{R_t}{A} \tag{7・13}$$

ν：安全率　　N_0：設計ボルト張力　　A：ボルトの軸断面積

前出の表7・6に，この式から計算された高力ボルトの種類に応じた許容引張応力度を示す。

(7) 引張力とせん断力を同時に受ける高力ボルト接合

前項で述べたように，スプリットティー接合部のように引張接合は一般にはてこ反力 R が作用するから，接合部の摩擦面での材間圧縮力 C は式(7・8)を用いて，

$$C = B_0 - \frac{K_p}{K_p+K_b}(F+R)$$

F：接合部に加わるボルト1本あたりの引張外力

と減少する。てこ反力 R も反力点で材間圧縮力として摩擦力を発生するが，この摩擦力を無視して引張力とせん断力を同時に受ける高力ボルト接合部のボルト1本あたりのすべり耐力を，次式のように低減することとしている。

$$R_{st} = \frac{1}{\nu}\mu C = \frac{1}{\nu}\mu\left\{B_0 - \frac{K_p}{K_p+K_b}(F+R)\right\}$$

ここで， $K_b \ll K_p$ とすれば， $\dfrac{K_p}{K_p+K_b} \fallingdotseq 1$ であり，導入ボルト張力を設計ボルト張力とすれば，

$B_0 = N_0$ であるから,

$$R_{st} \fallingdotseq \frac{1}{\nu} \mu N_0 \left\{1 - \frac{T}{N_0}\right\} \tag{7・14}$$

となる。これをボルト軸断面積で除して許容応力度では，次のように表示している。

$$f_{st} = \frac{1}{1.5} \frac{\mu(N_0 - T)}{A} = f_{s0}\left\{1 - \frac{\sigma_t A}{N_0}\right\} \tag{7・15}$$

f_{st}：引張力を同時に受ける高力ボルトの許容せん断応力度

f_{s0}：式(7・7)で与えられる高力ボルトの許容せん断応力度

σ_t：ボルトに作用する引張応力度で，式(7・13)に示す許容引張応力度を超えることはできない。

A：高力ボルトの軸断面積　　　N_0：設計ボルト張力

7・1・4 溶　接

(1) 溶接工法

溶接工法は，接合部を加熱・溶融して冶金的に一体化する接合法であり，鉄骨構造に多用される。溶接方法には多くの種類があるが，建築構造に最も普通に使用されるのはアーク溶接である。

アーク溶接には被覆アーク溶接（アーク手溶接）・半自動アーク溶接・自動アーク溶接がある。

(a) アーク手溶接

図7・15のように，フラックス材で心にある金属棒の外表面を被覆したアーク溶接棒を溶接用ホルダでつかみ，交流または直流溶接機に接続して，溶接棒と鋼材間に電圧を加え，鋼材と棒を近接すると，棒先端と鋼材の間にアークが発生し，大電流が流れる。アークは強い光と熱（約6000℃）を発生し，この高熱で溶接棒自体と鋼材の一部を溶かしながら，溶接部を溶接金属で埋めて一体化する。この方法を**アーク手溶接**という。

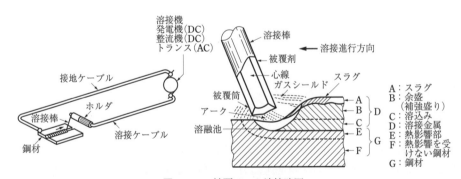

図7・15　被覆アーク溶接略図

外面にフラックスのない裸溶接棒を用いてアーク溶接を行うと，溶融した金属が空気中の酸素・窒素・水素と反応してもろい溶接金属ができ，信頼できる接合部をつくることができない。このため，溶接金属が凝固するまで溶接部を炭酸ガスなどの不活性ガスで覆って空気をしゃ断し，溶接金属の酸化・窒化を防ぐ目的で被覆アーク溶接棒が用いられている。被覆アーク溶接棒は，低炭素鋼

の心線（直径 1.2～4 mm）に有機物・無機物またはそれらの混合物でつくられた被覆剤（フラックス）を塗布したものである。

被覆剤はアークの高熱で溶け，多量のガスを発生し，空気をしゃ断する役割をはたす以外に，アークを安定させ，溶融点の低い適当な粘性のあるスラグをつくり，溶融金属の流動性を高めると同時に，凝固時に表面を覆って溶接金属の急冷，酸化を防ぐなど多様な役割を持っている。また，被覆剤は，その成分により溶接金属の脱酸精錬作用と適当な合金元素の添加を行うなど，溶接金属の品質に大きな影響を与える。被覆アーク溶接棒は，被覆剤の系統と鋼材の強度などの品質に応じて JIS Z 3211 に軟鋼，高張力鋼および低温用鋼用被覆アーク溶接棒として多くの種類の溶接棒が規定されている。これらのうちから，鋼材の種類，板厚，溶接姿勢等に応じて適切な溶接棒を選定しなければならない。

(b) 自動アーク溶接

自動アーク溶接には種々の方法があるが，一般に用いられる図 7・16 に示す**サブマージアーク溶接**について説明する。この方法は，溶接線前方に粒状のフラックスを山のように連続的に供給する装置と，この粒状フラックスの山の中に溶接用ワイヤをそう入し，鋼材との間でアークを発生させて溶接する装置とを備えた自走式の溶接機とが組み合わされている。この方法ではアークがフラックスの山の中で発生するので，外部からアークの強い光は見えないから，潜弧溶接すなわちサブマージアーク溶接と呼ばれる。この溶接法は作業者が防護用の面などを必要とせず，安全な作業ができる特長をもっている。また大電流を流せるので，溶込み（鋼材の溶融深さ）が大きく，厚板の溶接に適している。

(c) 半自動アーク溶接

半自動アーク溶接は，溶接用ワイヤが自動的に送給される装置（ボルダー）を，溶接作業者が手で持って溶接作業を行うものである。半自動アーク溶接には，ガスシールドアーク溶接とノンガスシールドアーク溶接がある。使用する溶接ワイヤは，JIS Z 3312 軟鋼高張力鋼およびミグ溶接ソリッドワイヤと規定されている。鉄骨構造の溶接に用いられている半自動アーク溶接には，安価な炭酸ガスをシールドガスに使用し，アークを発生する電極が溶加材を兼用する，図 7・17 に示す**炭酸ガスアーク溶接**が多く用いられる。使用する溶接ワイヤは JIS Z 3312 軟鋼，高張力鋼およびミグ溶接ソリッドワイヤと規定されている。炭酸ガスアーク溶接は，作業が容易で，能率がよく，溶け込みも深いので，多量の溶接を集中的に行う工場溶接に適している。

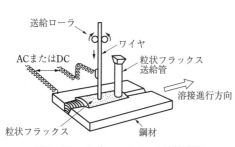

図 7・16　サブマージアーク溶接略図

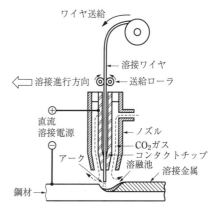

図 7・17　炭酸ガスアーク溶接（半自動アーク溶接）

ノンガスアーク溶接は，サブマージアーク溶接・炭酸ガスアーク溶接などと異なり，フラックス・シールドガスを供給せずに溶接する方法である．このため溶接用ワイヤには，酸化・窒化を防ぐ特殊な元素を混入したソリッドワイヤ，または図7・18に示すような，ワイヤの内部にフラックスを充てんしたフラックス入りワイヤを用いる．このため溶接機器が軽便で，比較的強風下でも溶接できるので現場溶接に適しているが，一方，溶接品質がやや不安定となる．

図7・18　ノンガスフラックス入りワイヤの断面

(2) 溶接継手と溶接継目

溶接継手には図7・19に示すように，形状によって多数の種類がある．この継手を形成する溶接継目に着目すれば，完全溶込み溶接継目・すみ肉溶接継目の2形式が主として用いられる．

(a) 完全溶込み溶接継目

完全溶込み溶接継目は，図7・20のように，鋼材にあらかじめつくられたみぞを，アーク溶接により溶接金属で埋めた溶接線をいう．このみぞを**開先**といい，図7・21に溶接記号とともに示すようにいろいろあるが，溶接作業が完全に行え（溶接作業者が溶接箇所の先端まで目視でき，かつ溶接棒が届くことをいう），溶接後の変形が少なく，溶着金属の量が少なく開先加工費がより安価になるなど，最も経済的な形状を板厚に応じて選定する．

完全溶込み溶接において，1回の溶接線（1パス）でできる溶接金属（ビード）の厚みは5mm程度であり，鋼材の板厚が厚くなると一般的に，図7・22に示すように，ビードを積層する多層盛りとなっている．なお，鋼材表面から盛り上がった部分を**余盛り**という．

第1層目（初層）の溶接は溶込みが不足し，溶着金属が急冷されるので，割れ，スラグの巻込みなどの欠陥を生じることが多いので，通常，図7・23(a)のように溶接後この部分を削り取り（これを**裏はつり**という），裏溶接を行うか，図(b)のように**裏あて金**を用いて裏はつりしない方法を行う．

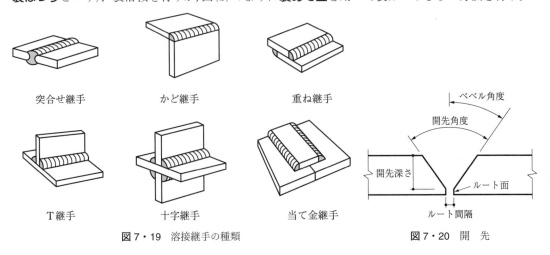

図7・19　溶接継手の種類　　　　　　　　　　　　図7・20　開　先

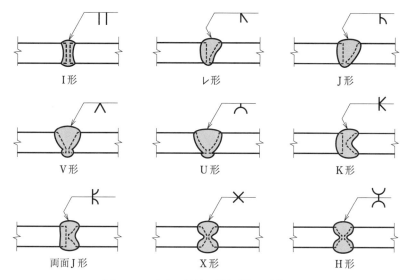

図7・21 突合せ溶接の開先形状と溶接記号

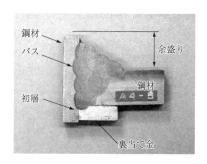

図7・22 多層盛り

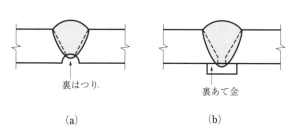

図7・23 完全溶込み溶接

(b) すみ肉溶接継目

　すみ肉溶接継目は，前出の図7・19に示す重ね継手やT継手のように，2枚の板を重ねたり，T形にしたときのかど，またはすみ部に溶着金属を置いてつくる溶接線をいう。すみ肉溶接継目の溶接線が，図7・24のように，応力方向に平行な場合を側面すみ肉溶接といい，応力方向に直角な場合を前面すみ肉溶接という。前面すみ肉溶接継目と側面すみ肉溶接継目とでは，力学的に耐荷機構が異なり，強度は前面すみ肉のせん断強さのほうが高いが（前面すみ肉溶接継目の耐力は側面すみ肉溶接継目の約1.4倍），同一耐力として設計する。

　また，すみ肉溶接は，図7・25(a)のように，連続する場合と，図(b)のように，断続する場合が

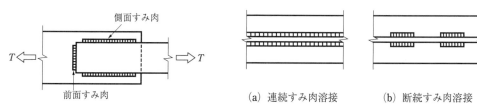

図7・24　前面および側面すみ肉溶接

図7・25　連続および断続すみ肉溶接

ある。詳細な規定は(3)の(b)に述べる。

(c) その他の溶接継目

すみ肉溶接の一種として，図7・26に示す**すみ肉みぞ溶接・すみ肉孔溶接・プラグ溶接，スロット溶接**がある。これらは鋼板を集結するためや補強用に用いられる。

図7・27に示すような軽量形鋼を背中合わせにつづり合わせたり，板に丸棒を取り付ける溶接を**フレア溶接**という。この溶接はグルーブ（開先）溶接の一種であるが，耐力的には完全溶込み溶接として取り扱わず，すみ肉溶接と見なして耐力計算する。

厚い鋼板を組み立てたボックス柱，溶接H形鋼柱などで，図7・28に示したような曲げモーメントや引張力が生じない場合には，板厚の一部だけを溶接金属で埋める**部分溶込み溶接**の使用が許されている。部分溶込み溶接は，完全溶込み溶接とすみ肉溶接の中間的なものであるが，法的には設計耐力計算上はすみ肉溶接と見なして取り扱う。その詳細は，110ページの(c)で述べる。

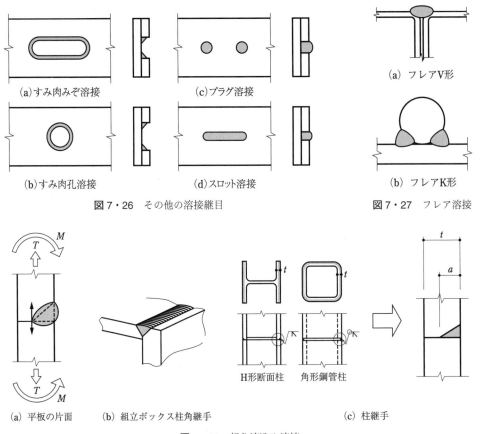

図7・26　その他の溶接継目

図7・27　フレア溶接

図7・28　部分溶込み溶接

(3) 溶接継目の有効面積

溶接継目に作用する応力は，**溶接継目の有効断面**（のど断面）が負担するものとして耐力計算し，設計する。

溶接継目の有効面積は，下記の**有効のど厚 a** と**有効長さ l_e** を乗じて求める。

(a) 完全溶込み溶接

完全溶込み溶接の応力を伝達する断面（のど断面）は図7・29の$_wA_e$であり，鋼材の断面$A_ℓ$と同じとする。

板厚が異なるときの有効のど厚aは薄いほうの板厚とし，有効長さl_eは材軸に直角に測った接合部の幅とする（図7・30）。

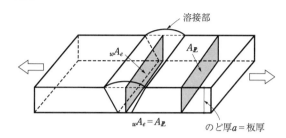

図7・29 完全溶込み溶接ののど断面

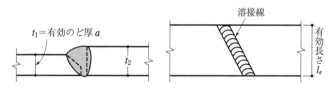

図7・30 完全溶込み溶接ののど厚および有効長さ

(b) すみ肉溶接

すみ肉溶接の応力を伝達するのど断面は，図7・31の灰色部分とする。

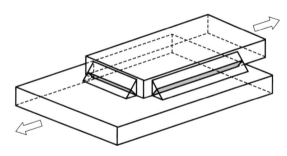

図7・31 すみ肉溶接ののど断面

すみ肉溶接の断面寸法の呼び方には，脚長・サイズ・のど厚などがある。脚長とは，すみ肉溶接継目のルートから溶接の止端までの距離を，図7・32のように測った値をいい，サイズとは，すみ肉の寸法を設計上指定する値である。したがって，サイズで定まる三角形は，すみ肉の横断面中に含まれていなければならない。のど厚には，実際のど厚と理論のど厚がある。実際のど厚は，すみ肉溶接の断面のルートから表面までの最短距離であり，理論のど厚は，設計に使用するのど厚で，有効のど厚ともいわれ，図7・32のように，サイズで定まる三角形のルートから測った対辺までの最短距離である。すなわち，継手の角度が図(a)のように直角の場合は有効のど厚aは次式とする。

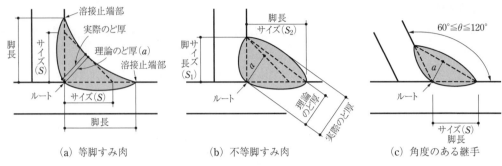

(a) 等脚すみ肉　　　(b) 不等脚すみ肉　　　(c) 角度のある継手

図7・32　すみ肉溶接のサイズとのど厚

$$a = \frac{1}{\sqrt{2}} S \fallingdotseq 0.7S \qquad (7・16)$$

S：すみ肉溶接継目のサイズ

また、図7・32(b)のような不等脚すみ肉溶接の場合には、実際の設計に使用する有効のど厚は小さいほうのサイズ S_1 の0.7倍とする。図(c)のように、継手の角度 θ が直角以外（ただし、60°$\leq \theta \leq$120°）の場合の有効のど厚 a は、角度に応じて計算しなければならない。

最大サイズは、薄いほうの鋼材の厚さ以下にする。ただし、T形継手で板厚が6 mm以下の場合は、すみ肉のサイズを板厚の1.5倍、かつ6 mm以下まで増すことができる。

板厚6 mmを超える場合は、すみ肉溶接のサイズは4 mm以上で、かつ$1.3\sqrt{t}$ mm以上でなければならない（t は、厚いほうの母材の板厚〔mm〕）。ただし、すみ肉溶接のサイズが10 mm以上である場合は、この限りでない。

有効長さ l_e は、図7・33のように、すみ肉溶接の実長から始終端部でそれぞれ1サイズ分 S だけ無効として計算する。これは、溶接の始端・終端は形状の不整があったり、欠陥が多いことを考慮したためである。また、まわし溶接がある場合は、まわし部を含めた $l_1 + l_2$ を有効長さとしてよい。応力を伝達するすみ肉溶接の有効長さは、サイズの10倍以上かつ40 mm以上とし、あまり短い継目は欠陥が多いので許されない。またあまり長くても応力が不均等になるので、側面すみ肉の有効長さがサイズの30倍を超えるときは、許容応力度を低減する。

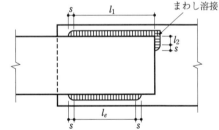

図7・33　すみ肉溶接の有効長さ

(c) 部分溶込み溶接

部分溶込み溶接は図7・28のように、板厚の途中までを溶接する形状のもので、法的には全厚を溶接する完全溶込み溶接以外の溶接として取扱う。即ち溶接部の設計耐力計算では、許容応力度、有効のど厚等、すみ肉溶接として取り扱う。図7・28(a)のように、平板片側のみを溶接したものは、平板に引張力や面外曲げモーメントが作用すると、溶接のルート部（初層部）に局部的な引張力が付加されるので、使用できないこととされている。従って、この溶接法は、図7・28(b)のような溶接で組み立てる箱形断面材の角溶接に用いられることが多い。この継ぎ目に作用する応力は、主としてせん断力となっている。

なお、日本建築学会の鋼構造接合部設計指針では、図7・28(c)に示すような主軸まわりの曲げ

モーメントを受ける箱形断面柱，あるいは強軸および弱軸まわりの曲げモーメントを受けるH形断面柱の柱継手で外開先を設けて部分溶込み溶接とする場合には，柱部材が曲げを受けても継手における板要素に作用する応力は軸方向力が支配的となり，部分溶け込み溶接のルート部で局部的に大きな曲げが作用することはないと考える。これにより部分溶込み溶接であるが次の二つの条件を充足する場合は法令と異なり母材同等の許容応力度を適用して溶接のど断面の応力検定できるとしている。ただし，円形鋼管については，性状が未解明ということで適用できない原則としている。

条件1：柱継手部の応力は，全て部分溶込み溶接部で伝達する。

条件2：骨組みの終局限界状態においても，部分溶込み溶接継目の断面の応力は，弾性域にとどまるように溶込み深さ（有効のど厚）を設定する。

有効のど厚 a は，手溶接でレ形・K形の部分溶込み溶接を行う場合，初層の溶込み不足を考えて，図7・34のように開先深さから3mm引いた値とする。その他の開先の部分溶込み溶接をアーク手溶接で行う場合，半自動アーク溶接およびサブマージアーク溶接による部分溶込み溶接の場合は，初層から十分な溶込みが得られるので，開先深さを有効のど厚 a とする。いずれも有効のど厚は，$2\sqrt{t}$ mm以上としなければならない（t は，薄いほうの板厚〔mm〕）。

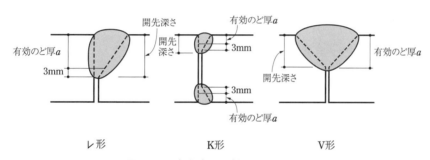

図7・34 部分溶込み溶接の有効のど厚

（d） すみ肉みぞ溶接，すみ肉孔溶接

図7・35のように，のど断面の中心を接着面に転写した線の長さを有効長さとし，これに有効のど厚を乗じた値を溶接継目の有効面積とする。

（e） プラグ溶接・スロット溶接

有効面積は孔およびみぞの接着面における公称断面積とする。

（f） 鋼管の分岐継手

図7・36のような鋼管相互の継手を**分岐継手**という。この場合，溶接線は2つの管の相関線になる。この線の長さは近似的に次式(7・17)で求められる。

$$l = a + b + 3\sqrt{a^2 + b^2} \tag{7・17}$$

ここで，$a = \dfrac{d}{2}\operatorname{cosec}\theta \qquad b = \dfrac{d}{3} \cdot \dfrac{3 - \left(\dfrac{d}{D}\right)^2}{2 - \left(\dfrac{d}{D}\right)^2}$

l：溶接線の長さ　　D：主管外径　　d：支管外径

すみ肉のサイズは4mm以上で，かつ$1.3\sqrt{t}$ mm以上であり（t は，厚いほうの管（主管）の板厚〔mm〕），最大サイズは薄いほうの管（支管）の厚さの2倍までとることができる。

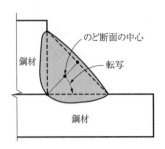
図7・35　すみ肉みぞ溶接，すみ肉孔溶接

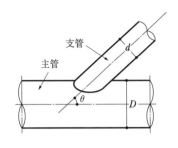
図7・36　鋼管の分岐継手

また，接合部をリブなどで補強する場合は，これを有効面積に加算してよい。

（4）溶接部の許容応力度

法令で規定された許容応力度を表7・7に示す。すなわち，各鋼種に適合する溶接棒を使用し，十分な溶接管理が行われる場合は，許容応力度を次のようにすることができる。なお，SS 490，SS 540の溶接継目に許容応力度が与えられていないのは，溶接してはいけないという意味である。

1) 完全溶込み溶接継目の許容応力度は，接合される鋼材の許容応力度と同等とする。
2) 完全溶込み溶接継目以外の許容応力度は，接合される鋼材の許容せん断応力度と同等とする。
3) 異種鋼材を溶接する場合は，接合される鋼材の許容応力度のうち小さいほうの値をとる。

表7・7　溶接継目の許容応力度（単位：N/mm^2）

継目の形式	長期応力に対する許容応力度				短期応力に対する許容応力度			
	圧縮	引張り	曲げ	せん断	圧縮	引張り	曲げ	せん断
完全溶込み溶接	$\dfrac{F}{1.5}$			$\dfrac{F}{1.5\sqrt{3}}$	長期応力に対する圧縮，引張り，曲げまたはせん断の許容応力度のそれぞれの数値の1.5倍とする。			
完全溶込み溶接以外のもの	$\dfrac{F}{1.5\sqrt{3}}$			$\dfrac{F}{1.5\sqrt{3}}$			

この表において，Fは鋼材の基準強度で表3・2による。

（5）溶接欠陥

溶接作業が良好に行われないと，溶接部には図7・37に示すような種々の欠陥が生じる。欠陥のある溶接継手は，応力集中などにより早期破断をもたらすなど建築物の構造耐力に大きく影響し，

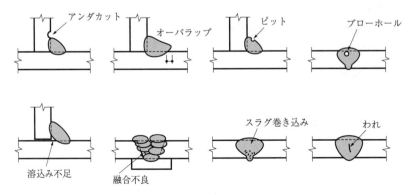
図7・37　溶接欠陥

致命的な事故を生じることがあるので，十分注意して作業するとともに品質管理・検査を十分行わなければならない。

溶接の良否は，溶接作業者の技量，鋼材の鋼種などの品質および加工・組立の精度，溶接機・溶接材料の選択およびその使用条件，作業環境などに大きく影響される。したがって，これらの溶接諸条件は適正なものとしなければならない。

溶接後の溶接部が健全であるか否かを調べる検査には，外観検査や非破壊検査が行われている。外観検査は，表面欠陥について計器等を用いた目視または浸透探傷試験や磁気探傷試験によって行われる。浸透探傷試験は，表面に開口している欠陥に可視染料などを加えた浸透液を浸透させて欠陥を検出するもので，特に，表面に開口しているわれは極めて細いので目視では判別がつきにくいため，この試験が有用である。磁気探傷試験は，欠陥による磁場の乱れを観測することにより欠陥を検出するもので，表面およびその近傍の欠陥検出に有効であるが，現在はあまり用いられていない。われ，融合不良，溶込み不良，スラグ巻込み，ブローホールなどの内部欠陥は，超音波探傷試験や放射線透過試験の非破壊試験によって検査し，JIS や日本建築学会の規準によって欠陥を等級分類し，合否を判定する。以前は，検査が主として工場内であったこともあり，装置の大きい放射線透過試験が行われていたが，近年では，装置・検査法が簡便化したことなどから，超音波探傷試験が普及している。検査の結果不合格となった欠陥は適切な方法で修正する必要がある。

7・2 接合部

7・2・1 接合要素の応力分担

(1) 概　要

基本的に部材の軸方向力またはせん断力を伝える接合部のボルト・高力ボルトまたは溶接部の応力は，応力方向に均等に分布するとみなす。また，曲げモーメントを伝える接合部のボルト・高力ボルトまたは溶接部の応力は，回転中心からの距離に比例するとみなす。

このようして求めた応力または応力度が，接合要素の許容耐力または許容応力度以下となることを検定する。

(2) 高力ボルト・ボルト

(a) 部材の軸方向力またはせん断力を伝える場合

図 7・38 のような多列せん断ボルト・高力ボルトが，部材の軸方向力 N やせん断力 Q によってボルト軸にせん断力を受ける場合には，すべてのボルトは各応力方向に均等に応力を分担すると仮定して設計する。

格子配置の場合（図 7・38(a)）

$$R_N = \frac{N}{m \cdot n} \qquad R_Q = \frac{Q}{m \cdot n} \tag{7・18}$$

千鳥配置の場合（図 7・38(b)）

　m が偶数の場合

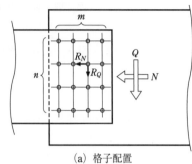
(a) 格子配置

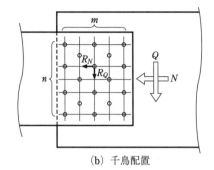
(b) 千鳥配置

図 7・38 軸方向力またはせん断力を伝える場合

$$R_N = \frac{2N}{m(2n-1)} \qquad R_Q = \frac{2Q}{m(2n-1)} \qquad (7\cdot 19)$$

m が奇数の場合

$$R_N = \frac{2N}{m(2n-1)+1} \qquad R_Q = \frac{2Q}{m(2n-1)+1} \qquad (7\cdot 20)$$

m：ボルトなどの列数　　n：1列のボルトなどの数
R_N：軸方向力によるボルト1本に作用するせん断力
R_Q：せん断力によるボルト1本に作用するせん断力

軸方向力とせん断力が同時に作用する場合は，式(7・21)の合応力 R を1本のボルトなどが分担するせん断力として取り扱う（図7・39）。この合応力 R が許容せん断耐力以下となることを検定する。

$$R = \sqrt{R_N{}^2 + R_Q{}^2} \qquad (7\cdot 21)$$

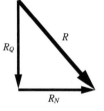

図 7・39 合応力

(b) 部材の曲げモーメントを伝える場合

多列ボルトなどが接合面内の曲げモーメント M を伝える場合は，各ボルトなどのせん断力は，図7・40に示すように，回転中心となるボルト群の重心 G からの距離に比例し，その方向は半径方向（重心と各ボルトを結ぶ線）に対し直角に作用すると仮定する。したがって，応力の釣合いより，

$$M = \sum r_i \cdot R_i$$

重心 G から単位の距離で生じているせん断力を R_0 とすれば，

$$R_i = R_0 \cdot r_i$$

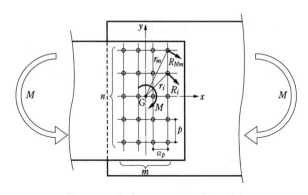

図 7・40 曲げモーメントを受ける場合

よって，　　$M = R_0 \sum r_i^2$　　$R_0 = \dfrac{M}{\sum r_i^2}$

この多列ボルト群中での最大せん断力 R_{Mm} は，重心 G から最も遠い位置のボルトなどに生じる。その距離を r_m とすれば，次式のようになる。

$$R_{Mm} = R_0 \cdot r_m = \dfrac{M}{\sum r_i^2} \cdot r_m \qquad \sum r_i^2 = \sum (x_i^2 + y_i^2)$$

ここで，ボルト群の重心 G に関する**極二次モーメント**を I_p，回転中心を通る水平軸に関する断面二次モーメントを I_{xx}，回転中心を通る垂直軸に関する断面二次モーメントを I_{yy} とすると，

$$\sum r_i^2 = I_p = I_{xx} + I_{yy} \qquad \sum x_i^2 = I_{xx} \qquad \sum y_i^2 = I_{yy}$$

であるので，

$$R_{Mm} = \dfrac{M}{I_p} \cdot r_m = \dfrac{M}{S} \qquad \text{ここで，} \quad S = \dfrac{I_p}{r_m} \tag{7・22}$$

I_{xx}, I_{yy}, I_p, r_m はボルトなどの配置が定まれば式(7・23 a，b)，(7・24)から求められるので，S が求められ，最大せん断力 R_{Mm} を求めることができる。これが，許容せん断耐力以下となることを検定する。

I_p は，ボルトの配置により次の2つに区分される。

（イ）格子配置の場合

$$I_p = \dfrac{nm[(n^2-1) + a^2(m^2-1)]p^2}{12} \tag{7・23 a}$$

　　p：ボルトピッチ　　a：ゲージとピッチの比

（ロ）千鳥配置の場合

$$I_p = \dfrac{F[n(n-1) + a^2(m^2-1)]p^2}{24} \tag{7・23 b}$$

$$F = \begin{cases} 2nm - m & : m \text{ が偶数（清算による重心移動無視）} \\ 2nm - m + 3 & : m \text{ が奇数，かつ，最外列が } n \text{ 本} \\ 2nm - m - 3 & : m \text{ が奇数，かつ，最外列が } n-1 \text{ 本} \end{cases}$$

一方 r_m は次となる。

$$r_m = \dfrac{p\sqrt{(n-1)^2 + a^2(m-1)^2}}{2} \tag{7・24}$$

ただし，千鳥配置で m が奇数，かつ，最外列が $(n-1)$ 本の場合は，r_m は次の r_{max1} と r_{max2} の大きいほうの値となる。

$$r_{max1} = \dfrac{p\sqrt{(n-1)^2 + a^2(m-3)^2}}{2}$$

$$r_{max2} = \dfrac{p\sqrt{(n-2)^2 + a^2(m-1)^2}}{2}$$

（c）部材の曲げモーメントと軸方向力およびせん断力を受ける場合

多列ボルトなどが，部材の曲げモーメント M と軸方向力 N およびせん断力 Q を同時に受ける場合（図7・38と図7・40が同時に作用する場合）は，すでに求められたそれぞれの応力により，ボルトに作用するせん断力 R_M，R_N，R_Q の合応力について検討する。この場合，R_M は軸方向分力 R_{Mx} およびせん断力方向の分力 R_{My} を求めて各方向成分和を求めた後ベクトル和として，合応

力を求める（式(7・25 a) 参照）。これらの合力の最大となる次式(7・25 a) 許容せん断耐力以下となることを検定する。

$$R = \sqrt{(R_{Mx}+R_Q)^2 + (R_{My}+R_N)^2} \tag{7・25 a}$$

ここに，$R_{Mx} = \dfrac{M}{S_x}$　　$R_{My} = \dfrac{M}{S_y}$ (7・25 b)

ただし，R_{Mx}：R_{Mm} の $x(Q)$ 方向成分

　　　　R_{My}：R_{Mm} の $y(N)$ 方向成分

また，$S_x = \dfrac{2I_p}{(n-1)p}$　　$S_y = \dfrac{2I_p}{a(m-1)p}$ (7・25 c)

ただし，千鳥配置で m が奇数，かつ，最外列が $(n-1)$ 本の場合は，

$$S_x = \begin{cases} \dfrac{2I_p}{(n-1)p}\,(r_{max1} \geqq r_{max2}) \\ \dfrac{2I_p}{(n-2)p}\,(r_{max1} < r_{max2}) \end{cases} \quad S_y = \begin{cases} \dfrac{2I_p}{a(m-3)p}\,(r_{max1} \geqq r_{max2}) \\ \dfrac{2I_p}{a(m-1)p}\,(r_{max1} < r_{max2}) \end{cases}$$

（3）ボルトによる引張接合

ボルトを用いた仕口山形鋼などによる引張接合は，図7・41のように，接合面外に曲げモーメントを受け，ボルトなどの列の長さの0.8倍の位置に回転中心があるとみなすことができる。

ボルトに生じている最大引張力を P_m とし，ボルトに生じている応力を力に沿って直線分布と考えると，

$$T = P_m \cdot \dfrac{0.8h}{p} \cdot \dfrac{1}{2} \qquad C = T$$

力の釣合いより，　$M = T \cdot \dfrac{2h}{3} = \dfrac{8h^2}{30p} P_m$

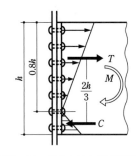

図7・41　ボルトによる引張接合

よって，$P_m = \dfrac{M}{S}$　とおけば，　$S = \dfrac{8h^2}{30p}$ (7・26)

仕口山形鋼は変形しやすく，偏心の影響でボルトの耐力が低下することがあるので，剛性を保つため必要に応じてリブを取り付ける。

（4）溶接接合

（a）部材のせん断力または軸方向力を伝達する溶接接合部

溶接接合部が受けるせん断力 Q または軸方向力 N を，溶接線の全のど断面が均等に負担するものとして次式によって検定を行う。

$$\rho = \dfrac{F}{\sum(al_e)} \leqq f_w \tag{7・27}$$

ρ：溶接継目の応力度

f_w：溶接継目の許容応力度（溶接継目の形式に応じた許容応力度を用いる。）

F：溶接継目に作用するせん断力 Q または軸力 N

a：有効のど厚　　l_e：有効長さ

（b）面内の曲げモーメントを伝達するすみ肉溶接接合部

図7・42のように，平面的に任意の形状をしたすみ肉溶接接合部に面内の曲げモーメント M が

作用した場合の検定は，次のように行う。まず，すみ肉溶接継目の形状の重心 G を定め，継目に生じるせん断応力は重心からの距離 r に比例し，作用方向は重心とその点を結ぶ半径に直角であると仮定する。いま，重心から単位の距離にある継目に生じるせん断応力を ρ_0 とすれば，任意の距離 r_i にある継目に生じるせん断応力 ρ_i は，次式のように表すことができる。

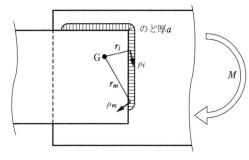

図 7・42 面内曲げモーメントを伝えるすみ肉溶接

$$\rho_i = r_i \cdot \rho_0$$

重心まわりのモーメントの釣合いを考えると，

$$M = \int_A r_i^2 \rho_0 dA = \rho_0 I_p$$

$$I_p = \int_A r_i^2 dA : 断面の極二次モーメント$$

よって，　　$\rho_0 = \dfrac{M}{I_p}$

最大せん断応力度 ρ_m は，図 7・42 のように，重心から最も遠い位置に生じるから，そこまでの距離 r_m を用いて式(7・28)で検定する。

$$\rho_m = \frac{M}{I_p} r_m = \frac{M}{S} \leqq f_w \tag{7・28}$$

$$S = \frac{I_p}{r_m}$$

表 7・8 に，3 つの形状のすみ肉溶接継目の極二次モーメント I_p を示す。

表 7・8　溶接継目の極二次モーメント I_p

継目の形状*	x	$L=\Sigma l$ [cm]	I_p [cm⁴]
	$\dfrac{k^2}{1+2k}$	$(1+2k)l$	$\left(\dfrac{L^3}{12} - \dfrac{k^2 l^4 (1+k)^2}{L}\right)a$
	$\dfrac{k}{2}$	$2(1+k)l$	$\dfrac{L^3}{48}a$
	$\dfrac{k}{2}$	$2l$	$\dfrac{1+3k^2}{6}l^3 a$

＊有効断面を示す。

(c) 面内の曲げモーメントとせん断力を伝達するすみ肉溶接接合部

図 7・43 のような形状のすみ肉溶接接合部の重心 G から e の距離に，せん断力 Q が作用したとすれば，せん断力によって継目に生じるせん断応力度 ρ_s は式(7・27)より，

$$\rho_s = \frac{Q}{\sum(al_e)}$$

接合部には偏心モーメント $M=Q \cdot e$ が生じる。これによるせん断応力度 ρ_m は式(7・28)より，

$$\rho_m = \frac{M}{I_p}r = \frac{Q \cdot e}{I_p}r$$

まず，ρ_m を水平成分 ρ_{mx} と鉛直成分 ρ_{my} に分解すると，この ρ_s と ρ_m の合力 ρ は，次式となる。

$$\rho = \sqrt{\rho_s^2 + \rho_m^2} = \sqrt{\rho_{mx}^2 + (\rho_{my}+\rho_s)^2}$$

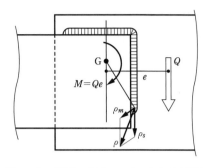

図7・43 面内の曲げモーメントとせん断力

これを用いて図7・43のように，溶接継目の応力度が最大となる部分の ρ について検定する。

（d） 面外の曲げモーメントとせん断力を伝達するすみ肉溶接接合部

梁端などで図7・44のように，すみ肉溶接部が面外の曲げモーメント M とせん断力 Q を伝達する場合，すみ肉溶接継目ののど断面を柱フランジ面に転写してできる図7・44(a) のハッチ部分のような断面について，中立軸（x-x軸）に関する断面係数 Z を求め，式(7・29)により，曲げモーメントによるすみ肉溶接継目に生じる最大縁応力度 ρ_1 と，せん断力により継目のウェブ部分に生じるせん断応力度 ρ_2 を求める。

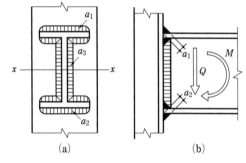

図7・44 面外の曲げモーメントとせん断力

$$\rho_1 = \frac{M}{Z} \qquad \rho_2 = \frac{Q}{\sum(a_i l_{ei})} \tag{7・29}$$

a：ウェブ部分のすみ肉溶接の有効のど厚　　l_e：有効長さ

ρ_1 と ρ_2 の合応力を次式で求め，これがすみ肉溶接継目の許容応力度以下であればよいとする。

$$\rho = \sqrt{\rho_1^2 + \rho_2^2} \leq f_w \tag{7・30}$$

ここで，f_w：すみ肉溶接継目の許容応力度（表7・7参照）

（5） 異種接合法の併用接合部

　ボルト・高力ボルト・溶接などの接合法は，それぞれ剛性，強度が異なるので，同一継手に異種の接合要素を併用することは好ましくない。しかし，既存建築物を増改築する場合や工事中設計変更があった場合など，止むなく異種の接合要素を併用しなければならないことがある。このときは，表7・9の丸印の組合せの場合には，接合部の耐力は右欄となり，加算できるとは限らない場合がある。

　なお，**併用接合**とは，同一接合部分に異なる接合要素を配置することである。梁・柱の継手のフランジ部分を溶接し，ウェブ部分を高力ボルト摩擦接合するのは，それぞれが負担する応力の種類が異なるので，このような接合部は混用接合といい，併用接合の規定は適用しない。

　併用継手における接合要素の耐力の加算の可否の考え方は，次のようである。H, W, B という接合要素それぞれの引張力とずれ量の関係が模式的に図7・45となるとき，同一継手部に接合要素 H, W, B が，図7・46のように，配置されたとすると，板のずれ量 $\varDelta$ は各接合要素に共通で

表7・9 併用接合の耐力

接合法	溶 接	高力ボルト	リベット	ボルト	併合接合の耐力
組合せ	○	○			高力ボルトを先に締め付けた場合は両者の耐力の和，それ以外溶接部の耐力
	○		○		溶接部の耐力のみ
	○			○	溶接部の耐力のみ
		○	○		両者の耐力の和
		○		○	高力ボルトの耐力のみ
			○	○	リベットの耐力のみ

注）既存建物も対象とするため，以前用いられていたリベットについても記載した。

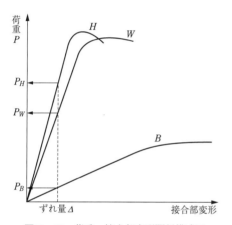

図7・45 荷重－接合部変形関係模式図

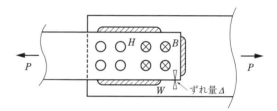

図7・46 接合要素の配置

ある。

図7・45の変位が $\varDelta$ のときの負担力は，それぞれ P_B, P_W, P_H となる。ここで，同一変形時の負担力が近似するもの（これは，接合剛性といってもよい）は加算できるが，差が大きいものは加算できないと考え剛性の小さい要素の負担力を無視する。

図7・45では，$P_H \fallingdotseq P_W > P_B$ であるので，継手の耐力 P は，

　　H と W を併用する場合　　$P = P_H + P_W$

　　H と B を併用する場合　　$P = P_H$

　　W と B を併用する場合　　$P = P_W$

となる。

7・2・2 各種接合部

（1） 接合部設計の基本

鉄骨構造の各種接合部には，柱・梁接合部における梁端溶接部や接合部パネル，梁継手，柱継手，トラスの接合部ならびに柱脚などがある。これら接合部の設計時に共通的に配慮すべき要点には，次のものがある。

1) 接合部に働く部材応力を確実に伝達できる耐力をもつこと

2) 接合部は部材の連続性を損なわず，有害な局部変形を生じない剛性を持つものであること
3) 接合部のディテールは，施工が容易で確実に行えること
4) 接合部は，仕上工事など他の工事に対して支障とならないこと

これらの条件を満足するよう接合部を設計するが，その設計対象とする応力で区分した次の2つの方法がある。

1) 接合部に存在している応力に対して設計する方法（存在応力設計）
2) 接合部材の許容耐力に対して設計する方法（全強設計）

普通，前者の在存応力による設計を行うとき，存在応力があまり小さい場合，これを用いて設計すると，接合部の剛性が不足して不都合が生じるので，鋼構造許容応力度設計規準では次のような最小接合の規定を設けている。

1) 構造上主要な部材の接合部にボルト・高力ボルトを用いる場合は，最小2本を配置する。溶接接合の場合は，最小30 kN以上の耐力を持つ継目を設ける（ただし，組立材のつづり材などの接合部は除外されている）。
2) トラス部材の接合部は存在応力を十分伝え，かつ，部材の許容耐力の1/2以下の耐力であってはならない。
3) 柱の継手の接合材は存在応力を十分伝え，かつ，部材の各応力に対する許容耐力の1/2以下の耐力であってはならない。
4) 柱の継手は，暴風時や地震時の応力を組み合わせる場合，積載荷重を無視することにより生じる引張応力についても，安全になるよう設計する。

全強設計の場合は，存在応力に無関係に設計できるので，標準接合ディテールをつくるときなどに用いられる。この場合，若干不経済となるが，確実な接合部が得られる。

一方，前述の設計条件および設計方法のほかに，耐震設計における保有耐力設計では，主要構造部材が十分に塑性変形するまで接合部を破断させないことを原則としている。このように設計された接合部を保有耐力接合という。詳細は，第8章を参照されたい。

以降順次，各種接合部の設計について説明する。

（2） 梁端溶接仕口

ラーメン架構の柱・梁接合部としては，図7・47に示す形式が多く用いられている。これらの接合形式のように剛接合とする場合の梁端接合部は，図7・48のように，フランジ部分を完全溶込み

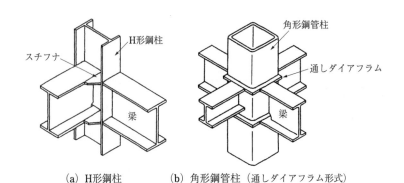

図7・47 柱・梁接合部の例

溶接，ウェブ部分をすみ肉溶接した溶接仕口とする場合が多い。この場合は，面外曲げモーメントとせん断力が作用する溶接部として，フランジ部分の完全溶込み溶接を次のようにすみ肉溶接に換算した断面を用い，7・2・1 (4)の(d)で述べた方法で検定すればよい。すなわち，有効のど厚は完全溶込み溶接の有効のど厚とし，有効長さ l_e を完全溶込み溶接とすみ肉溶接の許容応力度比である $\sqrt{3}$ 倍したすみ肉換算長さを用いて式(7・30)を適用する。

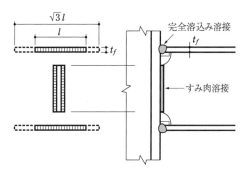

図7・48 梁端溶接仕口

また，フランジ・ウェブともに完全溶込み溶接の場合は，のど断面に生じる最大縁応力度 σ_t，せん断応力度 τ を用いて，式(3・3)に基づく次式で検討する。

$$\sqrt{\sigma_t^2+3\tau^2}\leq f_t \tag{7・31}$$

　　　f_t：完全溶込み溶接継目の許容引張応力度

式(7・30)と式(7・31)では，いずれもフランジとウェブののど断面に生じる応力度は，実際にはそれらの最大値の発生位置が異なるが，安全側の配慮として最大応力度を組み合わせた応力度を用いて検定を行うことにしている。なお，実務的にフランジ部分の完全溶込み溶接継目をそのままで，ウェブ部分のすみ肉溶接継目を完全溶込み溶接継目に換算する場合がある。この場合には，有効長さはすみ肉溶接継目の有効長さとし，有効のど厚を $\dfrac{1}{\sqrt{3}}$ 倍した換算有効のど厚を用いて式(7・31)を適用する（例題11参照）。梁の応力について，曲げモーメントをフランジで分担し，せん断力をウェブで分担する，と仮定する略算による設計を行う場合は，ウェブのせん断力の検定のみ行い，上に述べたような精算は行わない。

また，図7・47(b)に示す角形鋼管柱の場合，梁ウェブ位置の鋼管壁の板厚が薄いときには，鋼管壁の面外剛性が低くなり，梁端が平面保持されず，梁ウェブが応力を十分に負担できないので，設計上注意が必要である。このような場合の接合部の耐力評価式が，建築学会の鋼構造接合部設計指針に紹介されているので参照されたい。

（3） 接合部パネル

柱・梁接合部における柱と梁に囲まれる部分を**接合部パネル**といい，この部分に対して地震荷重時に，図7・49に示したように，せん断力を受ける。この部分が全面的にせん断降伏すると，パネル部のせん断変形が架構全体に影響を与える。

したがって，パネル部分がせん断降伏しないようにパネルの耐力検定を行う。図7・49(c)のように，パネルの上部の**水平スチフナ**部分を取り出して力の釣合いを考えると，

$$\frac{{}_bM_1+{}_bM_2}{h_b}-{}_cQ_1=\tau\cdot t_w\cdot h_c$$

ゆえに，パネルに働く平均せん断応力度 τ は，

$$\tau=\frac{{}_bM_1+{}_bM_2}{h_c\cdot h_b\cdot t_w}-\frac{{}_cQ_1}{h_c\cdot t_w} \tag{7・32}$$

また，$V_p=h_c\cdot h_b\cdot t_w$　　$A_p=h_c\cdot t_w$　と書けば，

$$\tau=\frac{{}_bM_1+{}_bM_2}{V_p}-\frac{{}_cQ_1}{A_p} \tag{7・33}$$

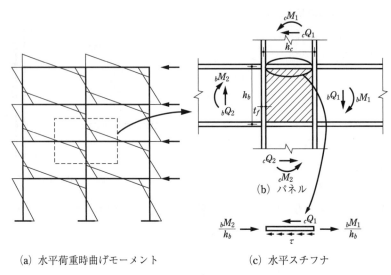

(a) 水平荷重時曲げモーメント　　　　　(c) 水平スチフナ

図7・49 接合部パネルの応力状態

パネル部周辺は，式(7・32)のせん断応力度が短期許容せん断応力度を超えると降伏し始めるが，この周辺部の降伏は，パネル全体の挙動にそれほど影響しないことが実験的に確かめられている。鋼構造許容応力度設計規準では，この実験的事実を取り入れて一般の短期許容せん断応力度は $1.5f_s$ であるが，パネル部の短期許容せん断応力度を割増しして $1.5f_s \times \dfrac{4}{3}=2f_s$ (f_s：長期許容せん断応力度) とし，かつ設計式を単純化するため，式(7・33) の右辺第2項を無視した次の式により，検定することにしている。

$$\tau_p = \frac{{}_bM_1 + {}_bM_2}{V_e} \leq \frac{4}{3} \times 1.5 \times f_s = 2f_s \quad \left(\text{〔注〕}\ \frac{4}{3}\text{ は実験に基づく修正係数}\right) \quad (7・34)$$

V_e：柱のパネル部分の有効体積で下記の値とする。

　　H形断面柱の場合　　　　　$V_e = h_b \cdot h_c \cdot t_w$　（t_w はパネル部分の板厚）

　　矩形中空断面柱の場合　　　$V_e = \dfrac{8}{9}V = \dfrac{16}{9}h_b \cdot h_c \cdot t_w$　（V：パネル部体積，図7・50 (a)のハッチした部分による）

　　円形鋼管柱の場合　　　　　$V_e = \dfrac{1}{2}V = \dfrac{\pi}{2}h_b \cdot h_c \cdot t_w$　（V：パネル部全体積，図7・50 (b)のハッチした部分による）

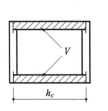　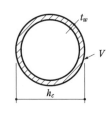　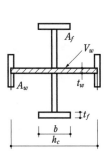

　(a) 矩形中空断面柱　　　　(b) 円形鋼管柱　　　　(c) 十字形断面柱

図7・50 パネル体積（図のハッチした面積に h_b を乗じたもの）

十字形断面柱の場合　　　$V_e = f V_w$

$$f = \frac{\alpha^2 + 2.6(1+2\beta)}{\alpha^2 + 2.6}$$

$$\alpha = \frac{h_b}{b} \quad \beta = \frac{A_f}{A_w} \quad A_f = b t_f \quad A_w = h_c \cdot t_w$$

$$V_w = h_c \cdot h_b \cdot t_w \quad （図7\cdot50(c)のハッチした部分）$$

H形断面柱の場合で上記の検討の結果，パネル体積が不足した場合（$\tau_p > f_s$）は，ウェブの板厚を補充するものとして，図7・51のように，**ダブラープレート**を溶接し，補強するのが普通の方法である。

H形鋼にダブラープレートを完全溶込み溶接する場合の板厚は，次式で計算する。

$$t_p \geq t_w \left(\frac{\tau_p}{2f_s} - 1 \right) \quad (7\cdot35)$$

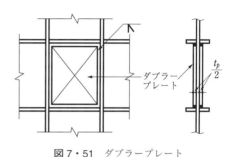

図7・51　ダブラープレート

f_s：長期許容せん断応力度

柱に取り付く左右の梁の上下フランジが，同時に引張と圧縮になる場合（鉛直荷重時応力）や，左右が引張と圧縮となる場合（水平荷重時応力）によって，柱梁交差部の局部挙動はさまざまである。水平スチフナのない場合には，図7・52のように梁の引張り側フランジと柱フランジの接合部では，柱フランジが面外変形してフランジ中央部に応力集中を生じ，その部分の溶接が破断したり，圧縮側では柱ウェブフィレットの局部降伏やウェブの座屈等の破壊現象が生じる可能性がある。

これらを防止するためと，パネル部の応力分布を簡明化する目的で，梁フランジと等厚以上の水平スチフナを設置するのが通例である。水平スチフナの設置によって，いろいろな局部的に生じる危険な現象を防止し，梁のフランジからの圧縮力・引張力を直接反対側の梁フランジに，または，均等にパネル部に伝達するようになり，(7・34)式のパネル部のせん断応力に対してパネルの体積による安全性の検定が成り立つものとなる。

水平スチフナを省略する場合は，図7・52(c)に示す梁圧縮側フランジからの力 P によって柱ウェブフィレット先端部の有効幅 B_e に生じる圧縮応力度と許容圧縮応力度 f_c が(7・36)式を満たしているかで安全性を判断することができる。

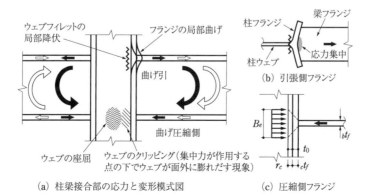

(a) 柱梁接合部の応力と変形模式図　　(c) 圧縮側フランジ

図7・52　水平スチフナがない場合の局部挙動

$$\frac{P}{t_w B_e} = \frac{P}{t_w(t_b+2t_0)} \leq f_c' \tag{7・36}$$

P：梁フランジからの集中力

B_e：柱ウェブフィレット先端部の有効幅

t_w：柱ウェブ板厚　　　t_f：梁のフランジ板厚

t_0：柱フランジ外縁からウェブフィレット先端までの距離（$t_0 = {}_et_f + \gamma_c$）

f_c'：柱ウェブフィレット先端の許容圧縮応力度［式(3・5)参照］

式(7・36)を満足しないときは，次式で水平スチフナの断面積 A_s を定める。

$$A_s F_s \geq A_f F_b - 1.5\left(\frac{F_c}{1.3}\right) t_w(t_b+2t_0) \tag{7・37}$$

A_f：梁のフランジ断面積　　　F_s：水平スチフナの基準強度

F_b：梁の基準強度　　　F_c：柱の基準強度

なお，参考として「鋼構造許容応力度設計規準」が解説で紹介している AISC 仕様書（1969 年）にある H 形鋼柱梁接合部のスチフナに関する設計方法を以下に示す。

AISC 仕様書の H 形断面柱梁接合部のスチフナに関する規定

接合部が，次の条件下にあるときは柱ウェブに，梁フランジ線上に水平スチフナ（ダイアフラム）を設けなければならない。

1) 梁の圧縮側フランジ位置において，

$$t_w < \frac{C_1 \cdot {}_bA_f}{{}_bt_f + 5t_0} \quad \text{（条件1），または，} \quad t_w < \frac{h_c\sqrt{F}}{190} \quad \text{（条件2）のとき}$$

2) 梁の引張側フランジ位置において，

$$t_f < 0.4\sqrt{C_1 \cdot {}_bA_f} \quad \text{（条件3）のとき，}$$

スチフナの所要断面積は次式による。

$$A_{st} \geq \{C_1 \cdot {}_bA_f - t_w({}_bt_f + 5t_0)\}C_2 \quad \text{（条件4）}$$

記号　${}_bA_f$：梁フランジの断面積　　　${}_bt_f$：梁フランジ厚さ

t_0：柱フランジ外縁からウェブフィレット先端までの距離

C_1：梁フランジの降伏点のスチフナ材の降伏点に対する比

C_2：柱材の降伏点のスチフナ材の降伏点に対する比

A_{st}：スチフナの断面積　　h_c：柱のせい　　F：柱の降伏応力度（基準強度）

（4）梁継手

（a）高力ボルト摩擦接合による場合

図 7・53 のように，H 形鋼梁に高力ボルトによる継手を設ける場合，図のようにフランジ・ウェブ共に両面に添板を付けて継ぐのが原則であるが，軽微な梁の場合には，片面のみに添板を付けてもよい。

梁継手の設計は，まず①高力ボルトの配置・本数，次いで②添板の設計を行う。

また，ボルト孔により断面欠損した梁母材の検定も行う。

ボルト孔により断面欠損した母材の断面性能の求め方には，

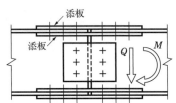

図 7・53　高力ボルトによる梁継手

次の方法が考えられる。
1) 引張側のボルト孔のみを控除し，中立軸の移動を計算する。
2) 引張側のボルト孔のみを控除するが，中立軸の移動は無視する。
3) 引張側・圧縮側ともボルト孔を控除する。
4) フランジ部について引張側・圧縮側ともボルト孔を控除し，ウェブ部についてはボトル孔を控除する代わりに，ウェブ厚を15%程度減少させる。

一般に，計算が容易で，安全側の設計となる上記の3)または4)の方法が行われている。

ボルトと添板の設計に当たっては，設計上の便利のため，継手の設計応力をフランジ部とウェブ部に分割して設計する。継手の一体性を考えた精算法では，部材の曲げモーメント M とせん断力 Q を次のように，フランジ部の負担する設計応力とウェブ部の負担する設計応力に分割する。

$$\left.\begin{array}{ll}\text{フランジ部の設計応力} & M_F = M - M_W \\ \text{ウェブ部の設計応力} & M_W = \eta \cdot M \cdot \dfrac{I_w}{I} \\ & Q_W = Q \end{array}\right\} \quad (7 \cdot 38)$$

ここで，I_w はH形鋼部材のウェブの断面二次モーメント，I はH形鋼部材の全断面の断面二次モーメントである。η の値は，標準的な継手に対する実験では $\eta = 0.6 \sim 0.8$ 前後となるので，安全側から通常 $\eta = 0.4 \sim 0.6$ が用いられる。

なお，通常の設計では略算的に，フランジは曲げモーメントを，ウェブはせん断力をそれぞれ分担するとして，

$$\left.\begin{array}{ll}\text{フランジ部の設計応力} & M_F = M \\ \text{ウェブ部の設計応力} & Q_W = Q \end{array}\right\} \quad (7 \cdot 39)$$

が用いられる。この場合，フランジの高力ボルトの本数は，

$$n_f = \frac{M_F}{jR_S} \quad [本] \quad (7 \cdot 40)$$

ウェブのボルト本数は，

$$n_w = \frac{Q_W}{R_S} \quad [本] \quad (7 \cdot 41)$$

　　j：応力中心距離（図7・54(a)のように，両面添板継ぎの場合は $j = h - t_f$，片面添板継ぎの場合は $j = h$ とする）
　　R_S：高力ボルト1本当たりの許容せん断耐力

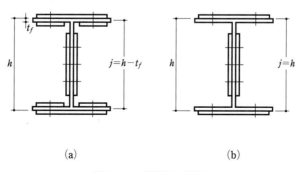

図7・54　梁継手の添板

添板は，それぞれフランジ・ウェブの断面積に等しい断面積を持つように設計しておけば，添板の断面二次モーメントも母材の断面二次モーメントにほぼ等しくなり，曲げ剛性の不連続性を避けることができる．

$$A_{s1} ≒ A_F, \quad A_{s2} ≒ A_W \tag{7・42}$$

ここで，A_{s1}, A_{s2}：フランジ・ウェブの添板の断面積　A_F, A_W：フランジ・ウェブの断面積

なお，図7・54(a) に示すフランジ両面添板継手の場合は，上下添板の重心がフランジ重心に近くなるようにし，内外の添板の断面積がほぼ等断面積になるように設計することが望ましい．

(b) 溶接の場合

図7・55のように，フランジ・ウェブともに完全溶込み溶接により接合する場合は，完全溶込み溶接継目の許容応力度は母材の許容応力度に等しいから，特に溶接部の耐力検定は行わなくてよい．

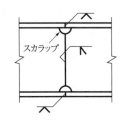

図7・55　完全溶込み溶接継手

(5) 柱継手

1．設計上の注意事項

柱継手は，日本建築学会の鋼構造許容応力度設計規準や設計慣行として次の事項を考慮して設計する．

1) 柱は構造部材のうちで最も重要な部材であるから，継手は柱全断面の各応力 M, N, Q に対する許容耐力(全強)を伝えるように設計することが望ましい．

2) 存在応力を対象にした場合，応力の伝達の完全を期すだけでなく部材の連続性を保つ上から継手の耐力は，少なくとも柱全断面の各応力（M, N, Q）に対する許容耐力の1/2以上のものとする．

3) 継手に引張応力が生じない場合で，端面を削り仕上げして密着させた（これを**メタルタッチ**という）ときは，圧縮力・曲げモーメントそれぞれの $\frac{1}{4}$ は，接触面を通じて伝達するものとみなしてよい．

4) 暴風時・地震時の応力の組合せにおいて，積載荷重による応力を無視して継手に引張応力が生じる場合は，この引張力に対しても安全でなければならない．

5) 高力ボルトを用いた継手の場合は，フランジ・ウェブとも両面添板継ぎとすることが望ましい．

6) 上下の柱の重心線はできるだけ一致させる．

7) 継手位置は応力の小さいところに設けることが理想的であるが，現場施工に便利な高さとして，通常，床上1m付近に設けることが多い．この場合上記2) に留意する．

2．設計手順

柱継手の設計は次の順序に従って行う．

1) 設計応力の分割

設計応力をフランジとウェブに分割する場合，式(7・43)によって配分する．

フランジ部の設計応力

$$M_F = M - M_W$$
$$N_F = \frac{N - N_W}{2} + \frac{M_F}{j}$$

ウェブ部の設計応力

$$\tag{7・43}$$

$$M_w = \eta \cdot M \cdot \frac{I_w}{I}$$
$$N_w = N \cdot \frac{A_w}{A}$$
$$Q_w = Q$$

I_w：ウェブの断面二次モーメント　　I：全断面の断面二次モーメント
A_w：ウェブの断面積　　　　　　　　A：全断面積
η：梁継手と同様に，高力ボルトの場合は $\eta = 0.4 \sim 0.6$，溶接の場合には $\eta = 1.0$ とする。

なお，梁継手と同様に略算法として，曲げモーメントを全てフランジ部に分担させる方法もあるが，柱の場合は通常ウェブの板厚が厚いので，ウェブ部の曲げモーメント負担割合が大きくなるから，できるだけ精算法によって設計することが望ましい。

2） 接合部の設計
(a) 高力ボルト摩擦接合の場合
ⅰ） フランジに対しては，

$$n = \frac{N_F}{R_s} \quad [\text{本}] \tag{7・44}$$

　　R_s：高力ボルト1本当たりの許容せん耐力

ⅱ） ウェブについては，高力ボルトの配置を仮定して面内の曲げモーメント，軸方向力，せん断力を受ける接合部として設計する（7・2・1(2)の(c) 参照）。

ⅲ） 添板の断面を，母材の断面積と断面二次モーメントに等しいか，あるいはそれ以上とするように寸法を定める。梁の場合と違って，断面積を等価にするだけでは添板の断面二次モーメントが母材のそれより小さくなることがあるので，添板の断面二次モーメントは必ず検討する必要がある。すなわち，添板厚を概算する要領（全強設計になる）は，次となる。

イ） フランジの内外添板の面積を揃える（添板とフランジの重心移動は小さくする）。
ロ） フランジ内外添板面積和を母材フランジに揃える（応力度を揃える）。
ハ） ウェブの添板は同厚のものを両面に配置し，面積和を母材ウェブに揃える。

(b) 溶接接合の場合
ⅰ） フランジ部分は完全溶込み溶接とする。ウェブの添板をすみ肉溶接する場合には，高力ボルト継手の設計と同様に，面内の曲げモーメント，軸方向力，せん断力を受けるすみ肉溶接継目の検定を，7・2・1(4)の(c) に従って行う。

ⅱ） 板厚の厚い箱形断面柱などで断面に引張応力度が生じない場合には，部分溶込み溶接を用いることができる。

3） 接合部の検定

前述 (5) 1, 2) により，設計した継手の許容耐力を逆算し，曲げ耐力・圧縮耐力・せん断耐力のそれぞれが母材の各応力に対する許容耐力の $\frac{1}{2}$ 以上であるかを検討する。これを満足しないときは，不足する応力に対する継手耐力を $\frac{1}{2}$ まで増強する（例題12参照）。

(6) トラスの接合部

トラスの接合部は，通常ピン接合として仮定されるため，節点を結ぶ線（トラス基準線）は材軸（部材重心線）と一致させ，かつ，一点に会するようにしなければならない。しかし，図7・56に

示すような，部材を山形鋼とし節点にガセットプレートを用いてボルトなどにより接合する場合は，山形鋼の重心と山形鋼のボルトを配置しない突出脚が近接しているため，ボルトをこの重心に合わせて配置することは困難となる。この場合，偏心による曲げモーメントが生じる。同図は，トラス基準線と部材重心線を一致させた場合である。この場合部材重心とボルト列線が一致しないことから，4・3(3) に述べたように，材端に偏心による付加曲げモーメント $N_3 e_3$，$N_4 e_4$ が生じる。偏心が小さい場合はこの影響を無視することができるが，大きい場合には，付加曲げモーメントを考慮して検定しなければならない。以上のように，トラス接合部には偏心による付加曲げモーメントが生じることから，ボルトなどは2本以上とすること，トラス接合部は部材の存在応力を伝えるとともに，部材の許容耐力の $\frac{1}{2}$ より大きい耐力とすることなどの規定がある。

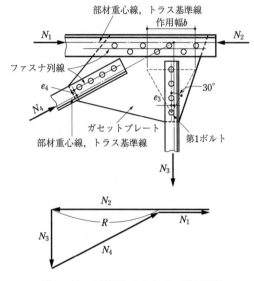

図7・56　山形鋼によるトラス接合部例

トラス接合部における通し材の中間接合部を設計するとき，弦材からガセットプレートに伝える力は，図7・56の示力図における R を用いる。

ガセットプレートの応力度 σ は，図7・56の軸力 N_3 を受ける部材に示すように，第1ボルトから部材方向の両側 30° の方向でくさび形に広がって伝えられるものとして，次式で検定する。

$$\sigma = \frac{N}{b_e t} + \frac{M}{Z_e} \leq f_t \tag{7・45}$$

N：部材応力（軸力）
b_e：最終ボルトを通る作用幅 b におけるボトル孔を控除した有効幅
t：ガセットプレートの板厚　　M：偏心によって生じる曲げモーメント
Z_e：ガセットプレートの有効断面係数 $\left(= \frac{b_e t^2}{6} \right)$

(7) 柱脚の設計

(a) 概　要

柱脚は鉄骨柱と鉄筋コンクリート造の基礎などとの接合部（定着部）であり，異種構造との接点であるため，力の伝わり方が複雑である。

柱脚の形式には次のものがある。

1) **露出型**（図7・57(a)）

柱を**ベースプレート**を介して，**アンカーボルト**により鉄筋コンクリート構造に接合するもので，ピン柱脚・固定柱脚がある。アンカーボルトは，コンクリートの付着力で固定するものと，コンクリートによる拘束を回避して，伸び能力を確保するアンボンドとするものがある。このときは，定着板やアンカーフレームを設置する。なお，ピン柱脚と仮定した柱脚がアンカ

ーボルトの配置状況によっては（7・2・2(7)(b)2)参照）曲げモーメントを負担し，地震被害が多発したことから，柱脚の固定度を適切に評価して構造計算を行う配慮が必要である。

2) **根巻型**（図7・57(b)）

鉄骨柱が，下部構造から立ち上げられた鉄筋コンクリート柱に包み込まれた固定柱脚である。鉄骨柱の曲げモーメントは，支圧で図のようにRC柱に伝えられる。このため根巻頂部に大きな集中力が作用するので，頂部帯筋は3－D10以上とし，中間帯筋はD10以上を＠100mm以下に配置する。なお，根巻の高さは鉄骨柱のせいと幅の大きいほうの2.5倍以上かつ $rl/rd \geq 1.0$ とし，部材に対するコンクリートかぶり厚さを十分に確保する。立上り主筋の根巻き部の長さは $25\,d_a$（d_a 鉄筋径）以上の異形鉄筋とし，頂部にはフックまたは定着金物を設けるRC柱の曲げ耐力は，鉄骨の全塑性モーメントを上まわるようにする。

3) **埋込型**（図7・57(c)）

鉄骨が下部の鉄筋コンクリート構造に埋め込まれる固定柱脚である。埋込み深さは鉄骨せい

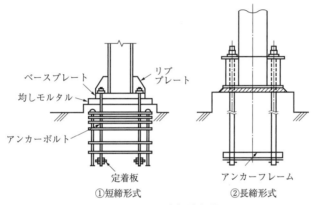

(a) 露出型

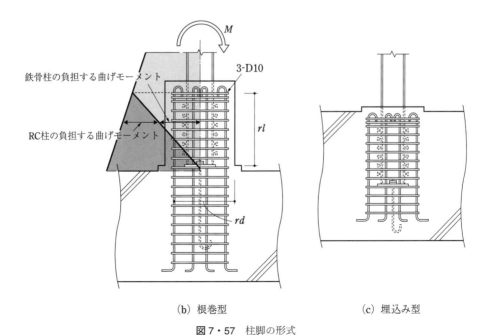

(b) 根巻型　　　　　(c) 埋込み型

図7・57　柱脚の形式

と幅の大きいほうの2倍以上とし，コンクリートが支圧応力で破壊しないように周囲を補強する。側柱柱脚の場合には，基礎梁のない側のコンクリート端までの距離の確保，あるいは適切な補強筋の配置に留意する。なお，角形鋼管など中空部材は，鋼管の局部座屈などにより力の伝達が期待できないので，コンクリートを充填するなどの注意が必要である。

（b） 露出型柱脚の設計

ここでは許容応力度設計について述べているので，耐震設計での二次設計は8章を参照されたい。

1） ベースプレートの設計

柱材下端断面の重心に存在する軸力（N），曲げモーメント（M），せん断力（Q）は，ベースプレートを介して基礎コンクリートに伝達する。ベースプレートが面外変形を起こすと建物の変形の増大につながるので，面外剛性に十分配慮する必要がある。

ベースプレートの大きさは，ベースプレートとコンクリートの接合面に生ずる最大圧縮応力度がコンクリートの許容圧縮応力度以下となるように設計する。またベースプレートの厚さは，ベースプレート下面に基礎コンクリートの反力が面外方向に作用するとして次に述べる方法で設計する。基礎コンクリートの反力は，ベースプレートからの圧縮力に対応してだけ発生することに注意して三角形状に分布すると仮定して求める。

なお，ベースプレートの重心に面外力としてNとMが同時に作用する状態は，Nが$M/N=e$だけ偏心して作用する状態とすることで設計式が整理される。これを用いると反力の状態は，偏心の大きさにより図7・58に示すような3つの状態があり，それぞれのσ_cは次式となる。

ⅰ） $e \leq \dfrac{D}{6}$ 〔底面の全部が圧縮の場合，図7・58(a)〕

$$\sigma_c = \frac{N}{BD}\left(1 + \frac{6e}{D}\right) \qquad e = \frac{M}{N}：圧縮力の偏心距離 \tag{7・46}$$

ⅱ） $\dfrac{D}{6} < e \leq \dfrac{D}{3} - \dfrac{d_t}{3}$ 〔底面の一部が圧縮の場合，図7・58(b)〕

$$\sigma_c = \frac{2N}{3B\left(\dfrac{D}{2}-e\right)} \tag{7・47}$$

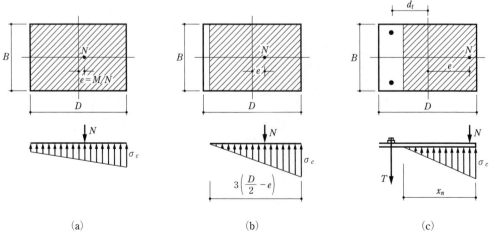

図7・58　基礎コンクリートの反力の状態

iii) $\dfrac{D}{3}-\dfrac{d_t}{3}<e$ 〔アンカーボルトに引張力が生じる場合,図 7・58(c)〕

この場合は,引張側アンカーボルトを引張鉄筋とする鉄筋コンクリート矩形柱として設計する。中立軸の位置 x_n は次式で求められる。

$$x_n{}^3+3\Big(e-\dfrac{D}{2}\Big)x_n{}^2-\dfrac{6na_t}{B}(e+d_t)\Big(\dfrac{D}{2}+d_t-x_n\Big)=0 \tag{7・48}$$

コンクリートに生ずる最大圧縮応力度 σ_c は,

$$\sigma_c=\dfrac{2N(e+d_t)}{Bx_n\Big(\dfrac{D}{2}+d_t-\dfrac{x_n}{3}\Big)} \tag{7・49}$$

となり,引張側アンカーボルト群に生ずる引張力 Z は,

$$T=\dfrac{N\Big(e-\dfrac{D}{2}+\dfrac{x_n}{3}\Big)}{\dfrac{D}{2}+d_t-\dfrac{x_n}{3}} \tag{7・50}$$

n:コンクリートに対する鋼材のヤング係数比で,慣用値として $n=15$ が用いられる。
この図表の d は,図 7・58(c) の $d_t+\dfrac{D}{2}$ とする。

a_t:引張側アンカーボルト群の全断面積

x_n を求めるには,式(7・48)をもとに作成された付録 4 の計算図表を用いると便利である。この図表の d は図 7・58(c) の $d_t+\dfrac{D}{2}$ である。

ベースプレートの厚さは,上式で求められるコンクリートからの反力によってベースプレートに生じる曲げモーメント・せん断力に対して安全になるように定める。リブプレート(図 7・60 参照)などの補剛材によって区画された部分では,それらに囲まれた部分ごとに周辺固定された板としてベースプレートの応力を計算する。通常の建築物のベースプレートの板厚は,小規模なものでは 19~22 mm,中規模なものでは 25~32 mm,大規模なものでは 40 mm 以上が普通である。ベースプレートの突出し長さ u は,図 7・59 に示すような反力 σ_c を受ける片持梁として,次式で算定することができる。

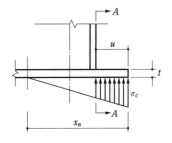

図 7・59 ベースプレートの突出し部の反力

$A-A$ 断面の単位幅当たり曲げモーメントは,

$$M=\dfrac{1}{2}u^2\sigma_c\Big(1-\dfrac{u}{3x_n}\Big) \tag{7・51}$$

また,$Z=\dfrac{t^2}{6}$(単位幅 1 とした断面係数)であるから,$A-A$ 断面の曲げ応力度 σ_b は,

$$\sigma_b=\dfrac{M}{Z}=3\dfrac{u^2}{t^2}\sigma_c\Big(1-\dfrac{u}{3x_n}\Big) \tag{7・52}$$

$\sigma_b\leqq f_{b1}$ より,

必要板厚 $\quad t\geqq u\sqrt{\dfrac{3\sigma_c}{f_{b1}}\Big(1-\dfrac{u}{3x_n}\Big)} \tag{7・53}$

2) アンカーボルトの設計

アンカーボルトは,鉄骨柱を基礎コンクリートに定着する部材である。筋かい付き柱脚などで引張力が作用する場合,および柱脚に作用する曲げモーメントが大きい場合は,アンカーボルトに引

張力が作用する。また，柱脚に作用するせん断力がベースプレート下面とコンクリート間の摩擦力（$=0.4N$；N：柱脚に作用する圧縮力）以下の場合は，アンカーボルトはせん断力を負担せず，引張力のみを受けるボルトとして設計する。せん断力が摩擦力以上の場合は，全せん断力をアンカーボルト軸部が負担するとし，引張力とせん断力を負担するボルトとして式(7・4)および式(7・5)を用いて設計するか，ベースプレート下面にアングル等の突起物（シアコッタ）を溶接してせん断力に抵抗させる。

　ベースプレートのアンカーボルト穴は，軸径+5 mmまで穴径を大きくすることができるので，アンカーボルトにせん断力を負担させるには，柱脚の移動を小さくするため穴径のクリアランスを小さくするか，クリアランスの小さい厚座金をベースプレートに溶接するなどの工夫が必要である。

　露出型固定柱脚では，回転剛性の適切な評価が望ましいが，完全固定と仮定して設計する場合は，アンカーボルトを降伏軸力の5割くらいの導入張力が生じるように締め付けておく。露出形柱脚のアンカーボルトは，ボルト軸部が十分塑性変形（伸び変形）するまで破断させないことを目標とする。なお，ねじ部の変形能力は4・3（4）に述べた切削ねじにくらべ，転造ねじの方が優れているので，同じメートル並目ねじを用いる場合は，転造ねじを用いるのが望ましい。アンカーボルトの定着には，一般にアンカーボルト先端にフック・定着板またはアンカーフレームを設ける。

3) リブプレート等の設計

　柱脚にリブプレートやウィングプレートを，図7・60のように溶接してベースプレートを補強する場合，ベースプレートは補剛材で区分された長方形板にコンクリートからの反力が作用するものとして算定できる。このとき，リブプレート等の板厚は柱フランジと等厚とし，接合部はベースプレートに作用するコンクリートからの反力に十分耐えるように設計する。

4) 柱脚の固定度

　露出柱脚の剛性は，アンカーボルトの伸び剛性，ベースプレートの曲げ剛性，ベースプレート下面の圧縮剛性など，影響因子が多くある。したがって，ベースプレートの十分な曲げ剛性確保，ベースプレート下面と基礎上面の密着確保，アンカーボルトの緩み防止などを前提として，平面保持できる場合には変形の適合から，露出柱脚の回転剛性 K_{BS} は次の式となる。

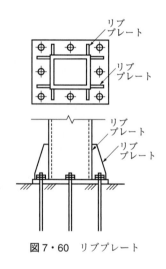

図7・60　リブプレート

$$K_{BS} = \frac{En_t A_b (d_t + d_c)^2}{2l_b} \tag{7・54}$$

　　E：アンカーボルトのヤング係数　　　n_t：引張側アンカーボルトの本数
　　A_b：1本のアンカーボルトの軸断面積
　　d_t：柱断面重心より引張側アンカーボルト断面群の重心までの距離
　　d_c：柱断面重心より圧縮側柱フランジ外縁までの距離
　　l_b：アンカーボルトの長さ

　なお，通常はベースプレートが平面保持することは困難で，回転剛性は低下するのが一般的である。実験により確認するのがよい。

例題7　高力ボルト摩擦接合（引張力を受ける場合）

高力ボルト F 10 T，M 20 を片側に2本ずつ，所定の軸力で締め付けた図7・61 の接合で，伝達できる長期荷重 P_L を求める。ただし，母材は十分安全なものとする。

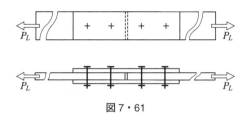

図7・61

[解]　7・2・1(2) を参照する。

ボルト1本の軸断面積は，
$$A = \pi \times 10^2 = 314 \text{ mm}^2$$

摩擦面が2面のときボルト1本の長期許容せん断力 R_s は，表7・6 より，
$$R_s = 314 \times 150 \times 2 \times 10^{-3} = 94.2 \text{ kN/本}$$

なお，この値は付録2・1・2からも求められる。

片側のボルト数が2本であるから，
$$P_L = 94.2 \times 2 = 188 \text{ kN}$$

したがって，図示の接合部の長期許容耐力は 188 kN となる。

[別解]　式(7・7) より，表7・4 の設計ボルト張力とすべり係数 $\mu = 0.45$，$m = 2$ 面，$n = 2$ 本を用いて，
$$P_L = \frac{1}{1.5} \times 2 \times 0.45 \times 165 \times 2 = 198 \text{ kN}$$

[注]　計算手順の違いで P_L の値が異なるのは許容せん断応力度設定の計算経過で丸めが行われたためである。別解値が基本値である。

例題8　高力ボルト摩擦接合（曲げモーメント・せん断力・軸力を受ける場合）

図7・62のような千鳥配置の高力ボルト群に，図の応力 M，N，Q が加わったときの高力ボルトに生じる最大せん断力を求める。

[解]　7・2・1(2) を参照する。

m が奇数であるから式(7・20) より，
$$R_N = \frac{2N}{m(2n-1)+1} = \frac{500}{13} = 38.5 \text{ kN}$$

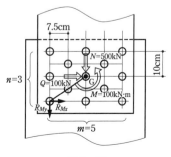

図7・62

$$R_Q = \frac{2Q}{m(2n-1)+1} = \frac{100}{13} = 7.69 \text{ kN}$$

応力 M, N, Q が作用する場合であるから，7・2・1(2)の(c)により計算する．

$$\alpha = \frac{7.5}{10} = 0.75$$

m が奇数，かつ，最外列が1本多い配列なので，

$$F = 2m \cdot n - m + 3 = 28$$

$$I_p = \frac{F[n(n-1)+\alpha^2(m^2-1)]p^2}{24} = \frac{28[3(3-1)+0.75^2(5^2-1)]10^2}{24} = 2275 \text{ cm}^2$$

$$S_x = \frac{2I_p}{(n-1)p} = \frac{2 \times 2275}{(3-1) \times 10} = 228 \text{ cm} \rightarrow 2.28 \text{ m}$$

$$S_y = \frac{2I_p}{\alpha(m-1)p} = \frac{2 \times 2275}{0.75 \times (5-1) \times 10} = 152 \text{ cm} \rightarrow 1.52 \text{ m}$$

$$R_{Mx} = \frac{M}{S_x} = \frac{100}{2.28} = 43.9 \text{ kN}$$

$$R_{My} = \frac{M}{S_y} = \frac{100}{1.52} = 65.8 \text{ kN}$$

よって，合応力 R は，式(7・25a)より，次のようになる．

$$R = \sqrt{(43.9+7.69)^2+(65.8+38.5)^2} = 116 \text{ kN}$$

例題9　すみ肉溶接

図7・63のような溶接部に，せん断力 $Q = 150$ kN，曲げモーメント $M = 12$ kN·m が作用したときの最大せん断応力度を求める．すみ肉のサイズは 10 mm とする．

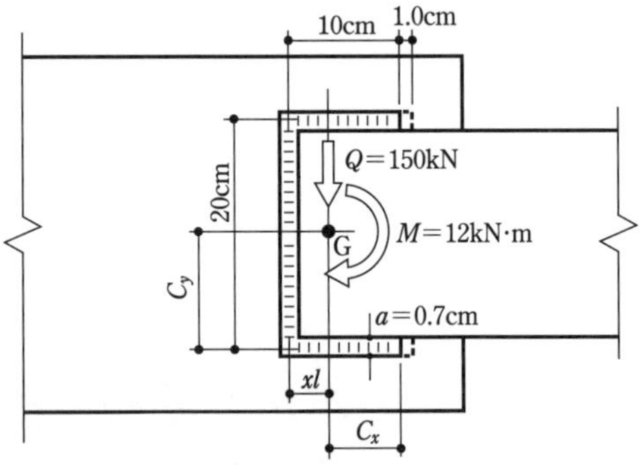

[解] 7・2・1(4)の(b)，(c)を参照する．

すみ肉溶接ののど厚　$a = 0.7S = 0.7$ cm

継目の形式が表7・8の上段のものであるので，

$$k = \frac{10}{20} = 0.5 \qquad l = 20 \text{ cm}$$

$$L = (1+2k)l = 2 \times 20 = 40 \quad (=有効長さ l_e)$$

$$x = \frac{k^2}{1+2k} = \frac{0.5^2}{1+2 \times 0.5} = 0.125$$

$$xl = 2.5 \text{ cm}$$

図7・63

したがって，$I_p = \left[\dfrac{L^3}{12} - \dfrac{k^2l^4(1+k)^2}{L}\right]a = \left[\dfrac{40^3}{12} - \dfrac{0.5^2 \times 20^4(1+0.5)^2}{40}\right]0.7$

$$= (5333 - 2250) \times 0.7 = 2158 \text{ cm}^4$$

せん断力による応力度　　式(7・27)より，$\rho_{Qy} = \dfrac{Q}{al_e} = \dfrac{150 \times 10^3}{0.7 \times 40 \times 10^2} = 53.6 \text{ N/mm}^2$

曲げモーメントによる応力度　　Gから最も遠い位置は，溶接始終端であるから式(7・28)より，

$$\rho_{Mx} = \frac{M}{I_p}C_y = \frac{12 \times 10^6}{2158 \times 10^4} \times 100 = 55.6 \text{ N/mm}^2$$

$$\rho_{My} = \frac{M}{I_p} C_x = \frac{12 \times 10^6}{2158 \times 10^4} \times (100-25) = 41.7 \text{ N/mm}^2$$

溶接継目に生ずる最大のせん断応力度は，次となる。

$$\rho = \sqrt{\rho_{Mx}^2 + (\rho_{Qy} + \rho_{My})^2} = \sqrt{55.6^2 + (53.6+41.7)^2} = 111 \text{ N/mm}^2$$

例題 10　柱・梁接合部（剛接合）

図 7・64 に示すような柱（H $-$ 344×348×10×16, $r=13$）と梁（H $-$ 600×200×11×17）の接合部を，溶接接合で設計する。ただし，梁端部の応力は曲げモーメント 620 kN·m（短期），せん断力は 170 kN（短期）とする。柱・梁の鋼材は SN 490 B である。

[解]　7・2・2(2)，(3)を参照する。〔$F=325$ N/mm^2 に注意する〕

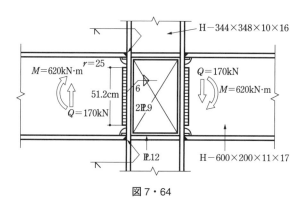

図 7・64

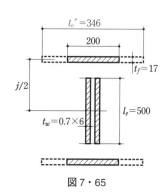

図 7・65

（1）柱・梁接合部の設計

フランジ部分は完全溶込み溶接とし，ウェブ部分はサイズ 6 mm の両面すみ肉溶接（有効長さ 50 cm）とする。溶接継目ののど断面を柱フランジ面に転写した溶接形状を，図 7・65 に示す。フランジ部分の完全溶込み溶接継目のすみ肉換算長 l_e' は，

$$l_e' = \sqrt{3}\, l_e = \sqrt{3} \times 20 = 34.6 \text{ cm}$$

転写した継目の断面二次モーメントは，

$$I_e' = 2 \times \frac{l_e' \times t_f^3}{12} + 2 \times t_f \times l_e' \times \left(\frac{j}{2}\right)^2 + 2 \times \frac{t_w \times l_e^3}{12} = 2 \times \frac{34.6 \times 1.7^3}{12} + 2 \times 1.7 \times 34.6$$
$$\times \left(\frac{60-1.7}{2}\right)^2 + 2 \times \frac{0.7 \times 0.6 \times 50^3}{12} = 28 + 99961 + 8750 = 108739 \text{ cm}^4$$

$$Z_e' = \frac{I_e'}{\frac{h}{2}} = \frac{108739}{30} = 3625 \text{ cm}^3$$

ウェブ部分のすみ肉継目の断面積は，

$$A_w = 2 \times 0.7 \times 0.6 \times 50 = 42 \text{ cm}^2$$

溶接部のせん断応力度は，式(7・29)より，

$$\rho_1 = \frac{M}{Z_e'} = \frac{620 \times 10^6}{3625 \times 10^3} = 171 \text{ N/mm}^2$$

$$\rho_2 = \frac{Q}{A_w} = \frac{170 \times 10^3}{42 \times 10^2} = 40.5 \text{ N/mm}^2$$

式(7·30)より，合応力について検定すれば $f_s = \dfrac{325}{1.5\sqrt{3}} = 125 \text{ N/mm}^2$ であるから，

$$\rho = \sqrt{\rho_1^2 + \rho_2^2} = \sqrt{171^2 + 40.5^2} = 176 < 1.5 f_s = 1.5 \times 125 = 187 \text{ N/mm}^2 \quad \text{適}$$

（2） パネル部分の検定

梁フランジと同鋼種・同厚の水平スチフナを取り付けているとする。

(a) パネルの検定を式(7·34)によって行う。

$$V_e = h_b \times h_c \times t_w = (60 - 1.7) \times (34.4 - 1.6) \times 1.0 = 1912 \text{ cm}^3$$

$$\tau_p = \frac{{}_bM_1 + {}_bM_2}{V_e} = \frac{2 \times 620 \times 10^6}{1912 \times 10^3} = 649 \text{ N/mm}^2 > 2f_s = 2 \times \frac{325}{1.5\sqrt{3}} = 250 \text{ N/mm}^2 \quad \text{不適}$$

したがって，パネル部分を補強しなければならない。ダブラープレートを完全溶込み溶接で取り付けるとすれば，式(7·35) より補強板の板厚は，

$$t_p \geq t_w\left(\frac{\tau_p}{2 \cdot f_s} - 1\right) = 10 \times \left(\frac{649}{250} - 1\right) = 16.0 \text{ mm}$$

したがって，9 mm プレートを用いて両面補強する。

(b) 水平スチフナの検定を式(7·36)によって行う。ここで，梁の断面係数 $Z_x = 2520 \text{ cm}^3$

$$t_0 = t_f + r = 16 + 13 = 29 \text{ mm}$$

$$\frac{P}{t_w(t_b + 2t_0)} = \frac{837 \times 10^3}{10 \times (17 + 2 \times 29)} = 1116 \text{ N/mm}^2 > f_c' = 1.5 \times \frac{325}{1.3} = 375 \text{ N/mm}^2 \quad \text{不適}$$

ここで，$P = A_f \times \dfrac{M}{Z_x} = 200 \times 17 \times \dfrac{620 \times 10^3}{2520 \times 10^3} = 837 \text{ kN}$

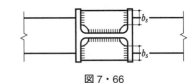

図7·66

したがって，水平スチフナで補強する。f_s, f_b, f_c は等しくなるので式(7·37) より，

$$A_s \geq A_f - 1.15 t_w(t_b + 2t_0)$$
$$= 200 \times 17 - 1.15 \times 10 \times (17 + 2 \times 29) = 2538 \text{ mm}^2$$

水平スチフナの幅は図7·66のようになるから，幅 $b_s = 10 \text{ cm}$ とすれば板厚は，

$$t_s = \frac{A_s}{2b_s} = \frac{2538}{2 \times 100} = 12.69 \text{ mm}$$

よって，16 mm プレートを使用する。

［参考用別解］

前述の AISC 仕様書による規定に基づくスチフナの検定を以下に示す。

柱・梁およびスチフナは，同じ鋼材で降伏点は同じなので，$C_1 = C_2 = 1$ を用いる。

1) 梁の圧縮側フランジ位置において

（条件1） $t_w = 10 < \dfrac{1 \times 200 \times 17}{17 + 5 \times 29} = 21.0 \text{ mm}$

（条件2） $t_w = 10 < \dfrac{344\sqrt{325}}{190} = 32.6 \text{ mm}$

2) 梁の引張側フランジ位置において

（条件3） $t_t = 16 < 0.4\sqrt{1 \times 200 \times 17} = 23.3 \text{ mm}$

上記いずれの場合も，スチフナが必要と判定される。

このときのスチフナの所要面積は次となる。

（条件 4） $A_{st} \geq \{1 \times 200 \times 17 - 10(17 + 5 \times 29)\} \times 1 = 1780$ mm²

スチフナの片側の幅を図 7・66 のように $bs = 10$ cm とすると，

$$t_s = \frac{A_{st}}{2b_s} = \frac{1700}{2 \times 100} = 8.90 \text{ mm}$$

よって，工学的判断により 12 mm プレートを使用する。

[参考] ここで柱が角形鋼管 □−350×350×16 とすると（図 7・67 参照），

$$V_e = \frac{16}{9} \times h_b \times h_c \times t_w$$

$$= \frac{16}{9} \times (60 - 1.7) \times (35 - 1.6) \times 1.6$$

$$= 5538 \text{ cm}^3$$

$$\tau_p = \frac{{}_bM_1 + {}_bM_2}{V_e} = \frac{2 \times 620 \times 10^6}{5538 \times 10^3} = 224 < 2f_s$$

$$= 250 \text{ N/mm}^2 \quad 適$$

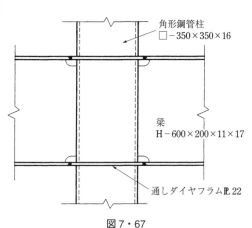

図 7・67

このように角形鋼管柱の場合，ウェブ板が 2 枚となるためパネル体積が増え，補強が不要となる場合が多い。また，通常通しダイアフラム形式としてダイアフラム板厚を梁フランジ板厚より厚くするので，スチフナ（ダイアフラム）の検定は不要となる。

（〔注〕 通常 H 形断面柱の場合に水平スチフナと呼称する部材は角形断面柱ではダイアフラムと呼称する。構造的機能は同じと考えてよい。）

例題 11　梁の継手（高力ボルト摩擦接合）

H 600×200×11×17（SN 400 B）の梁の継手を設計する。継手部の長期応力は，$M = 270$ kN·m，$Q = 60$ kN である。

[解]　7・2・2(4) を参照する。

（1） 精算法の設計

高力ボルトは 2 種 F 10 T，M 20 を使用する。許容耐力は付録 2・1・2 より，2 面摩擦の場合

$R_s = 94.2$　kN/本

(a)　設計応力の配分

1）ウェブ部の設計応力　式(7・38) より，次のように求める。なお，$\eta = 0.6$ とする。

$I = 75600$ cm⁴，　$I_W = \dfrac{1.1 \times \{60 - 2 \times 1.7\}^3}{12} = 16621$ cm⁴

$M_W = \eta \cdot M \cdot \dfrac{I_W}{I} = 0.6 \times 270 \times \dfrac{16621}{75600} = 35.6$ kN·m

$Q_W = Q = 60$ kN

2）フランジ部の設計応力

$M_F = M - M_W = 270 - 35.6 = 234.4$ kN·m

(b) 高力ボルトの配置

1) フランジは両面添板継ぎとして，フランジの高力ボルトの所要本数は式(7・40)より，

$$j = h - t_f = 60 - 1.7 = 58.3 \text{ cm} = 0.583 \text{ m}$$

高力ボルトの必要数

$$n_F = \frac{M_F}{jR_s} = \frac{234.4}{0.583 \times 94.2} = 4.27 \longrightarrow 6 \text{ 本 （フランジだから偶数本とする）}$$

2) ウェブの高力ボルトの配置　ウェブのボルトは4-M20とし，図7・68のように配置すると仮定する。

一列配置だから $m=1$, $n=4$ として I_p と r_m は，それぞれ式(7・23a)，(7・24)より次となる。

$$I_p = \frac{nm[(n^2-1)+a^2(m^2-1)]p^2}{12} = \frac{4(4^2-1)}{12}p^2$$
$$= 5.0 p^2$$

$$r_m = \frac{p\sqrt{(n-1)^2+a^2(m-1)^2}}{2} = \frac{4-1}{2}p = 1.5p$$

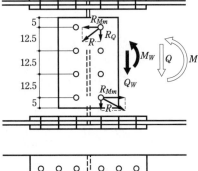

したがって，$p = 12.5$ cm として式(7・22)より，S, R_{Mm} は次となる。

$$S = \frac{I_p}{r_m} = \frac{5.0 p^2}{1.5 p} = \frac{5.0}{1.5} \times 12.5 = 41.7 \text{ cm}$$
$$\longrightarrow 0.417 \text{ m}$$

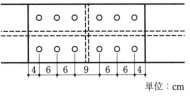

図7・68

$$R_{Mm} = \frac{M}{S} = \frac{35.6}{0.417} = 85.4 \text{ kN}$$

$$R_Q = \frac{Q}{n} = \frac{60}{4} = 15 \text{ kN}$$

よって，　$R = \sqrt{R_{Mm}^2 + R_Q^2}$
$$= \sqrt{85.4^2 + 15^2}$$
$$= 86.7 < R_s = 94.2 \text{ kN} \quad \text{適}$$

(c) 添板断面の設計

添板の設計は納まりを考慮した上で，ウェブ・フランジの断面積と等しい断面積とすればよいから，

ウェブ断面積　$A_w = 1.1 \times 56.6 = 62.3 \text{ cm}^2$

フランジ断面積　$A_F = \frac{1}{2}(A - A_w) = \frac{1}{2}(131.7 - 62.3) = 34.7 \text{ cm}^2$

ウェブの添板のせいは $h = 47.5$ cm であるから，必要板厚 t は，

$$t = \frac{A_w}{2h} = \frac{62.3}{2 \times 47.5} = 0.66 \text{ cm} \longrightarrow (9 \text{ mm プレートを使用する})$$

フランジの添板の幅は上面20 cm，下面 $\frac{1}{2}\{20-(1.1+2\times1.3)\} = 8.15$ cm 以下である。上面添板の幅を 20 cm とすれば，厚さ t は

$$t = \frac{A_F}{2b} = \frac{34.7}{2 \times 20} = 0.87 \text{ cm} \longrightarrow （余裕を考え　12 \text{ mm プレートを使用する}）$$

下面添板は幅 8 cm とすれば,

$$t = \frac{A_F}{4b} = \frac{34.7}{4 \times 8} = 1.09 \text{ cm}$$

　　　　⟶ （12 mm　プレートを使用する）

以上の結果，添板断面を図 7・69 のように決定する。

なお，この添板の断面二次モーメント I_s を求めれば，

$$I_s = 2 \times \left(\frac{20 \times 1.2^3}{12} + 1.2 \times 20 \times 30.6^2 + 2 \times \frac{8 \times 1.2^3}{12} \right.$$

$$\left. + 2 \times 1.2 \times 8 \times 27.7^2 \right) + 2 \times \frac{0.9 \times 47.5^3}{12}$$

$$= 74419 + 16075 = 90494 > 75600 \text{ cm}^4 \quad 適$$

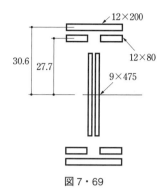

図 7・69

(d)　ボルト孔により断面欠損した梁母材の検定

ボルト孔により断面欠損した梁母材の断面性能は，引張側・圧縮側ともボルト孔を控除するものとする。

$$I_e = 75600 - 4 \times \left\{ \frac{2.2 \times 1.7^3}{12} + 2.2 \times 1.7 \times \left(\frac{60 - 1.7}{2} \right)^2 \right\}$$

$$- \left[4 \times \frac{1.1 \times 2.2^3}{12} + 2 \times 1.1 \times 2.2 \times \left\{ \left(\frac{12.5}{2} + 12.5 \right)^2 + \left(\frac{12.5}{2} \right)^2 \right\} \right]$$

$$= 75600 - 12716 - 1895 = 60989 \text{ cm}^4$$

$$Z_e = \frac{60989}{30} = 2033 \text{ cm}^4$$

$$A_e = (60 - 2 \times 1.7 - 4 \times 2.2) \times 1.1 = 52.58 \text{ cm}^4$$

母材に生じる応力度は

せん断応力度　　$\tau = \dfrac{Q}{A_e} = \dfrac{60 \times 10^3}{52.58 \times 10^2} = 11.4 < f_s = 90 \text{ N/mm}^2 \quad 適$

曲げ応力度　　　$\sigma = \dfrac{270 \times 10^6}{2033 \times 10^3} = 133 < f_t = 156 \text{ N/mm}^2 \quad 適$

（2）　略算法の設計（高力ボルト本数について）

　　フランジ設計応力　$M_F = 270$ kN・m

　　ウェブ設計応力　　$Q_Q = 60$ kN

　　フランジ高力ボルト所要本数

$$n_F = \frac{M_F}{jR_s} = \frac{270}{0.583 \times 94.2} = 4.9 \longrightarrow 6 \text{ 本}$$

　　ウェブ高力ボルト所要本数

$$n_W = \frac{Q}{R_s} = \frac{60}{94.2} = 0.64 \longrightarrow 2 \text{ 本 （最小接合規定より 2 本とする。）}$$

となり，略算法ではウェブ継手部の所要ボルト数が非常に少なくなる。その代わりフランジの所要ボルト数が増加する（本例では切り上げて同数となっている）。

例題 12　柱継手（高力ボルト摩擦接合）

短期応力として圧縮力 1200 kN，曲げモーメント 350 kN·m，せん断力 100 kN が生じている H—400×400×13×21（SN 400 B）の柱継手を高力ボルト摩擦接合で設計する。

[解]　7·2·2 (5) を参照する。

（1）　母材の断面性能

付録 3·3 より
$$A = 218.7 \text{ cm}^2 \quad I_x = 66600 \text{ cm}^4 \quad Z_x = 3330 \text{ cm}^3$$

ウェブの断面性能は，
$$A_w = t_w(H - 2t_f) = 1.3 \times (40 - 2 \times 2.1) = 46.5 \text{ cm}^2$$
$$I_w = \frac{t_w(H - 2t_f)^3}{12} = \frac{1.3 \times 35.8^3}{12} = 4971 \text{ cm}^4$$

（2）　応力の配分

式 (7·43) より

ウェブの設計応力は，
$$M_w = \eta M \times \frac{I_w}{I} = 0.6 \times 350 \times \frac{4971}{66600} = 15.7 \text{ kN·m}$$
$$N_w = N \times \frac{A_w}{A} = 1200 \times \frac{46.5}{218.7} = 255 \text{ kN}$$
$$Q_w = 100 \text{ kN}$$

フランジの設計応力（圧縮側）

フランジの図芯間距離
$$j = H - t_f = 40 - 2.1 = 37.9 \text{ cm} = 0.379 \text{ m}$$

であるから
$$N_F = \frac{N - N_w}{2} + \frac{M - M_w}{j} = \frac{1200 - 255}{2} + \frac{350 - 15.7}{0.379} = 1355 \text{ kN}$$

（3）　高力ボルトの設計

高力ボルトは，F10 T M 22 を使用する。短期 2 面摩擦に対する許容せん断力は，付録 2·1·2 を用いれば，　$R_s = 1.5 \times 114 \text{ kN} = 171 \text{ kN}$

また，表 7·6 を用いれば，　$R_s = 2 \times 1.5 \times 150 \times 11^2 \times \pi \times 10^{-3} = 171 \text{ kN}$

となる。

フランジボルト本数
$$n_F = \frac{N_F}{R_S} = \frac{1355}{171} = 7.93 \text{ 本} \rightarrow 8 \text{ 本（4 の倍数に切り上げる）}$$

ウェブのボルト本数

ウェブボルト配置を図 7·70 のように片側 6 本（n_W）を 2 段配置する。

式 (7·18) より圧縮力（x 方向）およびせん断力（y 方向）による高力ボルト 1 本当たりの負担せん断力 R_N，R_Q は，

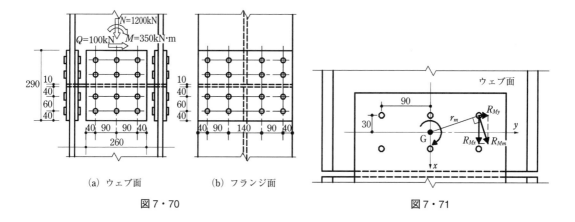

(a) ウェブ面　　(b) フランジ面

図 7・70　　　　　　　　　　図 7・71

$$R_N = \frac{N_W}{n_W} = \frac{255}{6} = 42.5 \text{ kN}$$

$$R_Q = \frac{Q_W}{n_W} = \frac{100}{6} = 16.7 \text{ kN}$$

曲げモーメントによる高力ボルトの最大せん断力 R_{Mm} は，ボルトが格子配列であるから，式 (7・23 a) より，$m=2$, $n=3$, $\alpha=60/90=0.666$（安全を考慮して切り捨て）として

$$I_P = \frac{nm\{(n^2-1)+\alpha^2(m^2-1)\}p^2}{12} = \frac{6\{(3^2-1)+0.666^2(2^2-1)\}p^2}{12}$$

$$= 4.66p^2$$

最大せん断力 R_{Mm} の x, y 方向成分は，式 (7・25 c) による S_x, S_y を用い，式 (7・23 b) により求める。$p=9$ cm であるから，

$$S_x = \frac{2I_P}{(n-1)p} = \frac{2 \times 4.66p}{(3-1)} = \frac{9.32 \times 9}{2} = 41.9 \text{ cm} = 0.419 \text{ m}$$

$$S_y = \frac{2I_P}{\alpha(m-1)p} = \frac{2 \times 4.66p}{0.666 \times (2-1)} = \frac{9.32 \times 9}{0.666} = 126 \text{ cm} = 1.26 \text{ m}$$

したがって

$$R_{Mx} = \frac{M_W}{S_x} = \frac{15.7}{0.419} = 37.5 \text{ kN}$$

$$R_{My} = \frac{M_W}{S_y} = \frac{15.7}{1.26} = 12.5 \text{ kN}$$

これらを用いて，式 (7・25 a) より曲げモーメント，軸方向力，せん断力による最大の合力 R を求めて，許容せん断耐力以下であることを確認する。

$$R = \sqrt{(R_N+R_{Mx})^2+(R_Q+R_{My})^2}$$

$$= \sqrt{(42.5+37.5)^2+(16.7+12.5)^2} = 85.2 \text{ kN} < R_S = 171 \text{ kN} \quad \text{適}$$

（4）　ボルト孔により断面欠損した柱母材の検定

引張側，圧縮側ともボルト孔（$\phi 24$ mm）の控除をするものとする。

$$I_e = 66600 - 2 \times 4\left\{\frac{2.4 \times 2.1^3}{12} + 2.4 \times 2.1\left(\frac{40-2.1}{2}\right)^2\right\}$$

$$- \left\{3 \times \frac{1.3 \times 2.4^3}{12} + 2 \times 2.4 \times 2.1 \times 9^2\right\}$$

$$= 66600 - 14494 - 821 = 51285 \text{ cm}^4$$

$$Z_e = \frac{I_e}{H/2} = \frac{51285}{20} = 2564 \text{ cm}^3$$

$$A_e = 218.7 - 8 \times 2.1 \times 2.4 - 3 \times 1.3 \times 2.4 = 169 \text{ cm}^2$$

$$A_{We} = (40 - 2 \times 2.1) \times 1.3 - 3 \times 1.3 \times 2.4 = 37.1 \text{ cm}^2$$

母材に生じる応力度

曲げ応力度　　$\sigma_b = \dfrac{M}{Z_e} = \dfrac{350 \times 100}{2564} = 13.65 \text{ kN/cm}^2 = 136.5 \text{ N/mm}^2$

圧縮応力度　　$\sigma_c = \dfrac{N}{A_e} = \dfrac{1200}{169} = 7.10 \text{ kN/cm}^2 = 71.0 \text{ N/mm}^2$

$\sigma = \sigma_b + \sigma_c = 136.5 + 71.0 = 207.5 \text{ N/mm}^2 < 235 \text{ N/mm}^2$　　適

また，せん断応力度は，

$$\tau = \frac{Q}{A_{We}} = \frac{100}{37.1} = 2.70 \text{ kN/cm}^2 = 27.0 \text{ N/mm}^2 < \frac{F}{\sqrt{3}} = 135.6 \text{ N/mm}^2 \quad 適$$

（5） 添板の設計

(5) 2．2) iii による方法

フランジ添板，ウェブ添板は，それぞれフランジ，ウェブの断面積とほぼ等しくなるように定める（図7・70参照）。なお，存在応力に対して添板を設計する手順は【参考】を参照。

フランジ断面積　　$A_F = \dfrac{A - A_W}{2} = \dfrac{218.7 - 46.5}{2} = 86.1 \text{ cm}^2$

フランジ外面の添板厚

フランジ外面の添板幅を $b_1 = 400$ mm とする。

$$t_1 = \frac{(A_F/2)}{b_1} = \frac{86.1}{2 \times 40} = 1.08 \text{ cm} \rightarrow 12 \text{ mm}$$

フランジ内面の添板厚

フランジ内面の添板幅を $b_2 = 170$ mm×2枚とする。

$$t_2 = \frac{(A_F/2)}{2 b_2} = \frac{86.1}{4 \times 17} = 1.27 \text{ cm} \rightarrow 16 \text{ mm}$$

よって，外面の添板は，PL-12×400

内面の添板は，2 PL-16×170　とする。

ウェブ添板の板厚

ウェブ添板は2枚あり，それぞれの幅は，$b_3 = 260$ mm（図7・70を参照）であるから，

$$t_3 = \frac{A_W}{2 b_3} = \frac{46.5}{2 \times 26} = 0.89 \text{ cm} \rightarrow 9 \text{ mm}$$

よって，ウェブ添板は，2 PL-9×260　とする。

添板による断面性能の確認

$A_S = 2 \times 1.2 \times 40 + 4 \times 1.6 \times 17 + 2 \times 0.9 \times 26$

$= 251.6 \text{ cm}^2 > 218.7 \text{ cm}^2$

$$I_S = \left\{2 \times \frac{40 \times 1.2^3}{12} + 2 \times 40 \times 1.2 \times \left(\frac{40+1.2}{2}\right)^2\right\} + \left\{4 \times \frac{17 \times 1.6^3}{12}\right.$$
$$\left. + 4 \times 17 \times 1.6 \times \left(\frac{40-2\times 2.1-1.6}{2}\right)^2\right\} + 2 \times \frac{0.9 \times 26^3}{12}$$
$$= 40750 + 31837 + 2636 = 75223 \text{ cm}^4 > I_x = 66600 \text{ cm}^4 \quad 適$$

（6） 接合部耐力の検証

（5） 1.2) にある柱継手の許容曲げ耐力，許容圧縮耐力，許容せん断耐力が柱母材の各応力に対する許容耐力の1/2以上であることを検証する。

柱母材耐力は

$$N_0 = Af_c = 218.7 \times 23.5 = 5140 \text{ kN}$$
$$M_0 = Z_x f_b = 3330 \times 23.5 = 78255 \text{ kN·cm} = 782.6 \text{ kN·m}$$
$$Q_0 = A_w f_s = 46.5 \times 13.56 = 631 \text{ kN}$$

柱継手の耐力は，添板による耐力と高力ボルトによる耐力の小さい方となるが，添板は母材の断面性能を確保しているので高力ボルトによる耐力を確認すればよい。

圧縮力に対しては，

$$N_S = 2n_F R_S + n_w R_S = (2\times 8 + 6) \times 171 = 3762 \text{ kN} > \frac{1}{2} N_0 = 2570 \text{ kN} \quad 適$$

曲げモーメントに対しては，式（7・22）より

$$S = \frac{I_P}{r_m} = \frac{4.66 \times 9^2}{\sqrt{9^2 + 3^2}} = \frac{377.4}{9.49} = 39.7 \text{ cm} = 0.397 \text{ m}$$

であるから，

$$M_S = n_F R_S \cdot j + S \cdot R_S = (8 \times 0.379 + 0.397) \times 171 = 586 \text{ kN·m}$$
$$> \frac{1}{2} M_0 = 391 \text{ kN·m} \quad 適$$

せん断力に対しては，

$$Q_S = n_w R_S = 6 \times 171 = 1026 \text{ kN} > \frac{1}{2} Q_0 = 316 \text{ kN}$$

以上のように，継手耐力は，各応力に対してそれぞれ母材の許容耐力の1/2以上保有していることが確認された。

【参考】 存在応力に対する添板の設計

フランジ添板，ウエブ添板を，それぞれフランジ，ウェブが負担する存在応力に対して設計する。

フランジ添板の必要断面積は，

$$A_F = \frac{N_F}{F} = \frac{1355}{23.5} = 57.7 \text{ cm}^2$$

そこで，フランジ外面の添板厚は，フランジ外面の添板幅を $b_1 = 400$ mm，ボルト孔径 $d = 24$ mm として

$$A_1 = t_1(b_1 - 4d) \geq A_F/2 \quad より$$

$$t_1 \geq \frac{(A_F/2)}{b_1 - 4d} = \frac{57.7}{2 \times (40 - 4 \times 2.4)} = 0.95 \text{ cm} \rightarrow 12 \text{ mm}$$

フランジ内面の添板厚は，

フランジ内面の添板幅を $b_2=170$ mm×2 枚として

$$2t_2(b_2-2d) \geq A_F/2 \quad \text{より}$$

$$t_2 \geq \frac{(A_F/2)}{2(b_2-2d)} = \frac{57.7}{4\times(17-2\times 2.4)} = 1.19 \text{ cm} \to 12 \text{ mm}$$

よって，外面の添板は　PL-12×400

内面の添板は　2 PL-12×170　とする．

ウェブ添板の板厚は，ウェブ添板の有効断面係数を Z_{ws}，有効断面積を A_{ws} とすれば，

$$\frac{M_W}{Z_{ws}} + \frac{N_W}{A_{ws}} \leq F$$

$$\frac{Q_W}{A_{ws}} \leq \frac{F}{\sqrt{3}}$$

の両方を満たすように決定する．

ウェブ添板の幅は，$b_3=260$ mm，$d=24$ mm，$p=90$ mm（図 7・70 を参照）であるから，

$$Z_{ws} = 2\left\{\frac{t_3 b_3^3}{12} - \frac{3t_3 d^3}{12} - 2t_3 dp^2\right\} \Big/ \left(\frac{b_3}{2}\right)$$

$$= \frac{t_3 b_3^2}{3}\left\{1 - 3\left(\frac{d}{b_3}\right)^3 - 24\left(\frac{d}{b_3}\right)\left(\frac{p}{b_3}\right)^2\right\} = 165 \times t_3 \text{ [cm}^3\text{]}$$

$$A_{ws} = 2t_3(b_3-3d) = 2t_3 b_3(1-3d/b_3) = 37.6 \times t_3$$

したがって

$$\frac{M_W}{Z_{ws}} + \frac{N_W}{A_{ws}} = \frac{1570}{165\times t_3} + \frac{255}{37.6\times t_3} \leq 23.5 \text{ kN/cm}^2 \quad \text{より} \quad t_3 \geq 0.694 \text{ cm} \to 9 \text{ mm}$$

$$\frac{Q_W}{A_{ws}} = \frac{100}{37.6\times t_3} \leq \frac{F}{\sqrt{3}} = 13.56 \text{ kN/cm}^2 \quad \text{より} \quad t_3 \geq 0.196 \text{ cm} \to 9 \text{ mm}$$

よって，ウェブ添板は　2 PL-9×260　とする．（接合部耐力検証省略）

例題 13　柱脚

図 7・72 のような柱脚に，地震時の応力として圧縮力 500 kN，曲げモーメント 200 kN・m，せん断力 50 kN が加わるとして柱脚部を設計する．ただし，使用鋼材は SN 400 B であり，基礎のコンクリート強度 $F_c=24$ N/mm² とする．柱は，H－344×348×10×16 とする．アンカーボルトは強度区分 4・6(4 T) の転造するメートル並目ネジでネジの呼び径 M24 を片側 3 本とする．

[解]　7・2・2(7)を参照する．

(1)　柱脚とベースプレートの接合（図 7・73 参照）

フランジ部分は，完全溶込み溶接とする．ウェブのすみ肉溶接のサイズを 6 mm とし，完全溶込み溶接に換算して検定を行う．完全溶込みに換算したのど厚は，

$$a_e = 0.7 \times \frac{0.6}{\sqrt{3}} = 0.242 \text{ cm}$$

スカラップ（$r=25$ mm）をとるとすれば，すみ肉継目の有効長さは，

$$l_e = 34.4 - 2\times(1.6+2.5+0.6) = 25.0 \text{ cm}$$

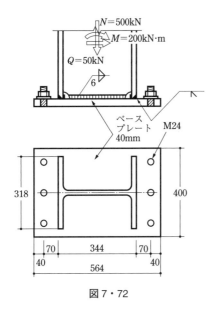
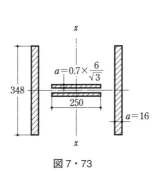

図7・72　　　　　　　　　　図7・73

溶接継目の全断面積は，
$$A = 2\times 1.6\times 34.8 + 2\times 0.242\times 25 = 111.3 + 12.1 = 123.4 \text{ cm}^2$$
ウェブ部分の換算した溶接継目の断面積は　$A_W = 2\times 0.242\times 25 = 12.1 \text{ cm}^2$

溶接継目の断面二次モーメントは，
$$I = 2\times \frac{34.8\times 1.6^3}{12} + 2\times 1.6\times 34.8\times \left(\frac{34.4-1.6}{2}\right)^2 + \frac{2\times 0.242\times 25^3}{12} = 30605 \text{ cm}^4$$

断面係数は　$Z = 30605/17.2 = 1779 \text{ cm}^3$

圧縮力による溶接継目の応力度　　$_c\rho_1 = \dfrac{500\times 10^3}{123.4\times 10^2} = 40.6 \text{ N/mm}^2$

曲げモーメントによる溶接継目の応力度　　$_m\rho_1 = \dfrac{200\times 10^6}{1779\times 10^3} = 112.5 \text{ N/mm}^2$

せん断力による溶接継目の応力度　　$\rho_2 = \dfrac{50\times 10^3}{12.1\times 10^2} = 41.4 \text{ N/mm}^2$

ゆえに，合応力は式(7・31)より，
$$\rho = \sqrt{(_c\rho_1 + _m\rho_1)^2 + 3\rho_2{}^2} = \sqrt{(40.6+112.5)^2 + 3\times 41.4^2} = 169 < f_t = 156\times 1.5$$
$$= 235 \text{ N/mm}^2 \quad \text{適}$$

（2）コンクリートの最大圧縮応力度およびアンカーボルトの引張力の計算

$$e = \frac{M}{N} = \frac{200}{500} = 0.4 \text{〔m〕} = 40 \text{ cm}$$

ベースプレートを $56.4 \text{ cm}\times 40 \text{ cm}$ とし，$d_t = \dfrac{D}{2} - 4.0 = \dfrac{56.4}{2} - 4.0 = 24.2$ であるので，
$$e = 40 > \frac{D}{3} - \frac{d_t}{3} = 10.7 \text{ cm}$$
であるからアンカーボルトに引張力を生じる。

アンカーボルトに生じる引張力を次式で略算してアンカーボルトの断面を仮定する。
$$a_t = \frac{1}{f_t}\left(\frac{M}{j} - \frac{N}{2}\right) = \frac{1}{160\times 1.5}\left(\frac{200\times 10^6}{0.85(564-40)} - \frac{500\times 10^3}{2}\right) = 830 \text{ mm}^2$$

f_t：ボルトの許容引張応力度 160 N/mm²×1.5(短期)

j：応力中心距離≒$0.85d$

アンカーボルトを 3 — M 24 (有効断面積は付録 2・1・1 より 3×3.53＝10.59 cm²) とする。アンカーボルトの短期許容引張力は、表 7・1 と付録 2・1・1 より 3×353×160×1.5×10⁻³＝254.1 kN である。底板中立軸位置を付録 4 の計算図表から求める。

$$\frac{x}{d}=\frac{e-\frac{D}{2}}{d}=\frac{40-\frac{56.4}{2}}{52.4}=0.225$$

$$p=\frac{a_t}{Bd}=\frac{10.59}{40\times52.4}=0.0050$$

したがって、中立軸位置は付録 4 より、

$$\frac{x_n}{d}=0.49,\quad x_n=25.7\text{ cm}$$

コンクリートの最大圧縮応力度は式(7・49)から、

$$\sigma_c=\frac{2N(e+d_t)}{Bx_n\left(\frac{D}{2}+d_t-\frac{x_n}{3}\right)}=\frac{2\times500\times10^3(400+242)}{400\times257\left(\frac{564}{2}+242-\frac{257}{3}\right)}=14.3\text{ N/mm}^2\leqq f_c$$

$$=16\text{ N/mm}^2\quad 適$$

アンカーボルトの引張力 Z は式(7・50)から、

$$Z=\frac{N\left(e-\frac{D}{2}+\frac{x_n}{3}\right)}{\frac{D}{2}+d_t-\frac{x_n}{3}}=\frac{500\left(400-\frac{564}{2}+\frac{257}{3}\right)}{\frac{564}{2}-242-\frac{257}{3}}=233\text{ kN}<254.1\text{ kN}$$

(3) ベースプレートの計算

柱フランジより突出長さ $u=110$ mm、ベースプレートの短期許容曲げ応力度は、

$$f_{b1}=1.5\times\frac{235}{1.3}=271\text{ N/mm}^2$$

ベースプレート所要板厚 t は式(7・53)より

$$t=u\sqrt{3\times\frac{\sigma_c}{f_{b1}}\left(1-\frac{u}{3x_n}\right)}=110\times\sqrt{3\times\frac{14.3}{271}\left(1-\frac{110}{3\times257}\right)}=40.6\to45\text{ mm}$$

よって、ベースプレートの板厚は 45 mm とする。

(4) せん断力に対する検討

せん断力はベースプレートとコンクリート面間の摩擦力によって伝達できるかを検定する。

$$0.4\times N=0.4\times500=200>50\text{ kN}\quad 適$$

よって、すべりは生じない。

第8章
耐震設計概要

世界有数の地震国である我が国では，耐震設計が構造設計において重要な位置を占めている。本章では現在の建築基準法施行令の耐震設計体系について示した。

兵庫県南部地震被害鉄骨建物　　　提供：橋本研究室

8・1 耐震設計体系の概要

　固定荷重・積載荷重・積雪・風圧力・地震に対しての安全性を確認することを目的として定められている現在の建築基準法施行令の設計体系を，図8・1に示す（図8・2参照）。建築物は法20条でその規模で1号から4号に区分されている。4号建築物は，木造住宅などで構造計算が不要な建物である。3号建築物は高さ31 m以下の規模のもので，許容応力度に基づいて安全性を確認する一次設計のみを行い，構造方法規定を満たしていることを確認するもので，設計ルート1とも呼ばれている。2号建築物は高さが31 m～60 mのもので，設計ルート2と呼ばれている「許容応力度等計算」，設計ルート3と呼ばれている「保有水平耐力計算」，さらに「限界耐力計算」の3つの設計方法のいずれかによる。なお，本書では，設計ルート1からルート3をまとめて「保有水平耐力等の構造計算」と呼ぶことにする。

　設計ルート2および3では，一次設計を行うとともにまれに発生する大地震を対象とし，そのような地震に対して倒壊しないことを確認するための二次設計とで構成されている。この設計の流れでは，耐久性，品質，施工に関する仕様規定とともに，構造安全性能を担保するための仕様的な規定が構造種別ごとに示されており，それらの規定を満足していることを確認しなければならない。

　「**限界耐力計算**」は，構造の満たすべき性能を明確に定めてその評価方法を定めたもので，許容応力度等計算で用いる構造規定は適用しない。しかし，耐久性等に関する仕様規定は適用される。

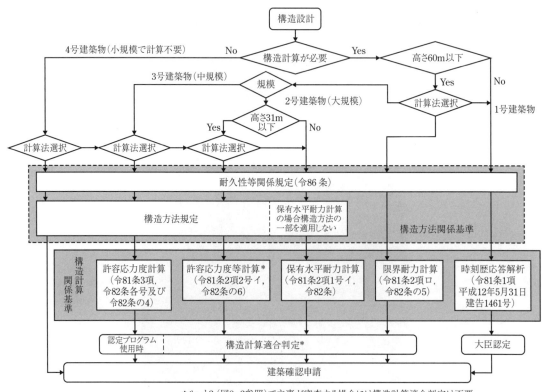

＊ルート2（図8・2参照）で主事が審査する場合には構造計算適合判定は不要

図8・1　構造関係規定

限界耐力計算では**損傷限界**と**安全限界**の2つの設計レベルがあり，それぞれ「8・2 構造計算」の一次設計と二次設計に対応するものである。損傷限界レベルでは，建物が存在している期間中に，1度は遭遇する可能性の高い大きな外力に対して建築物が損傷しないことを確認するもので，従来行われてきている許容応力度計算と同等の計算を行って確認をする。安全限界レベルでは，500年再現期待値相当の地震・積雪・暴風に対して倒壊・崩壊しないことを確認するもので，地震以外に積雪および暴風も対象としている点が，保有水平耐力計算における二次設計と大きく異なっている。建築物に作用する地震加速度は，まず設計者が安全限界変位を設定したうえで，表層地盤による増幅率と部材の減衰特性を考慮して決まることになる。このようにして算出された安全限界レベルでの地震荷重から層せん断力を求め，建築物の保有水平耐力のほうが上回っていることを確認する。

図8・1に示されているもう1つの設計方法は，「大臣の定める基準に従った構造計算」である。これに含まれるものとして，指定された地震動や模擬地震波に対する応答解析を行う**時刻歴応答解析**や，エネルギー法による地震応答予測から耐震性能評価を行う方法がある。

2000年6月に改正された建築基準法から，構造設計の方法も多様化し，新しい技術や試みを取り入れた建築物を実現しやすくなった。しかし，反面，新しい設計手法を誤りなく使いこなすには，これまで以上に建築構造に対する専門的知識と洞察力が要求される。

本章では，これらの設計方法のうち最も広く使われている，「保有水平耐力等の構造計算」における耐震設計の方法に絞って解説する。なお，法令にある「階」と「層」という用語について，本章では理解のしやすさを優先して法令の意味に応じて次のように使い分けて表記している。即ち，「階」は日常用語の建物の「階」における［構造体の床と上階床下までの柱群の部分］，「層」は［階の柱群部分即ち柱頭と柱脚の間の空間部分］

8・2 構造計算の体系

鉄骨構造に対する保有水平耐力の構造計算の流れは，図8・2のように，**一次設計**と**二次設計**の2つの段階に分けられる。一次設計では，使用期間中，常時荷重として受けている固定荷重と積載荷重による長期応力と，非常時に受ける雪荷重（多雪区域では，長期応力としての検討も行う）・風荷重ならびに地震荷重による短期応力に対し，許容応力度以下であることを確認し，これらの荷重に対して弾性状態を保ち，補修の必要性やその後の使用に支障が生じない建物となるように設計する。一次設計時に想定している地震荷重は，建築物の使用期間に遭遇する可能性がある中地震（震度IV程度，地動加速度80～120 Gal程度）を対象としている。

二次設計では，一次設計で設計された建築物が極めてまれに起こる大地震（震度VI～VII，地動加速度300～400 Gal程度）に対し，倒壊しないことを確認する。その際，部材の配置や断面形状・接合部の終局強度などを検討し，建築物の構造的なバランスや変形に対する粘り強さを確認する。さらに必要に応じて建築物の終局耐力（法令では，**保有水平耐力**と呼んでいる）を算定し，その建物に作用すると想定する地震力（法令では，**必要保有水平耐力**と呼ぶ）と比較・検討をする。

建築物にはさまざまな規模のものがあり，構造の複雑さ，建物の重要度等によって習慣的に定ま

152 第8章 耐震設計概要

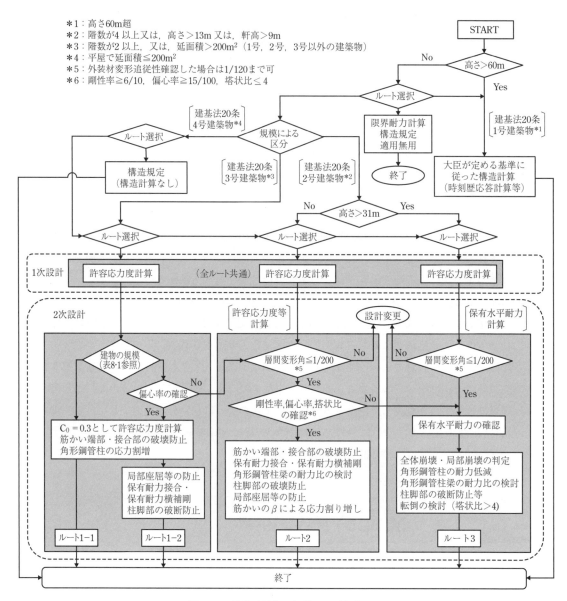

図8・2 鉄骨建築物の規模と耐震計算区分

ってきた設計項目・手法・手順がある。そこで二次設計では，それと大きくかけ離れないように建築物の規模に応じて設計手続きを区分し，構造計算が不必要な小規模建築物および超高層建物に対する設計手続きのほか，3つの区分（**設計ルート**と呼ばれている）が用意されている。しかし，どのルートで設計された建物でも，同程度の耐震安全性を持たせるように考えられている。

図8・2の**ルート1**は，軽微な鉄骨造建築物に対する計算の流れで，表8・1に示す規模制限によってルート1-1とルート1-2に分けられる。このルートでは，一次設計のみで二次設計を行わずに設計を終了することができる。しかし，他のルートでの地震力に比べて50％増の地震力を用いて，一次設計を行うことになる。さらに，低層の鉄骨造建築物では主要な水平耐力要素とすることが多い引張筋かいに対し，端部を含む筋かい接合部の破壊強度を確認し，筋かい軸部が破断せずに筋か

表8・1 ルート1の鉄骨造建築物の規模制限（告示 第593号）

	ルート1-1	ルート1-2
(1)	地階を除く階数が3以下であるもの	地階を除く階数が2以下であるもの
(2)	高さが13 m以下で，かつ，軒の高さが9 m以下であるもの	
(3)	架構を構成する柱の相互の間隔が6 m以下であるもの	架構を構成する柱の相互の間隔が12 m以下であるもの
(4)	延べ床面積が500 m^{2}以内であるもの	延べ床面積が500 m^{2}以内であるもの（平屋の場合3000 m^{2}以内）

（注）(1)～(4)までの条件をすべて満足すること．

い材が十分に塑性変形し，地震エネルギーを吸収できるようにすることを規定している．柱脚は，露出柱脚であっても柱脚部の回転剛性を考慮して応力を算定するか，ピンと仮定した応力計算を行った場合には，柱頭の曲げモーメントの3割程度の曲げモーメントを受けても安全であるように設計する．ルート1-2では，さらに，後述するルート2の場合のように，耐震要素の配置バランスや部材断面の幅厚比，接合部の破壊防止の検討が必要である．

ルート2は，31 m以下で表8・1の規模を超える鉄骨造建築物を対象とした設計ルートである．このルートでは，柱・壁・筋かいといった耐震要素の配置バランスの検討を要求される．平面的にバランスが悪い配置の場合は，建物がねじれ振動を併発し，剛心から遠い耐震要素には大きな応力が作用する．また，上下階での剛性のバランスが悪い場合は，剛性の小さい層に変形が集中し，地震による損傷を受けやすくなる．このようなことから，各層の層間変形角・偏心率・剛性率により，耐震要素の配置バランスを検討することになっている．検討の結果，耐震要素の配置バランスが良い建築物は，部材および接合部が終局状態まで所要の耐力を発揮し，粘り強く抵抗することができるように，さらに部材断面の幅厚比，横補剛間隔，接合部の最大強さを検討する．また，筋かい付ラーメン構造では終局までの弾塑性性状を考慮し，筋かいが負担しているせん断力の割合に応じて応力を割り増して断面検討を行うこととしている．塔上比が4を超える建物や耐震要素の配置バランスが悪い建築物は，ルート3に移して二次設計を行うことになる．

ルート3は，耐震要素の配置バランスが悪い建築物や31 mを超え60 m以下の鉄骨造建物に対する設計ルートであるが，二次設計をルート1およびルート2によって行うことができる建築物に対して適用しても差しつかえない．このルートでは，激震時の地震力に対して倒壊しないために必要な設計上想定する**必要保有水平耐力**と，塑性解析によって建物が保有する水平耐力として求める終局耐力とを比較し，保有水平耐力が必要保有水平耐力を上回っていることを確認する．

また，冷間成形角形鋼管柱は，上記のほかに，設計ルートごとに設計応力の割増しや梁と柱の耐力比等に関する規定が定められている．詳しくは8・4・4で述べる．

8・3 一次設計

8・3・1 地上部分の地震力

建築物の地上部分は、各階の床レベルにその上下階の層の質量の1/2を集中させた**質点モデル**と呼ばれる形にモデル化される（図8・3）。建物に地震動が作用し、各質点（質量 m）が加速度 α で水平振動することと、その質点に慣性力 $m\alpha$ が静的に作用することとはほぼ同等であると考えることができる。耐震設計の際に想定する地震動による質点の応答加速度の最大値 α_{max} の重力加速度 g に対する比 α_{max}/g、あるいは（最大慣性力）/（質点の重量 W）を設計用の**水平震度** k という。k を用いると各質点に作用する地震力 K は、kW となる。このような方法による設計用地震力の算定方法を、**静的震度法**という。1981年の建築基準法改正までは静的震度法が採用されていたが、現行法では建築物の地上部分の地震力を、この質点モデルの各層に働く**層せん断力**で規定している。層せん断力とは、対象としている層の柱および耐力壁、筋かい等の耐力要素に作用しているせん断力の総和をいい、層せん断力をその階の柱が支えている上部の重量で除した値を、**層せん断力係数**と呼んでいる（図8・3）。

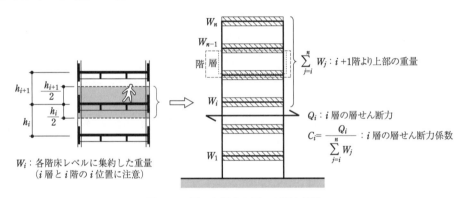

図8・3 層せん断力と層せん断力係数

したがって、n 階建て建築物の i 層の層せん断力 Q_i は、次のように、$i+1$ 階以上の全重量（即ち i 層の柱群が支える建物重量）と層せん断力係数の積で算出する。

$$Q_i = \left(\sum_{j=i}^{n} W_j\right) \times C_i \tag{8・1}$$

　　Q_i：i 層の層せん断力
　　W_j：j 層上部1/2と $j+1$ 層下部1/2の重量を $j+1$ 階床に集約した重量（建物を n 質点系振動モデルにモデル化されたときの j 質点の重量）
　　C_i：i 層の層せん断力係数

さらに、層せん断力係数 C_i は、次式で求める。

$$C_i = Z \cdot R_t \cdot A_i \cdot C_0 \tag{8・2}$$

　　Z：地震地域係数　　R_t：振動特性係数　　A_i：地震層せん断力係数の分布係数
　　C_0：標準せん断力係数（$\geqq 0.2$）

地震地域係数 Z は，地震発生の地域差を考慮する係数であり，過去の地震記録による地震規模と発生頻度をもとに 0.7 から 1.0 の範囲で，図 8・4 のように，4 地域に分類されている。

振動特性係数 R_t は，建物の固有周期の違い，地盤特性の違いによる影響を考慮する係数である。建物の固有周期が長いほど，加速度応答倍率（建物に生じる加速度の地動加速度に対する比）は小さい。また，支持地盤が硬質であるほど地震力への影響は小さく，軟弱な地盤では地震動が増幅される。このような特性を考慮して支持地盤を第 1 種地盤（硬質地盤），第 2 種地盤（普通），第 3 種地盤（軟弱地盤）の 3 種に分類し，それぞれの地盤と建物の一次固有周期に対する振動特性係数を図 8・5 のように定めている。

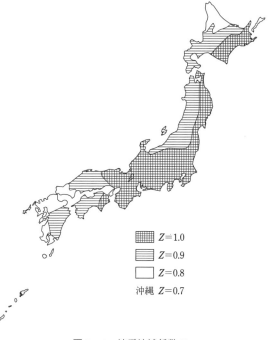

図 8・4　地震地域係数 Z

設計用一次固有周期 T は建物の一次固有周期であり，精算によらない場合には，次式の略算式で計算してもよい。

$$T = h(0.02 + 0.01\alpha) \quad (8 \cdot 3)$$

　h：地盤面からの建物高さ (m)
　α：鉄骨造部分の各階の高さの合計と h との比，したがって，純鉄骨造の場合は $\alpha = 1$ となる。

なお，地盤種別は建築物支持層の土質の種類だけでなく，その層厚や地業の違いなどによって総合的に判断することが望ましいとされている。

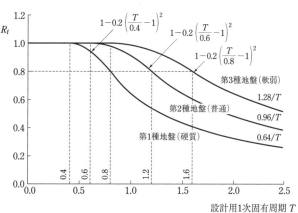

図 8・5　振動特性係数 R_t

地震層せん断力係数の分布係数 A_i は，層せん断力係数を高さ方向に割り増す割合を与える係数で，1 層の層せん断力係数に対する比率で示されている。すなわち，各層の加速度の応答倍率を 1 層の応答倍率で除した値に相当するもので，過去に行われた多数の地震応答解析結果を参考にして定められている。定性的には固有周期が非常に短い場合には，各階の加速度応答はほぼ等しいが，固有周期が長くなるに従って上階のほうが，加速度応答倍率は大きくなる性質がある。このような建築物の固有周期の影響と高さ方向の質量分布の影響を考慮し，次式で示されている。これを図示すると図 8・6 となる。

$$A_i = 1 + \left(\frac{1}{\sqrt{\alpha_i}} - \alpha_i\right)\frac{2T}{1+3T} \quad (8 \cdot 4)$$

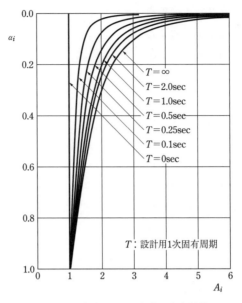

図8・6 地震層せん断力係数の分布係数 A_i

$$\alpha_i = \frac{\sum_{j=i}^{n} W_j}{W} \quad W:建物の総重量$$

標準せん断力係数 C_0 は，一次設計用として $C_0=0.2$ 以上とすることが定められている。なお，二次設計時のルート3で用いられる必要保有水平耐力の算定においては，300～400 Gal 程度の地動加速度に対する応答倍率を考慮し，$C_0=1.0$ 以上の値をとることになっている。なお，**ベースシヤー係数**は，建築物が受ける総地震力を総重量で除した値であり，地上最下層の層せん断力係数でもある。

8・3・2 地下部分の地震力

地下階の一次設計用地震力は，静的水平震度法の考え方を採用している。次式のように，地下階の層が受ける層せん断力 Q_b は，地上部分の最下層の層せん断力 Q_1 と，地下階の重量 W_b と地下階部分の水平震度 k の積となる地震力との和とする。

$$Q_b = Q_1 + k \cdot W_b \tag{8・5}$$

また，地下階部分の水平震度は，地下深さ H [m] に対して次式で示せる。

$$k = 0.1\left(1 - \frac{H}{40}\right)Z \quad 0 \leq H \leq 20\,\text{m} \tag{8・6 a}$$

$$k = 0.05Z \quad 20\,\text{m} \leq H \tag{8・6 b}$$

Z：地震地域係数

なお，地下部分に対する二次設計は規定されていない。

8・3・3 局部震度

ペントハウスや屋上の設備機器など建物から2mを超えて突出している部分は，地震動の増幅を考慮したうえで，建物から切り離して静的水平震度法によって地震力 Q_p を算定する。突出部の

重量を W_p とすれば,

$$Q_p = k \cdot W_p \tag{8・7}$$

となる。ここで，水平震度は $k=1.0Z$ とする。また，建物本体の層せん断力を算定するときには，最上階の重量に W_p を加えて算定する。この他，片持バルコニーなど建物の外壁から突出する部分についても鉛直震度が規定されている。

8・4 二次設計

8・4・1 ルート1による設計

ルート1は，比較的小規模な建物を対象としており，前出表8・1のように，建物規模によってルート1-1とルート1-2がある。どちらのルートにおいても，保有水平耐力の計算を必要としないが，$C_0=0.3$ 以上に割り増しした地震力によって一次設計を行い，筋かいの端部，接合部の破断防止（8・4・6(6)）を確認する必要がある。冷間成形角鋼管柱の場合には，応力を割り増して断面検定を行う。ルート1-2では，耐震要素の配置バランスを偏心率（8・4・1(3)）によって確認し，偏心率≦15/100 を満たしていれば，幅厚比による局部座屈防止，接合部と柱脚部の破断防止（8・4・1(6)）を確認しなければならない。偏心率≦15/100 を満たしていない場合は，ルート3によって安全性の確認を行う必要がある。

8・4・2 ルート2による設計

8・2で概説したように，ルート2は，31m以下かつ表8・1の規模以上の鉄骨建築物で，耐震要素配置のバランスがよい鉄骨造建物を対象とした設計ルートである。このルートでは，部材断面の幅厚比，横補剛間隔，接合部・柱脚の終局耐力の検討によって部材および接合部が，建物の終局状態まで所要の耐力を保持し，粘り強く抵抗することができることを確認すれば，保有水平耐力の計算は必要としない。

このルートにおける検討項目は，次のとおりである。

1) 層間変形角の検討
2) 剛性率，偏心率の検討
3) 塔状比の検討
4) ラーメンと筋かいとの混合構造に対する応力割り増し
5) 変形能力確保に関わる事項の検討
6) 冷間成形角形鋼管の応力割り増し

これらの項目について，以下に解説する。

(1) 層間変形角の検討

各層の層間変位（その階の床と上階床に生じている水平変位の差）を階高（上下階床上面間距離）で除した値を**層間変形角**という。建物の水平剛性をある限度以上に保っておかないと，地震時の変形が大きくなり，居住者が不安感を持つばかりでなく，家具の転倒や間仕切り壁・天井などの非構

造材が損傷する恐れがあり危険である。そこで，各層の層間変形角が1/200以内（ただし，仕上げ材等の非構造材に著しい損傷が生じない場合には1/120以内）となるような水平剛性を確保することになっている。すなわち，i層のX，Y方向の層間変形角 $_X\gamma_i$，$_Y\gamma_i$ に対し，次の式を満足させる。

$$_X\gamma_i = \frac{_X\delta_i}{h_i} = \frac{Q_i}{h_i \sum _XK_i} \leq \frac{1}{200}\left(\frac{1}{120}\right) \quad (8\cdot8\text{a})$$

$$_Y\gamma_i = \frac{_Y\delta_i}{h_i} = \frac{Q_i}{h_i \sum _XK_i} \leq \frac{1}{200}\left(\frac{1}{120}\right) \quad (8\cdot8\text{b})$$

$_X\delta_i$, $_Y\delta_i$：i層のX，Y方向の層間変形量　　Q_i：i層の層せん断力　　h_i：i階の階高
$\sum _XK_i$, $\sum _YK_i$：i層のX，Y方向の柱および耐震要素の水平剛性の総和

もし，水平剛性が小さいため層間変形角がこの値を超える場合には，部材や耐震要素の断面を変更する必要がある。

（2）剛性率の検討

剛性率 R_s は，建物における各階の水平剛性のバランスを表す指標で，次の式で定義されている。

$$R_s = \frac{r_{si}}{\bar{r}_s} \quad (8\cdot9)$$

$r_{si} = \frac{1}{\gamma_i}$（$\gamma_i$：$i$層の層間変形角）　　$\bar{r}_s = \frac{\sum_1^n r_{si}}{n}$（$n$：建物の階数）

式(8・9)でわかるように，各層の層間変形角が等しいと剛性率の値は1となり，図8・7(a) のように，各層の地震入力エネルギー（図中の灰色部分が地震による入力エネルギー）は各層に分散する。従って図(b) のように剛性率 R_s の小さい層があると，地震入力エネルギーがその層に集中し，他の層に比べて地震時の水平変位が大きくなり損傷や破壊を起こしやすくなる。そこで，建物の高さ方向の構造的バランスを各階の剛性率によって検討し，地震エネルギーが各層に分散させるために，次の式を満たすようにする。

$$R_s \geq \frac{6}{10} \quad (8\cdot10)$$

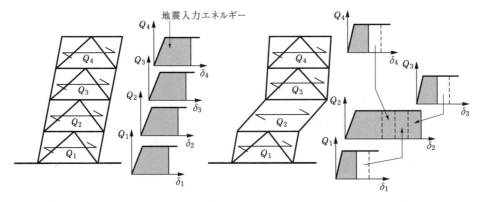

（a）剛性率1の場合　　　（b）剛性率が小さい階に地震エネルギーが集中

図8・7　剛性率の小さい層の損傷集中

（3）偏心率の検討

図8・8①のように，平面的に重心Gと耐震要素の剛心Sのずれが大きい建物が地震力を受ける

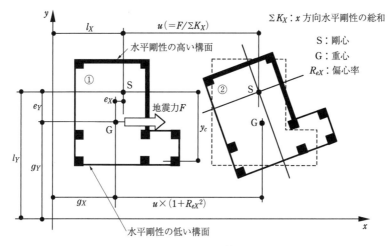

図 8・8 偏心のある建物の挙動

と，地震力は重心に作用するので，②のようにねじれを伴った変形を生じる．その結果，剛心 (S) から離れた位置の部材は，ねじれ変形の影響を考慮しない場合の水平変位に比べ，大きな変位を生じることになる．その部材は，重心と剛心のずれが大きい建物では早期に損傷を受けやすい．そこで，後述するように，地震時におけるねじれ変形の生じやすさを，各階の重心と剛心の距離を弾力半径で除した値で評価し，これを**偏心率**（式(8・17)参照）と呼んでいる．偏心率は，重心位置におけるねじれによって生じる変位の増加率を表している．偏心率の値が大きくなるほど，地震時に大きなねじれ振動が生じ，その結果，前述のように隅部など剛心から遠い部材ほど過大な変形が生じ，その層が早期に損傷する恐れがある．そのようなことを避けるためルート 2 では，X 方向，Y 方向の偏心率の値を，次のように規定している．

$$R_{eX}, R_{eY} \leq \frac{15}{100} \tag{8・11}$$

偏心率は，次のような手順で算出する．

まず，図 8・8 のように，各柱位置の座標を定めると，各階の重心 (g_X, g_Y) は，柱の軸力 N とその柱の座標 (x, y) から，次のようにして求められる．

$$g_X = \frac{\sum(N \cdot x)}{W} \qquad g_Y = \frac{\sum(N \cdot y)}{W} \tag{8・12}$$

N：柱の長期荷重による軸力　　x, y：柱の座標

W：その層の柱軸力の総和 $\sum N$

また，剛心の位置 (l_X, l_Y) は，重心と同様に柱および耐震要素の位置を図 8・8 の座標で表し，軸力の代わりに水平剛性を用いて，次式で算出する．

$$l_X = \frac{\sum(K_Y \cdot x)}{\sum K_Y} \qquad l_Y = \frac{\sum(K_X \cdot y)}{\sum K_X} \tag{8・13}$$

K_X, K_Y：柱，耐震要素の x 方向，y 方向の水平剛性

重心と剛心の距離すなわち偏心距離は，式(8・12)，(8・13)から，

$$e_X = |l_X - g_X| \qquad e_Y = |l_Y - g_Y| \tag{8・14}$$

となる．

また，剛心のまわりのねじれ剛性 K_R は，

$$K_R = \sum\{K_X(y-l_Y)^2\} + \sum\{K_Y(x-l_X)^2\} \tag{8・15}$$

となる。弾力半径は，次式で定義される。

$$r_{eX} = \sqrt{\frac{K_R}{\sum K_X}} \qquad r_{eY} = \sqrt{\frac{K_R}{\sum K_Y}} \tag{8・16}$$

したがって，偏心率は，式(8・14)，(8・16)の結果を用いて，次式で算出できる。

$$R_{eX} = \frac{e_y}{r_{eX}} \qquad R_{eY} = \frac{e_x}{r_{eY}} \tag{8・17}$$

(4) 塔状比

建物高さ H を最下層の幅 W で除した H/W を，**塔状比**という。塔状比が大きくなるほど，地震力などの水平力によって転倒しやすくなるため，地上部分の塔状比が 4 を超えていないことを確認するように定められている。4 を超える建物は通称ペンシルビルなどと称される。

(5) ラーメンと筋かいとの混合構造に対する応力割り増し

ラーメンと筋かいとの混合構造の荷重・変形関係は，概ねそれぞれの荷重・変位関係を水平力負担割合で合算することによって得られる。鉄骨ラーメン構造の繰返し荷重下における荷重・変位関係（**復元力特性**という）と，筋かい部の復元力特性とでは性状が異なり，また，筋かいの細長比の大小でも違いがある。鉄骨ラーメンは，弾性域を超えた領域で繰返し荷重を受けると，図 8・9 (a) のように，紡錘形の安定した復元力特性を示し，また，塑性化の進行に伴って耐力は上昇するので，エネルギー吸収能力（復元力特性の描く面積は，吸収エネルギーを表す）が高い。これに対し，細長比が大きく，圧縮耐力が期待できない引張筋かいの場合では，図 8・9(b) のようなスリップ型と呼ばれる復元力特性となり，さらに塑性化が進行しても耐力はあまり上昇しないので，エネルギー吸収能力はラーメン構造に比べて少ない。また，細長比が小さい圧縮力・引張力の両応力に効果のある筋かいの場合でも，応力が小さく，塑性化や圧縮筋かいに座屈が生じていないときには，ラーメンに近い復元力特性を示しているが，圧縮筋かいに座屈が生じると，その後荷重が繰り返されるごとに耐力が低下し，図 8・9(c) のような復元力特性を描き，エネルギー吸収能力は低下する。

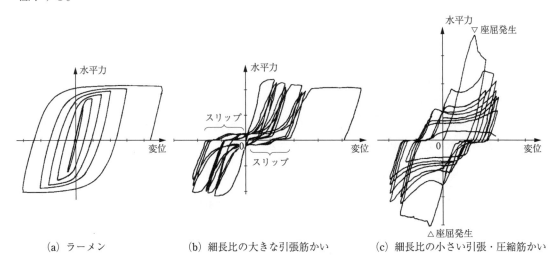

(a) ラーメン　　(b) 細長比の大きな引張筋かい　　(c) 細長比の小さい引張・圧縮筋かい

図 8・9 ラーメンと筋かいの復元力特性

したがって，筋かいとラーメンの混合構造の場合では，筋かいの水平力負担割合の大小によって，ラーメン部分と筋かい部分の復元力特性の現れかたが異なってくる。つまり，筋かいの水平力負担割合が大きいと，筋かいの復元力特性が強くなり，塑性化の進行に伴う耐力の上昇やエネルギー吸収能力があまり期待できない。逆に筋かいの負担割合が小さい場合には，ラーメンの復元力特性が強くなり，繰返し荷重を受けることによって耐力上昇やエネルギー吸収能力が期待できる。

このように，筋かいの水平力負担割合によって異なった復元力特性を呈するラーメンと筋かい混合構造に対し，純ラーメン構造と同等の耐震性能を持つようにするためには，筋かいの水平力負担割合によって設計応力を割り増して，筋かいや柱・梁の断面を大きくし，ラーメン構造の耐力上昇や地震エネルギー吸収能力に見合うようにする必要がある。

告示では，水平力を負担する筋かいを設けた階（地階を除く）を有する建築物に対しては，各々の層において，その層の筋かいが負担している水平力負担割合 β を式(8・19)で算定し，β に応じて次式で定める割増率 α を算定し，その階の1次設計用の地震力によって生ずる各部材の短期応力を α 倍して，部材設計するように規定している。

$$\left.\begin{array}{ll}\beta \leq \dfrac{5}{7} \text{のとき，} & \alpha = 1 + 0.7\beta \\ \beta > \dfrac{5}{7} \text{のとき，} & \alpha = 1.5 \end{array}\right\} \quad (8 \cdot 18)$$

β：次式で与えられる筋かいの水平力負担割合

$$\beta = \frac{\sum R_B}{\sum R_B + \sum R_C} \quad (8 \cdot 19)$$

R_B, R_C：それぞれ筋かい，柱の水平耐力

式(8・18)に基づいて算定した割増率 α が層ごとに異なる場合には，値の異なる層の間にある i 層の梁の割増率は，i 層と $(i+1)$ 層の割増率の平均値を用いる。なお，安全側の簡便な方法として，各層の割増率の最大値 α_{max} を用いてすべての応力を割り増してもよい。柱および梁の軸力とせん断力は，割り増しされたラーメン部分の曲げ応力と割増しされた筋かい軸力とを用いて改めて算定する。部材断面の検定は，これらの割り増しされた地震時応力に長期応力を加えた応力に対して行う。なお，各階の割増率が異なる場合には，割増し後は各節点において曲げモーメントが釣り合わなくなる場合がある。

(6) 変形能力確保に関わる事項の検討

各部材は必要な部材耐力を 100% 発揮し，かつ大きな変形に至るまで耐力低下を生じさせないように，十分な変形能力を確保しておく必要がある。十分な変形能力を確保するため，柱および梁部材の幅厚比，梁の横補剛間隔，接合部の終局耐力ならびに柱脚部の破壊について，以下のような検討を行うことが求められている。

(a) 柱および梁部材の幅厚比の検討

断面を構成している板要素の幅厚比が大きい部材では，早期にフランジやウェブが局部座屈し，塑性化が十分進行する以前に耐力低下を起こすので，架構全体としての粘り強い変形能力の高い復元力特性を期待することができない。一次設計でも，降伏耐力に達する以前に局部座屈を起こさないように幅厚比の上限を規定する制限を行っているが，塑性化が予想される領域（図8・10参照）の部材断面に対しては，さらに厳しい幅厚比の制限を行って，塑性化後の局部座屈

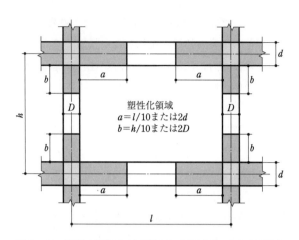

図8・10 部材の塑性化が予想される領域（アミかけ部分）

表8・2 柱および梁部材の幅厚比又は径厚比（昭和55建設省告示第1791号第2）

部　材	柱				梁	
形　状	H形鋼		角形鋼管	円形鋼管	H形鋼	
部　位	フランジ	ウェブ			フランジ	ウェブ
幅厚比又は径厚比[*1]	$9.5\sqrt{\dfrac{235}{F}}$ 以下	$43\sqrt{\dfrac{235}{F}}$ 以下	$33\sqrt{\dfrac{235}{F}}$ 以下	$50\left(\dfrac{235}{F}\right)$ 以下	$9\sqrt{\dfrac{235}{F}}$ 以下	$60\sqrt{\dfrac{235}{F}}$ 以下
（参考例） 400N級鋼材[*2] 490N級鋼材[*3]	9.5 以下 8 以下	43 以下 37 以下	33 以下 27 以下	50 以下 36 以下	9 以下 7.5 以下	60 以下 51 以下

*1：Fは平成12年建設省告示第2464号第1に規定する当該鋼種の基準強度（N/mm²）
*2：板厚≦40mm，F＝235N/mm² の SN400, SS400, SM400, SMA400, STK400, STKR400 の幅厚比又は径厚比
*3：板厚≦40mm，F＝325N/mm² の SN490, SM490, SM490Y, SMA490, STK490, STKR490 の幅厚比又は径厚比
　　SS490, SS520, SM530 については，F値に留意して計算

の防止を図っている。表8・2に，幅厚比の規定値を示す。

(b)　梁の横補剛間隔の検討

　変形能力に影響を与える要因の1つとして，局部座屈のほかに横座屈がある。地震時に逆対称曲げモーメントを受けて梁部材の端部が塑性化しても，十分な塑性変形が生じる以前に横座屈を起こすと，塑性化領域での局部座屈も一層起こりやすくなり，耐力低下が生じる。このような現象を防止するためには，ねじれや横方向変形を拘束している支点間隔を小さくしておく必要がある。この支点間距離を**横補剛間隔**といい，横方向変形を抑えることを**横補剛**という。横補剛は，

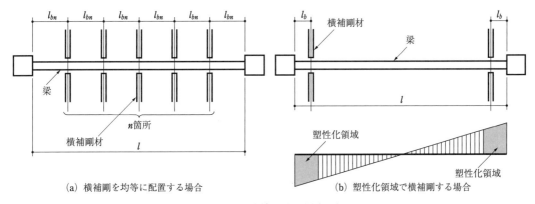

(a) 横補剛を均等に配置する場合 　　(b) 塑性化領域で横補剛する場合

図 8・11　横補剛材の配置方法

小梁を設けることによって行うことが多いが，横補剛としての効果が発揮できるように，補剛材の剛性や強度にも配慮する必要がある。

十分な変形能力を確保するための横補剛の配置方法として，図 8・11(a) のように，横補剛を行う位置を材長間に均等に配置する場合と，同図(b) のように，梁端部に近い塑性化領域で横補剛を行う場合の 2 つの方法が使われており，それぞれの場合について，次式を満足するように補剛間隔を決めている。

1) 横補剛の位置を均等に配置する場合

　　400 N/mm² 級鋼材　　$\lambda_y \leq 170 + 20n$

　　あるいは，　　$l_{bn} \geq \dfrac{20l}{(\lambda_y - 150)}$ 　　(8・20 a)

　　490 N/mm² 級鋼材　　$\lambda_y \leq 130 + 20n$

　　あるいは，　　$l_{bn} \geq \dfrac{20l}{(\lambda_y - 110)}$ 　　(8・20 b)

　　λ_y：梁長さ l に対する弱軸に関する細長比（$= l/i_y$）
　　n：梁の長さ l に設ける横補剛の箇所数
　　l_{bn}：均等に配置する補剛間隔

2) 梁端部に近い塑性化領域で横補剛を行う場合

　　400 N/mm² 級鋼材　　$\dfrac{l_b h}{A_f} \leq 250$　　かつ　　$\dfrac{l_b}{i_y} \leq 65$

　　あるいは，　　$l_b \leq \dfrac{250 A_f}{h}$　　かつ　　$l_b \leq 65 i_y$ 　　(8・21 a)

　　490 N/mm² 級鋼材　　$\dfrac{l_b h}{A_f} \leq 200$　　かつ　　$\dfrac{l_b}{i_y} \leq 50$

　　あるいは，　　$l_b \leq \dfrac{200 A_f}{h}$　　かつ　　$l_b \leq 50 i_y$ 　　(8・21 b)

　　l_b：梁端部からの横補剛間隔
　　h：梁のせい
　　A_f：圧縮フランジの断面積
　　i_y：梁断面の弱軸に関する断面二次半径

なお，塑性化領域以外での横座屈については，6・3を参照のこと。

(c) 接合部の終局耐力の検討

十分な変形能力を発揮するためには，架構を構成している各部材の接合部分が破壊してはならない。そのためには，接合部の破壊強度（最大強さ）を接合される部材の終局耐力より高くしておく必要がある。これを保障した接合部を，**保有耐力接合**と呼ぶ。なお，筋かい端部，仕口，継手，柱脚等の最大強さに関する計算方法は8・4・4で解説する。

1) 筋かい端部およびその接合部

筋かい端部およびその接合部に対しては，次式により確認する。

$$T_j \geq \alpha A_g F \tag{8・22 a}$$

α：材料強度のばらつきを考慮した割増率で，1.2以上程度

T_j：筋かい接合部の破壊形式に応じた最大引張強さ（8・4・4(1)参照）

A_g, F：筋かい部の軸部断面積ならびに基準強度

2) 柱および梁における仕口部・継手部

柱および梁における仕口部・継手部の最大曲げ強さ M_j は，部材の全塑性モーメント M_p に対し，次式を満たすようにする。

$$M_j \geq \alpha M_p \tag{8・22 b}$$

また，仕口部・継手部の最大せん断強さ Q_j は，部材両端部が全塑性モーメントとなっている応力状態を想定し，次式を満たすようにする。

$$Q_j \geq \alpha Q_p = \alpha \frac{2M_p}{l} \tag{8・22 c}$$

M_j：仕口部あるいは継手部の最大曲げ強さ（8・4・4(2)参照）

M_p：柱あるいは梁の全塑性モーメント（6・2・4参照）

α：材料強度や降伏比のばらつきを考慮した割増率で，技術慣行として表8・3の値が用いられる。

l：梁の内のり長さ

なお，冷間成形角形鋼管を柱に使用する場合は，8・4・5に詳述するように，鋼管の種類に応じて応力を割り増しして設計するように規定されている。

3) 柱脚

柱脚には，**露出型柱脚・根巻型柱脚・埋込型柱脚**（7・2・2(7)参照）があるが，柱脚に発生する曲げモーメントを適切に評価した設計を行うとともに，終局状態での安全性も確認する必要がある。特に，過去の地震で多くの被害が見られた露出型柱脚については，一次設計の際に安易に柱脚部をピン支点とみなすことはせず，回転剛性を考慮した構造計算で求めた曲げモーメントを用いて，柱脚部の検討を行うことが要求されている。図8・12は，露出型柱脚の検討フローを示す。ルート1-2，ルート2，ルート3では，アン

表8・3　α値

部　位	作用応力の種類	400N/mm²級	490N/mm²級
仕　口	曲げモーメント	1.3	1.2
継手部 （塑性化領域）	曲げ・せん断力	1.3 (1.2)	1.2 (1.1)

（注）括弧内の数値は，継手部が塑性化領域（図8・10参照）にある場合

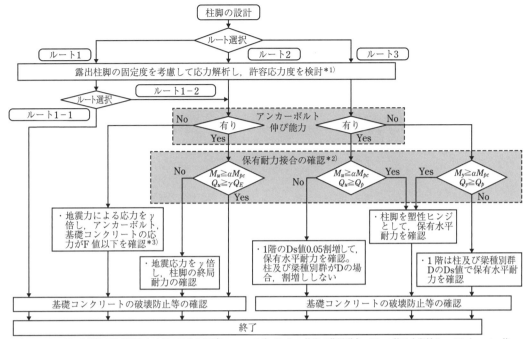

図8・12 露出型柱脚の設計フロー

カーボルトが軸部全断面降伏するまでねじ部破断しないだけの伸び能力を持っているかによって検討方法を区分し，安全性の検討を行っている。

8・4・3 ルート3による設計

　ルート3は，高さ31 mを超え60 m以下の鉄骨建築物，あるいは高さ31 m以下の鉄骨造で，耐震要素をバランスよく配置することができず，剛性率・偏心率が規定値を満足しない建築物を対象とした設計ルートである。このルートでは，エネルギー的な見地からまれに起こる大地震に対する安全性を検討する。図8・13に，弾性型と弾塑性型の復元力特性を模式的に示す。弾性型の建築物が，図中のA点まで変形したときのひずみエネルギーは，△OABの面積に等しい。従って地震力によって1方向にB点まで変形すれば，△OABの面積に等しい地震エネルギーを復元力によって吸収したことになる。また(b)に示す弾塑性型の建築物が地震力によって$_pQ_u$で塑性化して，その力を保持したまま1方向にD点まで変形を生じた場合，層せん断耐力は$_pQ_u$であり，これ以上の値にはなり得ず，面積OCDEに等しい地震エネルギーを吸収したと考えることとしている。一般論として，弾塑性型復元力特性の限界状態を耐力低下を開始する状態と考え，そのときの限界変位がD点であるとすると，面積OCDGを超える地震エネルギーを受けると，限界変位D点を超える変形を生じることになり，建築物は崩壊する。地震によって建築物が崩壊しないようにするには，変形による地震エネルギー吸収能力を地震入力エネルギー以上にしておけばよいことになる。

　ニューマーク（N. M. Newmark）の研究などによって，地震入力エネルギーは復元力特性にあまり影響を受けず，弾性応答時の地震入力エネルギーとほぼ同じであることが明らかにされてい

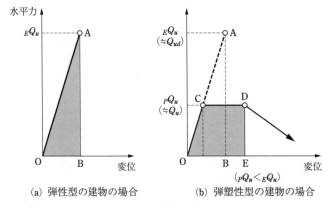

図8・13 復元力特性と吸収エネルギー

る。したがって，図8・13(a) に示す弾性型の復元力特性を持つ建物が，△OABの面積に相等する地震入力エネルギーを受けるときは，同図(b)に示す $_PQ_u$ で塑性化し，完全弾塑性型の復元力特性を持つ建物でも，△OABの面積に等しい地震入力エネルギーを受けることになる。この完全弾塑性型の荷重・変位関係の限界変形Eまでの面積OCDEが△OABの面積以上であれば，耐震安全性が確保されていると考えられる。このことは，入力エネルギーが同じ場合，大きな塑性変形能力を期待できるならば，終局耐力は低く（$_PQ_u ≦ _EQ_u$）てもよく，逆に，変形能力が期待できない場合には高い終局耐力が必要となることを意味している。終局耐力は，以下に述べる手順で各層ごとに算定して検討するものである。各層ごとの終局耐力を層の保有水平耐力 Q_u（図8・13(b) の $_PQ_u$ に該当）と呼ぶ。本書では，第 i 層のものを Q_{ui} と表記する（以下同様）。〔注．i 層とは，i 階の柱群と考えてよい〕

二次設計では，式(8・23)で示すように，建物の第 i 層の保有水平耐力 Q_{ui} が，大地震時にその層に生じる層せん断力を上まわっていることを，建物のすべての層について確認できれば，設計上，建物の耐震安全性が確保されたと見なすのである。ここで，大地震によって建築物の各層に生じると想定する設計用の層せん断力を，層ごとの必要保有水平耐力 Q_{uni} と呼ぶ。

$$Q_{ui} ≧ Q_{uni} \tag{8・23}$$

　　　Q_{ui}：i 層の保有水平耐力　　Q_{uni}：i 層の必要保有水平耐力

各層の必要保有水平耐力は，塑性変形能力の影響を受ける地震エネルギー吸収能力を D_s 値で考慮して，次式で算出する。（ここでは第 i 層として表記する）

$$Q_{uni} = D_s \cdot F_{es} \cdot Q_{udi} \tag{8・24}$$

　　　Q_{uni}：i 層の必要保有水平耐力　　D_s：構造特性係数
　　　F_{es}：形状係数　　Q_{udi}：二次設計用地震層せん断力

構造特性係数 D_s は，建物全体についての図8・13(b) の $_EQ_u$ に対する終局耐力 $_PQ_u$ の比に当たるもので，建築物の変形能力に応じて0.25〜0.5の範囲で定められている。

以下に，式(8・23)，(8・24)の要素の考え方とルート3の具体的な算定方法を概説する。

（1）二次設計用地震層せん断力 Q_{udi}

二次設計用地震層せん断力 Q_{udi} は，式(8・25)，(8・26)で算出する。これは，一次設計で用いる式(8・1)，(8・2)と同じ式であるが，標準層せん断力係数 C_0 の値が異なる。二次設計では，ま

れに起こる大地震を対象としているので，震度Ⅵから震度Ⅶ，すなわち地動最大加速度として300～400G（ガル）程度の地震規模を想定している。このような地震に対する一次固有周期が短く，弾性型の復元力特性の建物の応答加速度は，応答倍率を考えると1G以上の加速度，すなわち重力加速度で除して得られるせん断力係数では，1以上になることが予想される。このことは，図 8・13(a) のA点の $_EQ_u$ は，水平加速度を1Gとしたときの弾性応答値以上になることを意味する。したがって，図のA点に相当する(8・25)(8・26)式による Q_{ud} の算定では，標準層せん断力係数 C_0 の値を1.0以上とすること（一次設計用地震層せん断力係数は，$C_0 \geq 0.2$ である）と定められている。したがって，弾性型の復元力特性を持つ建物の二次設計用地震層せん断力は，一次設計時の5倍の地震層せん断力を想定していることになる。

$$Q_{udi} = \left(\sum_{j=i}^{n} W_j\right) \times C_i \tag{8・25}$$

$$C_i = Z \cdot R_t \cdot A_i \cdot C_0 \tag{8・26}$$

Q_{udi}：i 層の二次設計用層せん断力

W_j：j 層上部1/2と $j+1$ 層下部1/2の重量（建物を n 質点系振動モデルにモデル化されたときの j 質点の重量）

C_i：i 層の層せん断力係数　　Z：地震地域係数　　R_t：振動特性係数,

A_i：地震層せん断力係数の分布係数　　C_0：標準せん断力係数（≥ 1.0）

（2）構造特性係数 D_s

構造特性係数 D_s は，前述したように，図8・13の $_EQ_u$ に対する終局耐力 $_PQ_u$ の比 $\frac{_PQ_u}{_EQ_u}$ に当たるもので，建物の変形能力に応じて設計時に必要と考える水平耐力の大きさを低減する係数であり，表8・4のように告示で規定されている。

鉄骨造の場合，変形能力に影響を与える要因は，部材の幅厚比，横座屈長さ，接合部・仕口等の強度，筋かいの細長比や水平力負担率などである。各層ごとに構造特性係数 D_s は，ルート2で規定されている横補剛と接合部・仕口等を保有耐力接合とすることを必須の条件としたうえで，部材群の種別，筋かいの有効細長比の種別（図8・14）と保有水平耐力負担率 β_u によって，表8・4で定められている。部材群の種別は，幅厚比による柱・梁種別（表8・5）に基づいて柱種別ごとの水平耐力の比率を求め，表8・6によって決定する。$\beta_u \leq 0.3$ では，筋かいの有効細長比種別の影

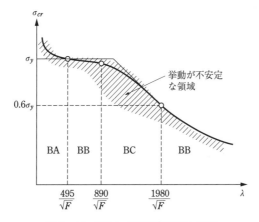

図8・14 筋かいの有効細長比と種別
（昭和55年建告第1792号）

表8・4 D_s 値

			柱および梁の部材群としての種別			
			A	B	C	D
筋かいの部材群としての種別		A 又は $\beta_u=0$ の場合	0.25	0.3	0.35	0.4
	B	$0<\beta_u\leqq0.3$ の場合	0.25	0.3	0.35	0.4
		$0.3<\beta_u\leqq0.7$ の場合	0.3	0.3	0.35	0.45
		$\beta_u>0.7$ の場合	0.35	0.35	0.4	0.5
	C	$0<\beta_u\leqq0.3$ の場合	0.3	0.3	0.35	0.4
		$0.3<\beta_u\leqq0.5$ の場合	0.35	0.35	0.4	0.45
		$\beta_u>0.5$ の場合	0.4	0.4	0.45	0.5

この表において，β_u は，筋かい(耐力壁を含む。)の水平耐力の和を保有水平耐力の数値で除した数値を表すものとする。

表8・5 部材断面の幅厚比又は径厚比と柱および梁の種別（昭和55建設省告示第1792号第3）

部材	形状	部位	柱および梁の種別						FD
			FA		FB		FC		
			幅厚比[*1]	(参考例[*2])	幅厚比[*1]	(参考例[*2])	幅厚比[*1]	(参考例[*2])	
柱	H形鋼	フランジ	$9.5\sqrt{\frac{235}{F}}$ 以下	$\begin{pmatrix}9.5\text{ 以下}\\8\text{ 以下}\end{pmatrix}$	$12\sqrt{\frac{235}{F}}$ 以下	$\begin{pmatrix}12\text{ 以下}\\10\text{ 以下}\end{pmatrix}$	$15.5\sqrt{\frac{235}{F}}$ 以下	$\begin{pmatrix}15.5\text{ 以下}\\13.2\text{ 以下}\end{pmatrix}$	左記以外
		ウェブ	$43\sqrt{\frac{235}{F}}$ 以下	$\begin{pmatrix}43\text{ 以下}\\37\text{ 以下}\end{pmatrix}$	$45\sqrt{\frac{235}{F}}$ 以下	$\begin{pmatrix}45\text{ 以下}\\39\text{ 以下}\end{pmatrix}$	$48\sqrt{\frac{235}{F}}$ 以下	$\begin{pmatrix}48\text{ 以下}\\41\text{ 以下}\end{pmatrix}$	
	角形鋼管		$33\sqrt{\frac{235}{F}}$ 以下	$\begin{pmatrix}33\text{ 以下}\\27\text{ 以下}\end{pmatrix}$	$37\sqrt{\frac{235}{F}}$ 以下	$\begin{pmatrix}37\text{ 以下}\\32\text{ 以下}\end{pmatrix}$	$48\sqrt{\frac{235}{F}}$ 以下	$\begin{pmatrix}48\text{ 以下}\\41\text{ 以下}\end{pmatrix}$	
	円形鋼管		$50\left(\frac{235}{F}\right)$ 以下	$\begin{pmatrix}50\text{ 以下}\\36\text{ 以下}\end{pmatrix}$	$70\left(\frac{235}{F}\right)$ 以下	$\begin{pmatrix}70\text{ 以下}\\50\text{ 以下}\end{pmatrix}$	$100\left(\frac{235}{F}\right)$ 以下	$\begin{pmatrix}100\text{ 以下}\\73\text{ 以下}\end{pmatrix}$	
梁	H形鋼	フランジ	$9\sqrt{\frac{235}{F}}$ 以下	$\begin{pmatrix}9\text{ 以下}\\7.5\text{ 以下}\end{pmatrix}$	$11\sqrt{\frac{235}{F}}$ 以下	$\begin{pmatrix}11\text{ 以下}\\9.5\text{ 以下}\end{pmatrix}$	$15.5\sqrt{\frac{235}{F}}$ 以下	$\begin{pmatrix}15.5\text{ 以下}\\13.2\text{ 以下}\end{pmatrix}$	
		ウェブ	$60\sqrt{\frac{235}{F}}$ 以下	$\begin{pmatrix}60\text{ 以下}\\51\text{ 以下}\end{pmatrix}$	$65\sqrt{\frac{235}{F}}$ 以下	$\begin{pmatrix}65\text{ 以下}\\55\text{ 以下}\end{pmatrix}$	$71\sqrt{\frac{235}{F}}$ 以下	$\begin{pmatrix}71\text{ 以下}\\61\text{ 以下}\end{pmatrix}$	

[*1]：F は平成12年建設省告示第2464号第1に規定する当該鋼種の基準強度（N/mm²）
[*2]：上段は板厚≦40mm，F＝235N/mm² の400N級鋼材に対する幅厚比又は径厚比
    400N級鋼材は SN400, SS400, SM400, SMA400, STK400, STKR400
    下段は板厚≦40mm，F＝325N/mm² の490N級鋼材に対する幅厚比又は径厚比
    490N級鋼材は SN490, SM490, SM490Y, SMA490, STK490, STKR490
    SS490, SS520, SM530 については，F値に留意して計算

表8・6 部材群としての種別

部材の耐力の割合	部材群としての種別
$\gamma_A\geqq0.5$ かつ $\gamma_C\leqq0.2$	A
$\gamma_C<0.5$	B
$\gamma_C\geqq0.5$	C

γ_A：種別 A である筋かいの耐力の和を，すべての筋かいの水平耐力の和で除した数値（筋かいの場合），種別 FA である柱の耐力の和を，すべての柱の水平耐力の和（FD柱を除く）で除した数値（柱及び梁の場合）

γ_C：種別 C である筋かいの耐力の和を，すべての筋かいの水平耐力の和で除した数値（筋かいの場合），柱・梁の部材群としての種別を定める場合，種別 FC である柱の耐力の和を，すべての柱の水平耐力の和（FD柱を除く）で除した数値（柱・梁の場合）

響をほとんど受けず，主に柱・梁の種別によって D_s 値が決まる。$\beta_u>0.3$ では，有効細長比が小さい（種別 BA）筋かいの場合を除き，筋かいの有効細長比種別と柱・梁の種別の影響が大きい。また，露出柱脚部が保有耐力接合（8・4・1 (6)）を満たさない場合には，1階の D_s 値を 0.05 加算し（アンカーボルトの伸び能力がない場合には，$\beta_u>0.7$ かつ筋かいの有効細長比種別 BC の D_s 値を用いる）て検討する。

（3） 形状係数 F_{es}

形状係数 F_{es} は，建築物の各層の水平剛性の高さ方向の（各層の）分布状態による係数 F_s と，同一階における耐震要素配置の平面的な偏り状態による係数 F_e を考慮して，必要保有水平耐力を割り増す係数である。ルート2に規定された剛性率・偏心率（8・4・1(2) および (3) 参照）を満足していれば，F_{es} は 1.0 であり，規定を満足していない場合には，表8・7に基づいて F_s と F_e を求め，次式で評価する。

$$F_{es}=F_e \cdot F_s \tag{8・27}$$

表8・7 F_e, F_s 値

(a) F_s 値

剛性率 R_s	F_s の数値
$R_s \geq 0.6$	1.0
$R_s < 0.6$	$2.0 - \dfrac{R_s}{0.6}$

(b) F_e 値

偏心率 R_e	F_e の数値
$R_e \leq 0.15$	1.0
$0.15 < R_e < 0.3$	直線補間した値
$R_e \geq 0.3$	1.5

（4） 保有水平耐力 Q_{uni}

建築物の保有水平耐力すなわち終局耐力を求める方法は，塑性ヒンジの概念に基づく簡略な方法や，単純塑性解析からコンピュータの使用を前提とした精度の高い方法まで，多くの方法があり，それぞれ特徴がある。したがって，保有水平耐力を算定する際にはいずれを用いてもよいが，それらの特徴を理解したうえで使用する必要がある。以下に，各方法の特徴を示す。

これまで一般的に用いられてきている長方形ラーメンを対象とした実用的な方法として，節点モーメント振分け法・層モーメント分割法・仮想仕事法などが挙げられる。

1) **節点モーメント振分け法**

　　水平荷重時には，部材中央部よりも材端の応力が大きくなり，塑性ヒンジは材端に発生するのが普通である。節点モーメント振分け法は，節点に集まる柱部材の全塑性モーメントの和と，梁部材の全塑性モーメントの和を比較し，小さいほうに塑性ヒンジが発生すると考える。そして，節点における釣合い条件を満足するように，この全塑性モーメントの和を他の塑性化していない部材端部に適当に分割する方法である。最も簡単な分割割合として，$\dfrac{1}{2}$ がよく用いられる。節点モーメント振分け法は，せん断力分布形とは無関係な節点モーメントに着目して崩壊形（終局耐力）を決めるので，各層の保有水平耐力は地震層せん断力分布形とは一致しないものである。

2) **層モーメント分割法**

　　地震層せん断力分布に近い分布形をした保有水平耐力を得る解析法が，層モーメント分割法である。$(j+1)$ 階の床位置を j 層と呼ぶこととし（注：この解法での定義であり，前述の階と層の関係と異なることに注意)，この j 層のすべての柱・梁の接合部（節点）において，節

点ごとに上階の柱脚と下階の柱頭の全塑性モーメントの和と，節点の左右の梁の全塑性モーメントの和をそれぞれ計算し，その小さいほうのモーメントをその層の全節点について総和する。この値を**フロアモーメント**という。このフロアモーメントを地震層せん断力分布形になるような割合で，その層の上階の柱脚と下階の柱頭に分配する。このとき，分配されるフロアモーメントは，上階のすべての柱脚の全塑性モーメントの総和，および下階のすべての柱頭の全塑性モーメントの総和を超えないようにする。この方法を層モーメント分割法という。この方法では，各層の保有水平耐力が地震層せん断力分布形に近い分布形となるが，個々の部材の応力や塑性ヒンジ発生位置が明確にならない。

3) **仮想仕事法**

仮想仕事の原理に基づく解析法で，耐震壁を有する建築物の保有水平耐力を求める際によく用いられる方法である。「架構の仮想変位に対する作用荷重のなす外力仕事と，仮想変位によ

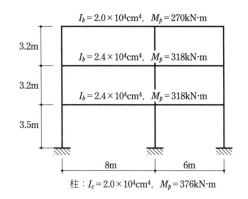

(a) 対象架構

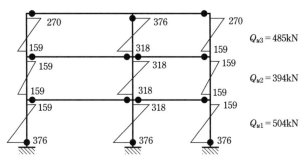

(b) 節点モーメント振り分けによる結果

(c) 層モーメント分割法による結果

i 階	j 層	W_i (kN)	q_i	上段注1 下段注2	m_j (kN·m)	フロアモーメントの分配注3	$Q_{ui}·h_i$ (kN·m)	Q_{ui} (kN)
3F	3	430	0.52		916	$_TM_3$ 916	1085	339
	2			0.394	1272	$_BM_3$ 169		
2F		360	0.80	0.606		$_TM_2$ 1103	1555	486
	1			0.444	1272	$_BM_2$ 452		
1F		360	1.00	0.556		$_TM_1$ 820	1948	557
					1128	$_BM_1$ 1128		

m_j：フロアモーメント
h_i：階高　　q_i：地震層せん断力の分布形状
W_i：図8・3参照
注1：$q_{i+1}/(q_{i+1}+q_i)$
注2：$q_i/(q_{i+1}+q_i)$
注3：$_TM_i = \dfrac{q_i}{q_{i+1}+q_i}(_TM_{i+1}+m_i) - \dfrac{q_{i+1}}{q_{i+1}+q_i}{}_BM_i$
　　　$_BM_{i+1} = m_i - {}_TM_i$

図 8・15　節点モーメント振分けと層モーメント分割法の比較

って生じる塑性ヒンジの仮想回転角による内部の仮想仕事とが等しい」という仮想仕事の原理により，保有水平耐力を求めている。しかし，正しい崩壊機構（塑性ヒンジが発生して不安定になっている状態）を用いずに，塑性ヒンジ発生位置が真の発生位置と異なっていると，真の保有水平耐力よりも大きな値となる。したがって，起こりうるいくつかの崩壊機構を想定して求めた耐力のうち，最小の耐力を真の保有水平耐力とする必要がある。

図8・15は，簡単な計算例である。同図(a)は，対象とした3層2スパンの架構の諸元を示す。節点モーメント振分け法と層モーメント分割法によって求めた結果を，同図(b)，(c)に比較して示してある。同図(b)では，節点モーメント振分け法での分割率を1/2とした。同図(c)の層モーメント分割法では，層せん断力が必要層せん断力の分布形 q_i になるように，図中の注3に示す式に基づいて層モーメントを，上階の柱脚モーメント $_BM_{i+1}$ と下階の柱頭モーメント $_TM_i$ に分割している。

4) **荷重増分法**

コンピュータの使用を前提とした代表的な解析法の1つで，弾性解析法として確立しているマトリックス法に塑性ヒンジの概念を導入した解析法である。全塑性モーメントに達して塑性ヒンジを形成した箇所では，以後の荷重増分に対して変形は増大するものの，モーメント増加がないとするので，ピン接合と同等の性質になる。このことを利用して塑性ヒンジを形成した点をピン接合に置き換え，その後の荷重増分と変位増分を求め，崩壊機構が形成されるまでこの操作を繰り返しながら各増分を累加し，終局耐力を求める。このような方法を，増分法による弾塑性解析法という。この解析法では，終局耐力だけでなく，終局耐力に至るまでの荷重・変位関係も求められる。図8・16は，増分法による弾塑性解析法を用いて，図8・15(a)の架構の解析を行った結果である。同図(b)の応力図は，図8・15(b)と同じスケールで描かれている。図中の数字は，塑性ヒンジの発生順序である。同図(a)の荷重－変位関係は，各層の層せん断力と層間変位で表してある。このような解法をさらに発展させて，全塑性モーメントに与える軸力の影響やひずみ硬化の影響を考慮した解析法，塑性化領域の広がりを考慮した有限要素法（FEM）による解析法など，種々の解析法が提案されており，解析法ごとの特徴を理解したうえで使用することが大事である。

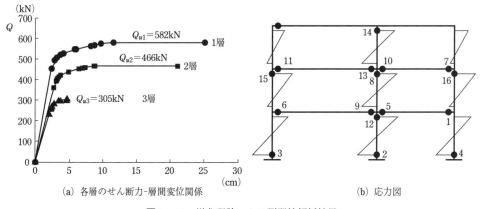

図8・16 増分理論による弾塑性解析結果

8・4・4 接合部の最大強さ

8・4・2, 8・4・3で述べてきたように,設計ルート2では,架構を構成している各部材の接合部分が破断しないように,接合部の最大強さ(破壊強度)を被接合部材の終局耐力より強くした保有耐力接合とし,十分な変形能力を発揮できるようにしなければならない。また,設計ルート3では,塑性変形能力に応じて構造特性係数 D_s で低減して必要保有水平耐力を求める際にも,保有耐力接合とすることが必須の前提条件である。そのためには,接合部の最大強さを算定する必要がある。

接合部は,いくつかの接合部要素によって構成されており,それらの1つあるいは複数が破壊すると,接合部全体が破壊に達する。表8・8は,接合部の構成要素である溶接継目・ボルト・高力ボルトならびにボルト孔を有する板材の最大強さをまとめたものである。表中の $_mP_2$ および $_mQ_2$ は,応力方向の端あき部分が破壊する場合の最大強さである。接合部の軸力・曲げモーメント・せん断力に対する最大強さは,表に示された接合部要素の最大強さを組み合わせて算定する。ここでは,種々の接合部のうち,よく用いられる標準的な筋かい端部,仕口,継手,露出柱脚の最大強さの算定方法について述べる。

(1) 筋かい端部の最大引張強さ T_j

次の1)〜4)のうち最小の値が,筋かい端部の最大引張強さとなる。なお,$_mP$, $_fP$, $_wP$, $_wQ$

表8・8 接合要素の最大強さ

応力状態	溶接継目 完全溶込み溶接	溶接継目 隅肉溶接	ボルト・高力ボルト	ボルト孔を有する鋼板
軸方向力	$_uP_1 = {_uW_1} \cdot \sigma_B$	$_wP_2 = {_wW_2} \cdot \dfrac{\sigma_B}{\sqrt{3}}$	ボルト軸方向の力に対して $_fT = n(0.75 {_fA} \cdot {_f\sigma_B})$ (引張接合の場合)	$_mP = \min({_mP_1}, {_mP_2})$ ここで,$_mP_1 = {_tA_e} \cdot \sigma_B$ $_mP_2 = n \cdot e_1 \cdot t \cdot \sigma_B$
せん断力	$_uQ_1 = {_uW_1} \cdot \dfrac{\sigma_B}{\sqrt{3}}$	$_wQ_2 = {_wW_2} \cdot \dfrac{\sigma_B}{\sqrt{3}}$	ボルト軸直角方向の力に対して $_fP = n \cdot m \cdot (0.75 {_fA_s} \cdot {_f\sigma_B})$	$_mQ = \min({_mQ_1}, {_mQ_2})$ ここで,$_mQ_1 = {_sA_e} \cdot \dfrac{\sigma_B}{\sqrt{3}}$ $_mQ_2 = n \cdot e_2 \cdot t \cdot \sigma_B$
曲げモーメント(面内)	$_uM = {_uP_1}\left(\dfrac{{_uH}}{2}\right)$	$_wM = {_wP_2}\left(\dfrac{{_wH}}{2}\right)$	$_fM = {_fP}\left(\dfrac{{_fH}}{2}\right)$	$_mM = {_mP}\left(\dfrac{{_mH}}{2}\right)$
破断強度	\multicolumn{4}{l	}{σ_B:引張り強さのJIS規格値 たとえば400N級鋼材 $\sigma_B = 400\text{N/mm}^2$ $_f\sigma_B$:引張り強さのJIS規格値 たとえばF10Tは $_f\sigma_B = 1000\text{N/mm}^2$ 強度区分4.6,4.8ボルトは $_f\sigma_B = 400\text{N/mm}^2$}
記号	$_uW_1$:溶接継目の有効断面積 σ_B:母材の破断強度 $_uH$:溶接部の曲げに対する応力中心間距離	$_wW_2$:溶接継目の有効断面積 σ_B:母材の破断強度 $_wH$:溶接部の曲げに対する応力中心間距離	$_fA$:ボルト,高力ボルトの軸断面積 $_fA_s$:ボルト,高力ボルトの有効せん断面積で $0.75{_fA}$ $_f\sigma_B$:ボルト,高力ボルトの破断強度 n:ボルトの本数 m:せん断を受ける面の数 $_fH$:ボルト,高力ボルトの曲げに対する応力中心間距離	$\min(x_1, x_2)$:x_1 と x_2 の値の小さい方の値 $_tA_e$:引張材としての有効断面積 $_sA_e$:有効せん断面積 σ_B:母材の破断強度 e_1, e_2:それぞれ引張方向およびせん断方向の縁端距離 t:有効板の板厚 n:ボルトの本数 $_mH$:ボルト孔を控除した曲げに対する応力中心間距離

は，表8・8を参照のこと。
1) 筋かい軸部破壊形式　　$T_j = {}_mP$　　　　　　　　　　　　　　　　　(8・28)

ただし，山形鋼および溝形鋼における引張材としての有効断面積は，突出脚による偏心の影響を考慮して，次式で計算する。控除する断面積 A_t はボルト本数に応じて異なっており，許容応力度設計時の方法とは異なっている（4・3(3) 参照）。

$${}_tA_e = A_g - A_d - A_t \tag{8・29}$$

A_g：筋かい材の断面積
A_d：ボルト孔による欠損面積，
A_t：突出脚の無効断面積
　　山形鋼の場合　　$A_t = h_n t_2$
　　溝形鋼の場合　　$A_t = 2 h_n t_2$
h_n：表8・9による突出脚無効長さ
　　（図8・17）
t_2：突出脚の板厚

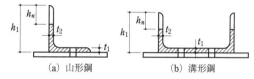

図8・17　突出脚の無効部分の長さ h_n

表8・9　h_n の値

筋かい材の断面	筋かいを接合している高力ボルトの本数 n^*					
	1	2	3	4	5
山形鋼	$h_1 - t_1$	$0.7h_1$	$0.5h_1$	$0.33h_1$	$0.25h_1$
溝形鋼	$h_1 - t_1$	$0.7h_1$	$0.5h_1$	$0.25h_1$	$0.20h_1$

（注）　h_1 は筋かい材の突出脚の高さ（cm）
　　　溝形鋼の t_1 はウェブ部分の厚さ（cm）
＊　応力の方向に2列以上配置される場合はその方向に関する接合個所数とする。

2) 接合ボルト破断の形式　　$T_j = {}_fP$　　　　　　　　　　　　　　　　　(8・30)
3) ガセットプレート破壊形式　　$T_j = {}_mP$　　　　　　　　　　　　　　(8・31)

ただし，ガセットプレートにおける引張材としての有効断面積は，図8・18のa-a部分の有効断面積とする。

4) 溶接部破壊の形式

ガセットプレートと梁材あるいは柱材との溶接部は，筋かいの軸方向力によって軸方向力とせん断力とを同時に受けることが多い。したがって，表8・8に基づいて組合せ応力で評価する。たとえば，図8・18の筋かいの軸方向が θ であるとき，b-bの溶接線に対し，筋かい軸方向の最大強さは，次式となる。

$$T_j = \frac{1}{\sqrt{\left(\dfrac{\cos\theta}{{}_wP}\right)^2 + \left(\dfrac{\sin\theta}{{}_wQ}\right)^2}} \tag{8・32}$$

（2）仕口・継手

H形断面材の最大曲げ強さは，次式で計算する。

$$M_j = {}_fP_u(H - t_f) + \gamma \cdot {}_wM_u \tag{8・33}$$

174 第8章 耐震設計概要

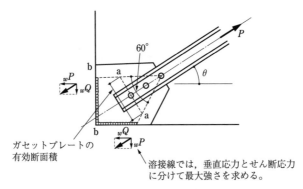

図8・18 筋かい端部

$_fP_u$ ：表8・8に基づいて算定されるフランジ部分の最大引張強さ
H ：H形断面の梁せい
t_f ：フランジの板厚
$_wM_u$：表8・8に基づいて算定されるウェブ部分の最大曲げ強さ
γ ：ウェブ部分の曲げモーメント伝達効率

H形断面材の最大せん断強さは，部材両端部が最大曲げ強さになった状態におけるせん断力で与える。

$$Q_j = \frac{2M_j}{l} \qquad l：部材の内のり長さ \tag{8・34}$$

(3) 露出型柱脚

短期許容耐力については，7・2・2(7)で述べた。軸力 N と曲げモーメント M を受ける露出型柱脚のベースプレート底面のコンクリート反力と，アンカーボルト軸力の応力状態は，前出図

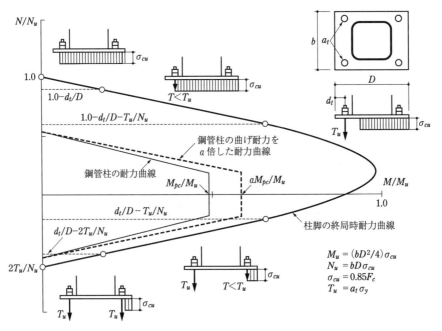

図8・19 露出型柱脚の終局時耐力曲線

7・59のような状態が考えられるが，終局状態では，5つの応力状態（図8・19参照）があり，それぞれの応力状態に対して力の釣合いから，図8・19に示すような終局時耐力曲線が得られる。なお，図中には，柱脚の全塑性モーメント — 軸力曲線を細線で，またこの曲線の曲げモーメントを a 倍した曲線を破線で示し，露出型柱脚の終局時の耐力曲線が，この曲線よりも大きいことを確認する（図8・12参照）。なお，図8・19の縦軸は，圧縮力を正として表してある。

8・4・5 冷間成形角形鋼管柱の扱い

冷間成形角形鋼管は，断面形状が閉鎖型であり，2主軸方向の断面性能に差がなく，X，Y方向とも剛接合が可能なため，柱としてよく使用される。しかし，1995年，兵庫県南部地震などでの被害例も多く報告されており，また，製造過程で受ける大きな塑性加工によって角部等の靱性が低下し，その結果，柱部材の塑性変形性能の著しい低下が問題となる。このようなことから，板厚6mm以上の冷間成形角形鋼管柱に対する規定が，設計ルートごとに定められている。

(1) ルート1に対する規定

柱・梁接合部のダイアフラムの構造形式によって定まる，表8・10に示す割増し係数により柱の応力を割り増し，断面検定を行う。内ダイアフラム形式では，角部の曲げ加工の内側で溶接されるので柱への影響が少ないため，割増し係数が小さくなっている。また，BCP材（プレス成形）とBCR材（ロール成形）との違いは，BCR材は断面平端部も塑性加工を受けるのに対し，BCP材は断面平端部では塑性加工を受けないことである。STKR材は，降伏比・溶接性・シャルピー吸収エネルギーの規格がないことにより，割り増しが大きな値となっている。

表8・10 冷間成形角形鋼管の応力の割増し係数

鋼管の種類	内ダイアフラム形式	内ダイアフラム形式以外
STRK	1.3	1.4
ロール成形角形鋼管（STKRを除く）	1.2	1.3
プレス成形角形鋼管（STKRを除く）	1.1	1.2

(2) ルート2に対する規定

梁に塑性ヒンジが発生し，架構が全体崩壊形になるように，最上階の柱頭および最下層の柱脚を除き，次式によって柱と梁の耐力比を確認する。

$$\sum M_{pc} \geq 1.5 \sum M_{pb}$$

M_{pc}：当該柱・梁接合部における柱の材端に生じうる最大曲げモーメント

M_{pb}：当該柱・梁接合部における梁の材端に生じうる最大曲げモーメント

最下層の柱がSTKR材の場合には，さらに柱の脚部の応力を表8・10に示す割増し係数によって割り増し，検定を行うことにしている。

(3) ルート3に対する規定

梁に塑性ヒンジが発生し，架構が全体崩壊形になるかを，下式によって判断する。下式を満たさない場合は，柱材端の耐力を表8・11によって低減するとともに，その柱材端が関わる節点に接合されている梁には，塑性ヒンジが生じないものとして保有水平耐力を再評価し，必要保有水平耐力以上であることを確認することにしている。

表8・11 冷間成形角形鋼管柱の耐力低減係数

	内ダイアフラム形式	内ダイアフラム形式以外
ロール成形角形鋼管	0.80	0.75
プレス成形角形鋼管	0.85	0.80

$$\sum M_{pc} \geqq \sum \min\{1.5M_{pb}, 1.3M_{pp}\}$$

M_{pp}：当該柱梁接合部における接合パネルに生じる最大曲げモーメント

また，STKR材の場合は，ルート2の全ての規定を満足させることが求められている。

例題14　保有耐力接合梁継手

7章の例題11で設計された図7・69に示す塑性化領域に存在する梁継手について，保有耐力接合の検定する。

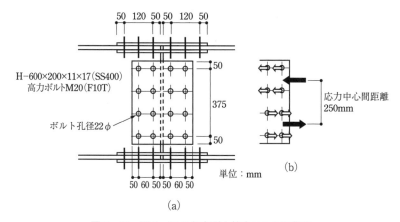

図8・20　図7・68を保有耐力接合にした梁継手

[解]

（1）　梁の全塑性モーメント M_p

塑性断面係数 $Z_p = 2900 \text{ cm}^2$　　$F = 235 \text{ N/mm}^2 = 23.5 \text{ kN/cm}^2$ から，

$$M_p = Z_p F = 2900 \times 23.5 = 6.82 \times 10^4 \text{ kN·cm}$$

（2）　継手部の最大強さ

表8・7を用いて計算する。

(a)　フランジ重ね継手

フランジ外添板厚と内添板厚の和よりも母材フランジの板厚が小さいので，フランジ添板について検討する必要はなく，フランジの重ね継手部の最大引張強さは，高力ボルトで決まる最大引張強さと，母材フランジの有効断面または縁端距離で決まる最大引張強さのうち，最小の値で与えられる。

高力ボルトで決まる最大引張強さは，高ボルトM20（F10T）のせん断破壊で決まる。

$$_f A_s = 0.75 \times \left(\frac{\pi d^2}{4}\right) = \frac{0.75 \times 3.14 \times 2.0^2}{4} = 2.355 \text{ cm}^2$$

$_f\sigma_u = 1000$ N/mm² $= 100$ kN/cm² であるから,
$$_fP = n \cdot m(0.75 _fA_{sf}\sigma_u) = 6 \times 2 \times (0.75 \times 2.335 \times 100) = 2.10 \times 10^3 \text{ kN (切捨て)}$$

また, 母材フランジによって決まる最大引張強さは, フランジの有効断面の引張強さと縁端距離により決まる引張強さの小さいほうで与えられる。

フランジ有効断面積は, $_tA_e = (B - 2D)t_f = (20 - 2 \times 2.2) \times 1.7 = 26.52$ cm²

縁端距離 $e_1 = 4$ cm, 母材の引張強さ $\sigma_u = 400$ N/mm² $= 40$ kN/cm² であるから,
$$_mP = \min(_tA_e\sigma_u, ne_1t\sigma_u) = \min(26.52 \times 40, 6 \times 4.0 \times 1.7 \times 40)$$
$$= \min(1060.8, 1632.0) = 1060.8 \text{ kN}$$

したがって, フランジ重ね継手の最大引張強さは,
$$_fF_u = \min(_fP, {}_mP) = 1.060 \times 10^3 \text{ kN (切捨て)}$$

(b) ウエブ重ね継手部の最大曲げ強さ

ウエブ高力ボルトのせん断破壊によるものと, 母材ウエブの最大曲げ強さの小さいほうで与えられる。

ウエブ高力ボルトによって決まる最大曲げ強さは,

ウエブボルトの曲げに対する応力中心間距離 $_fH$ は, 250 mm (図 8・20(b)) であり,
$$_fP = n \cdot m(0.75 _fA_{sf}\sigma_u) = 4 \times 2 \times (0.75 \times 2.355 \times 100) = 1413 \text{ kN}$$

であるから, $M = {}_fP\left(\dfrac{_fH}{2}\right) = 1413 \times 12.5 = 1.76 \times 10^4$ kN·cm (切捨て)

母材ウエブで決まる最大曲げ強さは,
$$Z_{ep} = \frac{1.1 \times (60 - 2 \times 1.7)^2}{4} - 1.1 \times 2.2 \times (6.25 + 18.75) \times 2 = 759.9 \text{ cm}^3$$
$$_mP_1 = ne_1t\sigma_u = 4 \times 4.0 \times 1.1 \times 40 = 704 \text{ kN}$$

ウエブボルトの縁端破壊に対する応力中心間距離 $_fH$ は, 250 mm となるから,
$$_mM = \min(Z_{ep}\sigma_u, ne_1t\sigma_u) = \min(759.9 \times 40, 704 \times 25/2)$$
$$= \min(30396, 8800) = 0.88 \times 10^4 \text{ kN·cm}$$

梁継手の最大曲げ強さは, $\gamma = 1$ として表 8・7 より,
$$M_j = {}_fF_u(H - t_f) + \gamma_w M_u = 1060 \times (60 - 1.7) + 0.88 \times 10^4 = 7.06 \times 10^4 \text{ kN·cm}$$

(3) 保有耐力接合の検定

梁継手が塑性化領域にあるので, 表 8・3 より $\alpha = 1.2$ として, 保有耐力接合の検討を式(8・22b) で行う。

$$M_j = 7.06 \times 10^4 < \alpha M_p = 1.2 \times 6.82 \times 10^4 \text{ kN·cm} = 8.18 \times 10^4 \quad \textbf{不適}$$

となり, 保有耐力接合を満足しないので, フランジ継手部分かウエブ継手部分を変更する必要がある。フランジ継手の最大強さは母材フランジの有効断面で決定されているので, 最大強さを高くすることはできない。そこでウエブ継手の高力ボルトを, 高さ方向に 4 段, 材軸方向に 2 列配置とした上, 材軸方向の縁端距離を 50 mm とする。その結果, (2)(b)における $_mP_1$ の式で $n = 8$, $e_1 = 5.0$ となり, 保有耐力接合梁継手の最大曲げ強さは $M_j = 8.37 \times 10^4$ kN·cm となり, 式(8・22b) を満たし, 図 8・20 のように, 設計変更することで保有耐力接合となる。

付録

付録1　許容圧縮応力度および許容曲げ応力度

1・1　$F=235\,\text{N/mm}^2$ 鋼材の長期応力に対する許容圧縮応力度

〔SN400 A, B, C, SS400, SM400, SMA400, STK400, STKR400, SSC400, STKN400, SWH400, $t \leq 40$ mm〕

λ	f_c	λ	f_c	λ	f_c	λ	f_c	λ	f_c
1	156	51	134	101	85.1	151	40.9	201	23.1
2	156	52	133	102	84.1	152	40.4	202	22.8
3	156	53	132	103	83.0	153	39.9	203	22.6
4	156	54	132	104	81.9	154	39.3	204	22.4
5	156	55	131	105	80.8	155	38.8	205	22.2
6	156	56	130	106	79.8	156	38.3	206	22.0
7	156	57	129	107	78.7	157	37.8	207	21.7
8	156	58	128	108	77.6	158	37.4	208	21.5
9	155	59	127	109	76.5	159	36.9	209	21.3
10	155	60	126	110	75.5	160	36.4	210	21.1
11	155	61	125	111	74.4	161	36.0	211	20.9
12	155	62	124	112	73.3	162	35.5	212	20.7
13	155	63	124	113	72.3	163	35.1	213	20.5
14	154	64	123	114	71.2	164	34.7	214	20.3
15	154	65	122	115	70.1	165	34.3	215	20.2
16	154	66	121	116	69.1	166	33.8	216	20.0
17	154	67	120	117	68.0	167	33.4	217	19.8
18	153	68	119	118	66.9	168	33.0	218	19.6
19	153	69	118	119	65.9	169	32.7	219	19.4
20	153	70	117	120	64.8	170	32.3	220	19.2
21	152	71	116	121	63.7	171	31.9	221	19.1
22	152	72	115	122	62.7	172	31.5	222	18.9
23	151	73	114	123	61.7	173	31.2	223	18.7
24	151	74	113	124	60.7	174	30.8	224	18.6
25	151	75	112	125	59.7	175	30.5	225	18.4
26	150	76	111	126	58.8	176	30.1	226	18.2
27	150	77	110	127	57.9	177	29.8	227	18.1
28	149	78	109	128	57.0	178	29.4	228	17.9
29	149	79	108	129	56.1	179	29.1	229	17.8
30	148	80	107	130	55.2	180	28.8	230	17.6
31	148	81	106	131	54.4	181	28.5	231	17.5
32	147	82	105	132	53.6	182	28.1	232	17.3
33	146	83	104	133	52.8	183	27.8	233	17.2
34	146	84	103	134	52.0	184	27.5	234	17.0
35	145	85	102	135	51.2	185	27.2	235	16.9
36	145	86	101	136	50.5	186	26.9	236	16.7
37	144	87	100	137	49.7	187	26.7	237	16.6
38	143	88	99.0	138	49.0	188	26.4	238	16.4
39	143	89	98.0	139	48.3	189	26.1	239	16.3
40	142	90	96.9	140	47.6	190	25.8	240	16.2
41	141	91	95.9	141	46.9	191	25.6	241	16.0
42	141	92	94.8	142	46.3	192	25.3	242	15.9
43	140	93	93.7	143	45.6	193	25.0	243	15.8
44	139	94	92.7	144	45.0	194	24.8	244	15.6
45	139	95	91.5	145	44.4	195	24.5	245	15.5
46	138	96	90.5	146	43.8	196	24.3	246	15.4
47	137	97	89.4	147	43.2	197	24.0	247	15.3
48	136	98	88.4	148	42.6	198	23.8	248	15.1
49	136	99	87.3	149	42.0	199	23.5	249	15.0
50	135	100	86.2	150	41.5	200	23.3	250	14.9

1・2　$F=325\,\mathrm{N/mm^2}$ 鋼材の長期応力に対する許容圧縮応力度

〔SN490 B, C, SM490, SM490 Y, SMA490, STK490, STKR490, STKN490, $t\leq 40\,\mathrm{mm}$〕

λ	f_c	λ	f_c	λ	f_c	λ	f_c	λ	f_c
1	216	51	175	101	91.4	151	40.9	201	23.1
2	216	52	173	102	89.7	152	40.4	202	22.8
3	216	53	172	103	88.0	153	39.9	203	22.6
4	216	54	170	104	86.3	154	39.3	204	22.4
5	216	55	169	105	84.7	155	38.8	205	22.2
6	216	56	167	106	83.1	156	38.3	206	22.0
7	215	57	166	107	81.5	157	37.8	207	21.7
8	215	58	164	108	80.0	158	37.4	208	21.5
9	215	59	163	109	78.6	159	36.9	209	21.3
10	214	60	161	110	77.1	160	36.4	210	21.1
11	214	61	160	111	75.8	161	36.0	211	20.9
12	214	62	158	112	74.4	162	35.5	212	20.7
13	213	63	156	113	73.1	163	35.1	213	20.5
14	213	64	155	114	71.8	164	34.7	214	20.3
15	212	65	153	115	70.6	165	34.3	215	20.2
16	212	66	151	116	69.4	166	33.8	216	20.0
17	211	67	150	117	68.2	167	33.4	217	19.8
18	211	68	148	118	67.0	168	33.0	218	19.6
19	210	69	146	119	65.9	169	32.7	219	19.4
20	209	70	145	120	64.8	170	32.3	220	19.2
21	209	71	143	121	63.7	171	31.9	221	19.1
22	208	72	141	122	62.7	172	31.5	222	18.9
23	207	73	140	123	61.7	173	31.2	223	18.7
24	206	74	138	124	60.7	174	30.8	224	18.6
25	205	75	136	125	59.7	175	30.5	225	18.4
26	205	76	135	126	58.8	176	30.1	226	18.2
27	204	77	133	127	57.9	177	29.8	227	18.1
28	203	78	131	128	57.0	178	29.4	228	17.9
29	202	79	129	129	56.1	179	29.1	229	17.8
30	201	80	128	130	55.2	180	28.8	230	17.6
31	200	81	126	131	54.4	181	28.5	231	17.5
32	199	82	124	132	53.5	182	28.1	232	17.3
33	198	83	122	133	52.8	183	27.8	233	17.2
34	197	84	121	134	52.0	184	27.5	234	17.0
35	196	85	119	135	51.2	185	27.2	235	16.9
36	195	86	117	136	50.5	186	26.9	236	16.7
37	193	87	115	137	49.7	187	26.7	237	16.6
38	192	88	114	138	49.0	188	26.4	238	16.4
39	191	89	112	139	48.3	189	26.1	239	16.3
40	190	90	110	140	47.6	190	25.8	240	16.2
41	189	91	108	141	46.9	191	25.6	241	16.0
42	187	92	107	142	46.3	192	25.3	242	15.9
43	186	93	105	143	45.6	193	25.0	243	15.8
44	185	94	103	144	45.0	194	24.8	244	15.6
45	183	95	101	145	44.4	195	24.5	245	15.5
46	182	96	100	146	43.8	196	24.3	246	15.4
47	181	97	98.4	147	43.2	197	24.0	247	15.3
48	179	98	96.6	148	42.6	198	23.8	248	15.1
49	178	99	94.9	149	42.0	199	23.5	249	15.0
50	176	100	93.2	150	41.5	200	23.3	250	14.9

1・3 $F=235\,\text{N/mm}^2$ 鋼材の長期応力に対する許容曲げ応力度

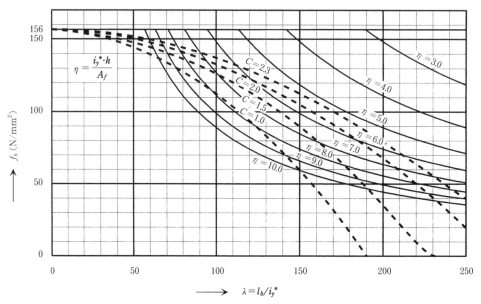

〔SN400 A, B, C, SS400, SM400, SMA400, STK400, STKR400, SSC400, STKN400, SWH400, $t\leq40$〕

1・4 $F=325\,\text{N/mm}^2$ 鋼材の長期応力に対する許容曲げ応力度

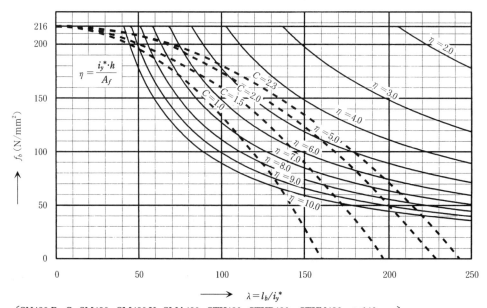

〔SN490 B, C, SM490, SM490 Y, SMA490, STK490, STKR490, STKN490, $t\leq40\,\text{mm}$〕

付録2　ボルト・高力ボルトの許容耐力等

2・1　ボルト・高力ボルトの許容耐力

2・1・1　ボルトの長期応力に対する許容耐力

$F=235N/mm^2$の鋼材を強度区分4.6, 4.8のボルト（$F=240N/mm^2$）で接合する場合　　　（建設省告示2464号による）

ボルトの呼び	ボルト軸径 (mm)	ボルト孔径 (mm)	軸断面積 (mm²)	有効断面ねじ部面積 (mm²)	ボルトねじ部許容せん断力 (kN) 1面せん断	2面せん断	許容支圧力 (kN) 板厚 (mm) 1.6	2.3	3.2	4.0	4.5	6.0	8.0	9.0	10.0	12.0	ボルトねじ部許容引張力 (kN)
M 12	12	13.0	113	84.3	10.1	20.2	5.6	8.1	11.2	14.1	15.8	21.1					13.4
M 16	16	17.0	201	157	18.8	37.6	7.5	10.8	15.0	18.8	21.1	28.2	37.6	42.3			25.1
M 20	20	21.5	314	245	29.4	58.8	9.4	13.5	18.8	23.5	26.4	35.2	47.0	52.8	58.7	70.5	39.2
M 22	22	23.5	380	303	36.3	72.7	10.3	14.8	20.6	25.8	29.0	38.7	51.7	58.1	64.6	77.5	48.4
M 24	24	25.5	452	353	42.3	84.7	11.2	16.2	22.5	28.2	31.7	42.3	56.4	63.4	70.5	84.6	56.4

2・1・2　高力ボルトの長期応力に対する許容耐力

高力ボルトの種類	ボルトの呼び	ボルト軸径 (mm)	ボルト孔径 (mm)	ボルト軸断面積 (mm²)	ボルト有効断面積 (mm²)	設計ボルト張力 (kN)	許容せん断力 (kN) 1面摩擦	2面摩擦	許容引張力 (kN)
F 10 T	M 12	12	14.0	113	84.3	56.9	17.0	33.9	35.1
	M 16	16	18.0	201	157	106	30.2	60.3	62.3
	M 20	20	22.0	314	245	165	47.1	94.2	97.3
	M 22	22	24.0	380	303	205	57.0	114	118
	M 24	24	26.0	452	353	238	67.9	136	140
	M 27	27	30.0	572	459	310	85.9	172	177
	M 30	30	33.0	707	561	379	106	212	219

2・2　ボルト・高力ボルトのピッチ・ゲージの標準

2・2・1　形鋼のゲージ

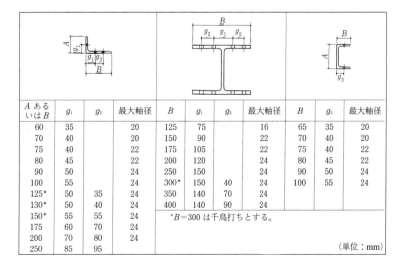

AあるいはB	g_1	g_2	最大軸径	B	g_1	g_2	最大軸径	B	g_3	最大軸径
60	35		20	125	75		16	65	35	20
70	40		20	150	90		22	70	40	20
75	40		22	175	105		22	75	40	22
80	45		22	200	120		24	80	45	22
90	50		24	250	150		24	90	50	24
100	55		24	300*	150	40	24	100	55	24
125*	50	35	24	350	140	70	24			
130*	50	40	24	400	140	90	24			
150*	55	55	24	*$B=300$ は千鳥打ちとする。						
175	60	70	24							
200	70	80	24							
250	85	95								

（単位：mm）

2・2・2 ピッチ

(単位：mm)

軸径 d		10	12	16	20	22	24	27	30
ピッチ p	標準	40	50	60	70	80	90	100	110
	最小	25	30	40	50	55	60	70	75

2・2・3 千鳥打ちのゲージとピッチ

(単位：mm)

g	b 軸径			
	16	20	22	24
	$p=48$	$p=60$	$p=66$	$p=75$
35	33	49	56	66
40	27	45	53	63
45	17	40	48	60
50		33	43	56
55		25	37	51
60			26	45
65			12	37

2・2・4 形鋼に対する千鳥打ち

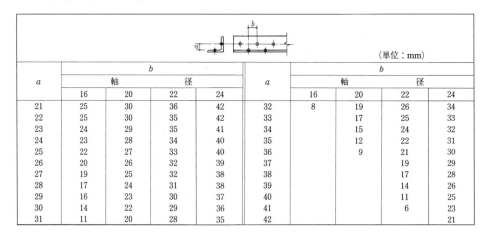

(単位：mm)

a	b 軸径				a	b 軸径			
	16	20	22	24		16	20	22	24
21	25	30	36	42	32	8	19	26	34
22	25	30	35	42	33		17	25	33
23	24	29	35	41	34		15	24	32
24	23	28	34	40	35		12	22	31
25	22	27	33	40	36		9	21	30
26	20	26	32	39	37			19	29
27	19	25	32	38	38			17	28
28	17	24	31	38	39			14	26
29	16	23	30	37	40			11	25
30	14	22	29	36	41			6	23
31	11	20	28	35	42				21

付録3　鋼材の断面形状および断面性能

3・1　等辺山形鋼の標準断面寸法とその断面積・単位質量・断面特性 (JIS G 3192-2021 抜粋)

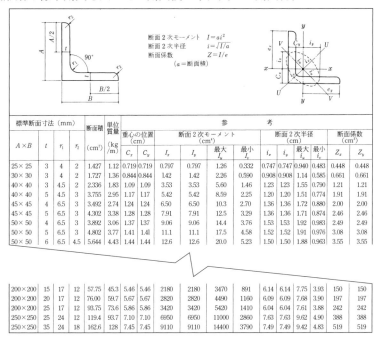

$A \times B$	t	r_1	r_2	断面積 (cm^2)	単位質量 (kg/m)	C_x (cm)	C_y (cm)	I_x (cm^4)	I_y (cm^4)	最大 I_u	最小 I_v	i_x (cm)	i_y (cm)	最大 i_u	最小 i_v	Z_x (cm^3)	Z_y (cm^3)
25×25	3	4	2	1.427	1.12	0.719	0.719	0.797	0.797	1.26	0.332	0.747	0.747	0.940	0.483	0.448	0.448
30×30	3	4	2	1.727	1.36	0.844	0.844	1.42	1.42	2.26	0.590	0.908	0.908	1.14	0.585	0.661	0.661
40×40	3	4.5	2	2.336	1.83	1.09	1.09	3.53	3.53	5.60	1.46	1.23	1.23	1.55	0.790	1.21	1.21
40×40	5	4.5	3	3.755	2.95	1.17	1.17	5.42	5.42	8.59	2.25	1.20	1.20	1.51	0.774	1.91	1.91
45×45	4	6.5	3	3.492	2.74	1.24	1.24	6.50	6.50	10.3	2.70	1.36	1.36	1.72	0.880	2.00	2.00
45×45	5	6.5	3	4.302	3.38	1.28	1.28	7.91	7.91	12.5	3.29	1.36	1.36	1.71	0.874	2.46	2.46
50×50	4	6.5	3	3.892	3.06	1.37	1.37	9.06	9.06	14.4	3.76	1.53	1.53	1.92	0.983	2.49	2.49
50×50	5	6.5	3	4.802	3.77	1.41	1.41	11.1	11.1	17.5	4.58	1.52	1.52	1.91	0.976	3.08	3.08
50×50	6	6.5	4.5	5.644	4.43	1.44	1.44	12.6	12.6	20.0	5.23	1.50	1.50	1.88	0.963	3.55	3.55
200×200	15	17	12	57.75	45.3	5.46	5.46	2180	2180	3470	891	6.14	6.14	7.75	3.93	150	150
200×200	20	17	12	76.00	59.7	5.67	5.67	2820	2820	4490	1160	6.09	6.09	7.68	3.90	197	197
200×200	25	17	12	93.75	73.6	5.86	5.86	3420	3420	5420	1410	6.04	6.04	7.61	3.88	242	242
250×250	25	24	12	119.4	93.7	7.10	7.10	6950	6950	11000	2860	7.63	7.63	9.62	4.90	388	388
250×250	35	24	18	162.6	128	7.45	7.45	9110	9110	14400	3790	7.49	7.49	9.42	4.83	519	519

3・2　みぞ形鋼の標準断面寸法とその断面積・単位質量・断面特性 (JIS G 3192-2021)

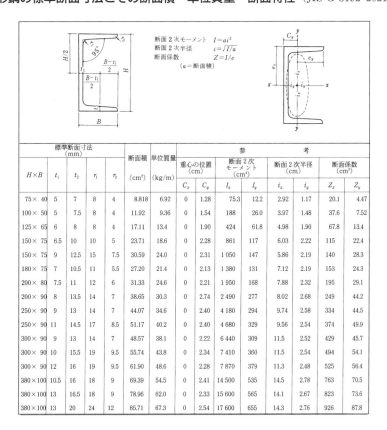

$H \times B$	t_1	t_2	r_1	r_2	断面積 (cm^2)	単位質量 (kg/m)	C_x (cm)	C_y (cm)	I_x (cm^4)	I_y (cm^4)	i_x (cm)	i_y (cm)	Z_x (cm^3)	Z_y (cm^3)
75×40	5	7	8	4	8.818	6.92	0	1.28	75.3	12.2	2.92	1.17	20.1	4.47
100×50	5	7.5	8	4	11.92	9.36	0	1.54	188	26.0	3.97	1.48	37.6	7.52
125×65	6	8	8	4	17.11	13.4	0	1.90	424	61.8	4.98	1.90	67.8	13.4
150×75	6.5	10	10	5	23.71	18.6	0	2.28	861	117	6.03	2.22	115	22.4
150×75	9	12.5	15	7.5	30.59	24.0	0	2.31	1050	147	5.86	2.19	140	28.3
180×75	7	10.5	11	5.5	27.20	21.4	0	2.13	1380	131	7.12	2.19	153	24.3
200×80	7.5	11	12	6	31.33	24.6	0	2.21	1950	168	7.88	2.32	195	29.1
200×90	8	13.5	14	7	38.65	30.3	0	2.74	2490	277	8.02	2.68	249	44.2
250×90	9	13	14	7	44.07	34.6	0	2.40	4180	294	9.74	2.58	334	44.5
250×90	11	14.5	17	8.5	51.17	40.2	0	2.40	4680	329	9.56	2.54	374	49.9
300×90	9	13	14	7	48.57	38.1	0	2.22	6440	309	11.5	2.52	429	45.7
300×90	10	15.5	19	9.5	55.74	43.8	0	2.34	7410	360	11.5	2.54	494	54.1
300×90	12	16	19	9.5	61.90	48.6	0	2.28	7870	379	11.3	2.48	525	56.4
380×100	10.5	16	18	9	69.39	54.5	0	2.41	14500	535	14.5	2.78	763	70.5
380×100	13	16.5	18	9	78.96	62.0	0	2.33	15600	565	14.1	2.67	823	73.6
380×100	13	20	24	12	85.71	67.3	0	2.54	17600	655	14.3	2.76	926	87.8

3・3 H形鋼の標準断面寸法とその断面積・単位質量・断面特性 (JIS G 3192-2021)

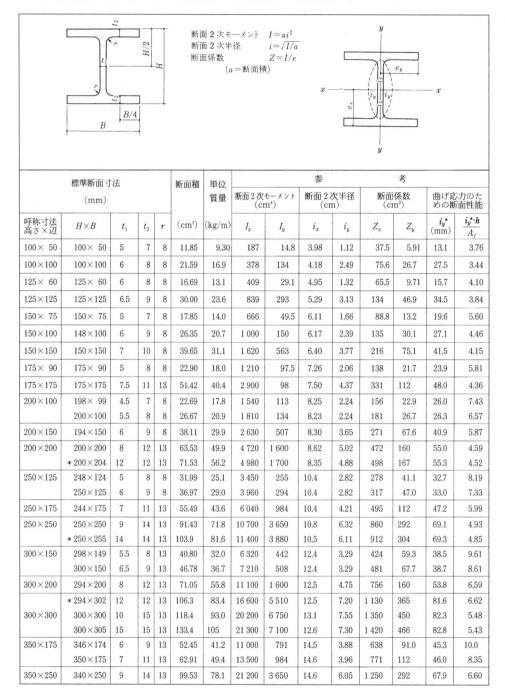

標準断面寸法 (mm) 呼称寸法 高さ×辺	$H \times B$	t_1	t_2	r	断面積 (cm²)	単位質量 (kg/m)	I_x (cm⁴)	I_y (cm⁴)	i_x (cm)	i_y (cm)	Z_x (cm³)	Z_y (cm³)	i_y^* (mm)	$\dfrac{i_y^* \cdot h}{A_f}$
100× 50	100× 50	5	7	8	11.85	9.30	187	14.8	3.98	1.12	37.5	5.91	13.1	3.76
100×100	100×100	6	8	8	21.59	16.9	378	134	4.18	2.49	75.6	26.7	27.5	3.44
125× 60	125× 60	6	8	8	16.69	13.1	409	29.1	4.95	1.32	65.5	9.71	15.7	4.10
125×125	125×125	6.5	9	8	30.00	23.6	839	293	5.29	3.13	134	46.9	34.5	3.84
150× 75	150× 75	5	7	8	17.85	14.0	666	49.5	6.11	1.66	88.8	13.2	19.6	5.60
150×100	148×100	6	9	8	26.35	20.7	1 000	150	6.17	2.39	135	30.1	27.1	4.46
150×150	150×150	7	10	8	39.65	31.1	1 620	563	6.40	3.77	216	75.1	41.5	4.15
175× 90	175× 90	5	8	8	22.90	18.0	1 210	97.5	7.26	2.06	138	21.7	23.9	5.81
175×175	175×175	7.5	11	13	51.42	40.4	2 900	98	7.50	4.37	331	112	48.0	4.36
200×100	198× 99	4.5	7	8	22.69	17.8	1 540	113	8.25	2.24	156	22.9	26.0	7.43
	200×100	5.5	8	8	26.67	20.9	1 810	134	8.23	2.24	181	26.7	26.3	6.57
200×150	194×150	6	9	8	38.11	29.9	2 630	507	8.30	3.65	271	67.6	40.9	5.87
200×200	200×200	8	12	13	63.53	49.9	4 720	1 600	8.62	5.02	472	160	55.0	4.59
	*200×204	12	12	13	71.53	56.2	4 980	1 700	8.35	4.88	498	167	55.3	4.52
250×125	248×124	5	8	8	31.99	25.1	3 450	255	10.4	2.82	278	41.1	32.7	8.19
	250×125	6	9	8	36.97	29.0	3 960	294	10.4	2.82	317	47.0	33.0	7.33
250×175	244×175	7	11	13	55.49	43.6	6 040	984	10.4	4.21	495	112	47.2	5.99
250×250	250×250	9	14	13	91.43	71.8	10 700	3 650	10.8	6.32	860	292	69.1	4.93
	*250×255	14	14	13	103.9	81.6	11 400	3 880	10.5	6.11	912	304	69.3	4.85
300×150	298×149	5.5	8	13	40.80	32.0	6 320	442	12.4	3.29	424	59.3	38.5	9.61
	300×150	6.5	9	13	46.78	36.7	7 210	508	12.4	3.29	481	67.7	38.7	8.61
300×200	294×200	8	12	13	71.05	55.8	11 100	1 600	12.5	4.75	756	160	53.8	6.59
300×300	*294×302	12	12	13	106.3	83.4	16 600	5 510	12.5	7.20	1 130	365	81.6	6.62
	300×300	10	15	13	118.4	93.0	20 200	6 750	13.1	7.55	1 350	450	82.3	5.48
	300×305	15	15	13	133.4	105	21 300	7 100	12.6	7.30	1 420	466	82.8	5.43
350×175	346×174	6	9	13	52.45	41.2	11 000	791	14.5	3.88	638	91.0	45.3	10.0
	350×175	7	11	13	62.91	49.4	13 500	984	14.6	3.96	771	112	46.0	8.35
350×250	340×250	9	14	13	99.53	78.1	21 200	3 650	14.6	6.05	1 250	292	67.9	6.60

続 H形鋼の標準断面寸法とその断面積・単位質量・断面特性 (JIS G 3192-2021)

呼称寸法 高さ×辺	標準断面寸法 (mm) $H \times B$	t_1	t_2	r	断面積 (cm²)	単位質量 (kg/m)	断面2次モーメント (cm⁴) I_x	I_y	断面2次半径 (cm) i_x	i_y	断面係数 (cm³) Z_x	Z_y	i_y^* (mm)	$\dfrac{i_y^* \cdot h}{A_f}$
350×350	*344×348	10	16	13	144.0	113	32 800	11 200	15.1	8.84	1 910	646	96.4	5.95
	350×350	12	19	13	171.9	135	39 800	13 600	15.2	8.89	2 280	776	97.1	5.11
400×200	396×199	7	11	13	71.41	56.1	19 800	1 450	16.6	4.50	999	145	52.3	9.45
	400×200	8	13	13	83.37	65.4	23 500	1 740	16.8	4.56	1 170	174	52.9	8.13
400×300	390×300	10	16	13	133.2	105	37 900	7 200	16.9	7.35	1 940	480	81.9	6.66
400×400	400×400	13	21	22	218.7	172	66 600	22 400	17.5	10.1	3 330	1 120	110	5.25
	*414×405	18	28	22	295.4	232	92 800	31 000	17.7	10.2	4 480	1 530	112	4.10
	*428×407	20	35	22	360.7	283	119 000	39 400	18.2	10.4	5 570	1 930	114	3.42
	*458×417	30	50	22	528.6	415	187 000	60 500	18.8	10.7	8 170	2 900	118	2.58
	*498×432	45	70	22	770.1	605	298 000	94 400	19.7	11.1	12 000	4 370	123	2.03
450×200	*446×199	8	12	13	82.97	65.1	28 100	1 580	18.4	4.36	1 260	159	51.6	9.64
	450×200	9	14	13	95.43	74.9	32 900	1 870	18.6	4.43	1 460	187	52.3	8.40
450×300	440×300	11	18	13	153.9	121	54 700	8 110	18.9	7.26	2 490	540	81.6	6.65
500×200	496×199	9	14	13	99.29	77.9	40 800	1 840	20.3	4.31	1 650	185	51.4	9.16
	500×200	10	16	13	112.2	88.2	46 800	2 140	20.4	4.36	1 870	214	52.0	8.13
500×300	*482×300	11	15	13	141.2	111	58 300	6 760	20.3	6.92	2 420	450	79.9	8.56
	488×300	11	18	13	159.2	125	68 900	8 110	20.8	7.14	2 820	540	81.0	7.32
600×200	*596×199	10	15	13	117.8	92.5	66 600	1 980	23.8	4.10	2 240	199	50.3	10.0
	600×200	11	17	13	131.7	103	75 600	2 270	24.0	4.16	2 520	227	50.9	8.98
600×300	*582×300	12	17	13	169.2	133	98 900	7 660	24.2	6.73	3 400	511	79.0	9.01
	588×300	12	20	13	187.2	147	114 000	9 010	24.7	6.94	3 890	601	80.1	7.85
	*594×302	14	23	13	217.1	170	134 000	10 600	24.8	6.98	4 500	700	80.8	6.91
700×300	*692×300	13	20	18	207.5	163	168 000	9 020	28.5	6.59	4 870	601	78.1	9.01
	700×300	13	24	18	231.5	182	197 000	10 800	29.2	6.83	5 640	721	79.5	7.73
800×300	*792×300	14	22	18	239.5	188	248 000	9 920	32.2	6.44	6 270	661	77.4	9.28
	800×300	14	26	18	263.5	207	286 000	11 700	33.0	6.67	7 160	781	78.7	8.08
900×300	*890×299	15	23	18	266.9	210	339 000	10 300	35.6	6.20	7 610	687	75.9	9.83
	900×300	16	28	18	305.8	240	404 000	12 600	36.4	6.43	8 990	842	77.5	8.31
	*912×302	18	34	18	360.1	283	491 000	15 700	36.9	6.59	10 800	1 040	79.0	7.01
	*918×303	19	37	18	387.4	304	535 000	17 200	37.2	6.67	117 00	1 140	79.6	6.52

備 考 1．呼称寸法の同一枠内に属するものは、内のり高さが一定である。
    2．*印以外の寸法は、はん（汎）用品を示す。

3・4 リップみぞ形鋼の標準断面寸法とその断面積・単位質量・断面特性 (JIS G 3350-2021)

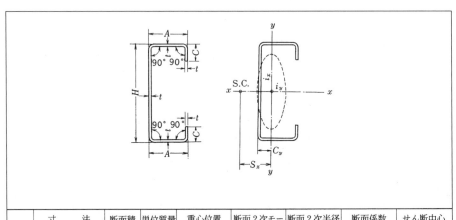

呼び名	寸法 (mm) $H \times A \times C$	t	断面積 (cm^2)	単位質量 (kg/m)	重心位置 (cm) C_x	C_y	断面2次モーメント (cm^4) I_x	I_y	断面2次半径 (cm) i_x	i_y	断面係数 (cm^3) Z_x	Z_y	せん断中心 (cm) S_x	S_y
4607	250×75×25	4.5	18.92	14.9	0	2.07	1 690	129	9.44	2.62	135	23.8	5.1	0
4567	200×75×25	4.5	16.67	13.1	0	2.32	990	121	7.61	2.69	99.0	23.3	5.6	0
4566	200×75×25	4.0	14.95	11.7	0	2.32	895	110	7.74	2.72	89.5	21.3	5.7	0
4565	200×75×25	3.2	12.13	9.52	0	2.33	736	92.3	7.70	2.76	73.6	17.8	5.7	0
4537	200×75×20	4.5	16.22	12.7	0	2.19	963	109	7.71	2.60	96.3	20.6	5.3	0
4536	200×75×20	4.0	14.55	11.4	0	2.19	871	100	7.74	2.62	87.1	18.9	5.3	0
4535	200×75×20	3.2	11.81	9.27	0	2.19	716	84.1	7.79	2.67	71.6	15.8	5.4	0
4497	150×75×25	4.5	14.42	11.3	0	2.65	501	109	5.90	2.75	66.9	22.5	6.3	0
4496	150×75×25	4.0	12.95	10.2	0	2.65	455	99.8	5.93	2.78	60.6	20.6	6.3	0
4495	150×75×25	3.2	10.53	8.27	0	2.66	375	83.6	5.97	2.82	50.0	17.3	6.4	0
4467	150×75×20	4.5	13.97	11.0	0	2.50	489	99.2	5.92	2.66	65.2	19.8	6.0	0
4466	150×75×20	4.0	12.55	9.85	0	2.51	445	91.0	5.95	2.69	59.3	18.2	5.8	0
4465	150×75×20	3.2	10.21	8.01	0	2.51	366	76.4	5.99	2.74	48.9	15.3	5.1	0
4436	150×65×20	4.0	11.75	9.22	0	2.11	401	63.7	5.84	2.33	53.5	14.5	5.0	0
4435	150×65×20	3.2	9.567	7.51	0	2.11	332	53.8	5.89	2.37	44.3	12.2	5.1	0
4433	150×65×20	2.3	7.012	5.50	0	2.12	248	41.1	5.94	2.42	33.0	9.37	5.2	0
4407	150×50×20	4.5	11.72	9.20	0	1.54	368	35.7	5.60	1.75	49.0	10.5	3.7	0
4405	150×50×20	3.2	8.607	6.76	0	1.54	280	28.3	5.71	1.81	37.4	8.19	3.8	0
4403	150×50×20	2.5	6.322	4.96	0	1.55	210	21.9	5.77	1.86	28.0	6.33	3.8	0
4367	125×50×20	4.5	10.59	8.32	0	1.68	238	33.5	4.74	1.78	38.0	10.0	4.0	0
4366	125×50×20	4.0	9.548	7.50	0	1.68	217	33.1	4.77	1.81	34.7	9.38	4.0	0
4365	125×50×20	3.2	7.807	6.13	0	1.68	181	26.6	4.82	1.85	29.0	8.02	4.0	0
4363	125×50×20	2.3	5.747	4.51	0	1.69	137	20.6	4.88	1.89	21.9	6.22	4.1	0
4327	120×60×25	4.5	11.72	9.20	0	2.25	252	58.0	4.63	2.22	41.9	15.5	5.3	0
4295	120×60×20	3.2	8.287	6.51	0	2.12	186	40.9	4.74	2.22	31.0	10.5	4.9	0
4293	120×60×20	2.3	6.092	4.78	0	2.13	140	31.3	4.79	2.27	23.3	8.10	5.1	0
4255	120×40×20	3.2	7.007	5.50	0	1.32	144	15.3	4.53	1.48	24.0	5.71	3.4	0
4227	100×50×20	4.5	9.469	7.43	0	1.86	139	30.9	3.82	1.81	27.7	9.82	4.3	0
4226	100×50×20	4.0	8.548	6.71	0	1.86	127	28.7	3.85	1.83	25.4	9.13	4.3	0
4225	100×50×20	3.2	7.007	5.50	0	1.86	107	24.5	3.90	1.87	21.3	7.81	4.4	0
4223	100×50×20	2.3	5.172	4.06	0	1.86	80.7	19.0	3.95	1.92	16.1	6.06	4.4	0
4221	100×50×20	1.6	3.672	2.88	0	1.87	58.4	14.0	3.99	1.95	11.7	4.47	4.5	0
4143	75×45×15	2.3	4.137	3.25	0	1.72	37.1	11.8	3.00	1.69	9.90	4.24	4.0	0
4142	75×45×15	2.0	3.637	2.86	0	1.72	33.0	10.5	3.01	1.70	8.79	3.76	4.0	0
4141	75×45×15	1.6	2.952	2.32	0	1.72	27.1	8.71	3.03	1.72	7.24	3.13	4.1	0
4033	60×30×10	2.3	2.872	2.25	0	1.06	15.6	3.32	2.33	1.07	5.20	1.71	2.5	0
4031	60×30×10	1.6	2.072	1.63	0	1.06	11.6	2.56	2.37	1.11	3.88	1.32	2.5	0

3・5 鋼管の断面性能
3・5・1 一般構造用炭素鋼管（JIS G 3444-2021 抜粋）

外径 (mm)	厚さ (mm)	単位質量 (kg/m)	断面積 (cm²)	断面二次モーメント(cm⁴)	断面係数 (cm³)	断面二次半径 (cm)
21.7	2.0	0.972	1.238	0.607	0.560	0.700
27.2	2.0 2.3	1.24 1.41	1.583 1.799	1.26 1.41	0.930 1.03	0.890 0.880
34.0	2.3	1.80	2.291	2.89	1.70	1.12
42.7	2.3 2.5	2.29 2.48	2.919 3.157	5.97 6.40	2.80 3.00	1.43 1.42
48.6	2.3 2.5 2.8 3.2	2.63 2.84 3.16 3.58	3.345 3.621 4.029 4.564	8.99 9.65 10.6 11.8	3.70 3.97 4.36 4.86	1.64 1.63 1.62 1.61
60.5	2.3 3.2 4.0	3.30 4.52 5.57	4.205 5.760 7.100	17.8 23.7 28.5	5.90 7.84 9.41	2.06 2.03 2.00
76.3	2.8 3.2 4.0	5.08 5.77 7.13	6.465 7.349 9.085	43.7 49.2 59.5	11.5 12.9 15.6	2.60 2.59 2.58
89.1	2.8 3.2	5.96 6.78	7.591 8.636	70.7 79.8	15.9 17.9	3.05 3.04
101.6	3.2 4.0 5.0	7.76 9.63 11.9	9.892 12.26 15.17	120 146 177	23.6 28.8 34.9	3.48 3.45 3.42
114.3	3.2 3.5 4.5	8.77 9.56 12.2	11.17 12.18 15.52	172 187 234	30.2 32.7 41.0	3.93 3.92 3.89
139.8	3.6 4.0 4.5 6.0	12.1 13.4 15.0 19.8	15.40 17.07 19.13 25.22	357 394 438 566	51.1 56.3 62.7 80.9	4.82 4.80 4.79 4.74
165.2	4.5 5.0 6.0 7.1	17.8 19.8 23.6 27.7	22.72 25.16 30.01 35.26	734 808 952 110×10	88.9 97.8 115 134	5.68 5.67 5.63 5.60
190.7	4.5 5.3 6.0 7.0 8.2	20.7 24.2 27.3 31.7 36.9	26.32 30.87 34.82 40.40 47.01	114×10 133×10 149×10 171×10 196×10	120 139 156 179 206	6.59 6.56 6.53 6.50 6.46
216.3	4.5 5.8 6.0 7.0 8.0 8.2	23.5 30.1 31.1 36.1 41.1 42.1	29.94 38.36 39.64 46.03 52.35 53.61	168×10 213×10 219×10 252×10 284×10 291×10	155 197 203 233 263 269	7.49 7.45 7.44 7.40 7.37 7.36

700.0	9.0 12.0 14.0 16.0	153 204 237 270	195.4 259.4 301.7 343.8	117×10³ 154×10³ 178×10³ 201×10³	333×10 439×10 507×10 575×10	24.4 24.3 24.3 24.2
711.2	9.0 12.0 14.0 16.0 19.0 22.0	156 207 241 274 324 374	198.5 263.5 306.6 349.4 413.2 476.3	122×10³ 161×10³ 186×10³ 211×10³ 248×10³ 283×10³	344×10 453×10 524×10 594×10 696×10 796×10	24.8 24.7 24.7 24.6 24.5 24.4
812.8	9.0 12.0 14.0 16.0 19.0 22.0	178 237 276 314 372 429	227.3 301.9 351.3 400.5 473.8 546.6	184×10³ 242×10³ 280×10³ 318×10³ 373×10³ 428×10³	452×10 596×10 690×10 782×10 919×10 105×10²	28.4 28.3 28.2 28.2 28.1 28.0
914.4	12.0 14.0 16.0 19.0 22.0	267 311 354 420 484	340.2 396.0 451.6 534.5 616.5	348×10³ 401×10³ 456×10³ 536×10³ 614×10³	758×10 878×10 997×10 117×10² 134×10²	31.9 31.8 31.8 31.7 31.5
1016.0	12.0 14.0 16.0 19.0 22.0	297 346 395 467 539	378.5 440.7 502.7 595.1 687.0	477×10³ 553×10³ 628×10³ 740×10³ 849×10³	939×10 109×10² 124×10² 146×10² 167×10²	35.5 35.4 35.4 35.2 35.2

3・5・2 建築構造用炭素鋼鋼管（JIS G 3475-2021 抜粋）

外径 (mm)	厚さ (mm)	単位質量 (kg/m)	断面積 (cm^2)	参考 断面二次モーメント(cm^4)	断面係数 (cm^3)	断面二次半径 (cm)
114.3	6.0	16.0	20.41	300	52.5	3.83
165.2	5.0	19.8	25.16	808	97.8	5.67
	6.0	23.6	30.01	952	115	5.63
	7.1	27.7	35.26	1 100	134	5.60
216.3	5.8	30.1	38.36	2 130	197	7.45
	8.2	42.1	53.61	2 910	269	7.36
	10.0	50.9	64.81	3 460	320	7.30
	12.0	60.5	77.02	4 030	373	7.24
	12.7	63.8	81.23	4 230	391	7.21
267.4	6.6	42.4	54.08	4 600	344	9.22
	9.3	59.2	75.41	6 290	470	9.13
	12.7	79.8	101.60	8 260	618	9.02
318.5	6.9	53.0	67.55	8 200	515	11.0
	7.9	60.5	77.09	9 300	584	11.0
	10.3	78.3	99.73	11 900	744	10.9
	12.7	95.8	122.0	14 300	897	10.8
900.0	19.0	413	525.9	510 000	11 300	31.2
	22.0	476	606.8	585 000	13 000	31.1
	25.0	539	687.2	658 000	14 600	30.9
	28.0	602	767.1	730 000	16 200	30.8
	32.0	685	872.6	823 000	18 300	30.7
	36.0	767	977.2	913 000	20 300	30.6
	40.0	848	1 081.0	1 000 000	22 300	30.4
1 000.0	28.0	671	855.0	1 010 000	20 200	34.4
	32.0	764	973.1	1 140 000	22 800	34.2
	36.0	856	1 090.0	1 270 000	25 400	34.1
	40.0	947	1 206.0	1 390 000	27 800	34.0

3・6 一般構造用角形鋼管の断面性能（JIS G 3466-2021 抜粋）

3・6・1 長方形

辺の長さ $A \times B$ (mm)	厚さ t (mm)	単位質量 (kg/m)	断面積 (cm^2)	断面二次モーメント (cm^4) I_X	I_Y	断面係数 (cm^3) Z_X	Z_Y	断面二次半径 (cm) i_X	i_Y
50×20	1.6	1.63	2.072	6.08	1.42	2.43	1.42	1.71	0.829
	2.3	2.25	2.872	8.00	1.83	3.20	1.83	1.67	0.798
50×30	1.6	1.88	2.392	7.96	3.60	3.18	2.40	1.82	1.23
	2.3	2.62	3.332	10.6	4.76	4.25	3.17	1.79	1.20
60×30	1.6	2.13	2.712	12.5	4.25	4.16	2.83	2.15	1.25
	2.3	2.98	3.792	16.8	5.65	5.61	3.76	2.11	1.22
	3.2	3.99	5.087	21.4	7.08	7.15	4.72	2.05	1.18
75×20	1.6	2.25	2.872	17.6	2.10	4.69	2.10	2.47	0.855
	2.3	3.16	4.022	23.7	2.73	6.31	2.73	2.43	0.824
75×45	1.6	2.88	3.672	28.4	12.9	7.56	5.75	2.78	1.88
	2.3	4.06	5.172	38.9	17.6	10.4	7.82	2.74	1.84
	3.2	5.50	7.007	50.8	22.8	13.5	10.1	2.69	1.80
80×40	1.6	2.88	3.672	30.7	10.5	7.68	5.26	2.89	1.69
	2.3	4.06	5.172	42.1	14.3	10.5	7.14	2.85	1.66
	3.2	5.50	7.007	54.9	18.4	13.7	9.21	2.80	1.62
300×200	6.0	45.2	57.63	737×10	396×10	491	396	11.3	8.29
	9.0	66.5	84.67	105×10^2	563×10	702	563	11.2	8.16
	12.0	86.8	110.5	134×10^2	711×10	890	711	11.0	8.02
350×150	6.0	45.2	57.63	891×10	239×10	509	319	12.4	6.44
	9.0	66.5	84.67	127×10^2	337×10	726	449	12.3	6.31
	12.0	86.8	110.5	161×10^2	421×10	921	562	12.1	6.17
400×200	6.0	54.7	69.63	148×10^2	509×10	739	509	14.6	8.55
	9.0	80.6	102.7	213×10^2	727×10	107×10	727	14.4	8.42
	12.0	106	134.5	273×10^2	923×10	136×10	923	14.2	8.23

3・6・2 正方形

辺の長さ $A \times B$ (mm)	厚さ t (mm)	単位質量 (kg/m)	断面積 (cm²)	断面二次モーメント (cm⁴) I_X, I_Y	断面係数 (cm³) Z_X, Z_Y	断面二次半径 (cm) i_X, i_Y
40×40	1.6	1.88	2.392	5.79	2.90	1.56
	2.3	2.62	3.332	7.73	3.86	1.52
50×50	1.6	2.38	3.032	11.7	4.68	1.96
	2.3	3.34	4.252	15.9	6.34	1.93
	3.2	4.50	5.727	20.4	8.16	1.89
60×60	1.6	2.88	3.672	20.7	6.89	2.37
	2.3	4.06	5.172	28.3	9.44	2.34
	3.2	5.50	7.007	36.9	12.3	2.30
75×75	1.6	3.64	4.632	41.3	11.0	2.99
	2.3	5.14	6.552	57.1	15.2	2.95
	3.2	7.01	8.927	75.5	20.1	2.91
	4.5	9.55	12.17	98.6	26.3	2.85
80×80	2.3	5.50	7.012	69.9	17.5	3.16
	3.2	7.51	9.567	92.7	23.2	3.11
	4.5	10.3	13.07	122	30.4	3.05
90×90	2.3	6.23	7.932	101	22.4	3.56
	3.2	8.51	10.85	135	29.9	3.52
100×100	2.3	6.95	8.852	140	27.9	3.97
	3.2	9.52	12.13	187	37.5	3.93
	4.0	11.7	14.95	226	45.3	3.89
	4.5	13.1	16.67	249	49.9	3.87
	6.0	17.0	21.63	311	62.3	3.79
	9.0	24.1	30.67	408	81.6	3.65
	12.0	30.2	38.53	471	94.3	3.50
125×125	3.2	12.0	15.33	376	60.1	4.95
	4.5	16.6	21.17	506	80.9	4.89
	5.0	18.3	23.36	553	88.4	4.86
	6.0	21.7	27.63	641	103	4.82
	9.0	31.1	39.67	865	138	4.67
	12.0	39.7	50.53	103×10	165	4.52
150×150	4.5	20.1	25.67	896	120	5.91
	5.0	22.3	28.36	982	131	5.89
	6.0	26.4	33.63	115×10	153	5.84
	9.0	38.2	48.67	158×10	210	5.69
175×175	4.5	23.7	30.17	145×10	166	6.96
	5.0	26.2	33.36	159×10	182	6.91
	6.0	31.1	39.63	186×10	213	6.86
200×200	4.5	27.2	34.67	219×10	219	7.95
	6.0	35.8	45.63	283×10	283	7.88
	8.0	46.9	59.79	362×10	362	7.78
	9.0	52.3	66.67	399×10	399	7.73
	12.0	67.9	86.53	498×10	498	7.59
250×250	5.0	38.0	48.36	481×10	384	9.97
	6.0	45.2	57.63	567×10	454	9.92
	8.0	59.5	75.79	732×10	585	9.82
	9.0	66.5	84.67	809×10	647	9.78
	12.0	86.8	110.5	103×10²	820	9.63
300×300	4.5	41.3	52.67	763×10	508	12.0
	6.0	54.7	69.63	996×10	664	12.0
	9.0	80.6	102.7	143×10²	956	11.8
	12.0	106	134.5	183×10²	122×10	11.7
350×350	9.0	94.7	120.7	232×10²	132×10	13.9
	12.0	124	158.5	298×10²	170×10	13.7

付録 4　柱脚の底板中立軸位置の計算図表（$n=15$ の場合）

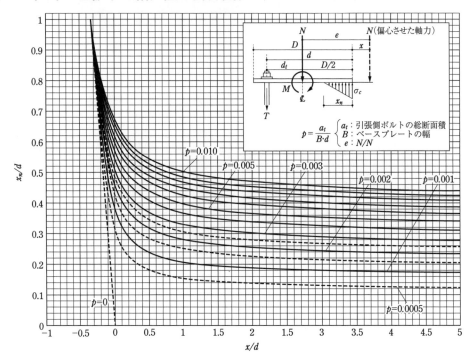

付録5　代表的な金属材料引張試験片（JIS Z 2241-2022 付属書）（mm）

1A号 1B号 (定形)	主として鋼板・平鋼および形鋼用 $t=$原厚 $L=200$ $P≧220(A)$ $P≧215(B)$ $W=40(A), 25(B)$ $R≧25$	11号 (定形)	管状のまま行う管類 $L=50$	
2号 (比例形)	形または対辺距離が25以下の棒鋼用 $L=8D$ $P≧L+2D$	12A号 12B号 12C号 (定形)	管状のままで行わない管類（つかみ部はつぶす） $L=50$ $P=60$ $R≧15$ $W=19(A), 25(B), 38(C)$	
4号 (定形)	鋳鍛鋼圧延鋼材・可鍛鉄・非鉄金属（またはその合金）の棒および鋳物用 $L=50$ $P≧60$ $D=14$ $R≧15$	14A号 (比例形)	棒状用 $L=5.56\sqrt{A}$ $P=5.5D〜7D$ $R≧15$ A：平行部の断面積	
5号 (定形)	管類・薄鋼板の板および形材用 $t=$原厚 $L=50$ $P≧60$ $W=25$ $R≧15$	14B号 (比例形)	円弧状または管を切り出したもの $t=$原厚 $L=5.56\sqrt{A}$ $P=L+1.5\sqrt{A}〜L+2.5\sqrt{A}$ $W≦8t$ $R≧15$ A：平行部の断面積	
8A号 8B号 8C号 8D号 (定形)	主として一般鋳鉄品用 $P≒8, 12.5, 20, 32$ $D=8, 12.5, 20, 32$ $D_1≒13, 20, 30, 45$ $R≧16, 25, 40, 64$ 鋳造径D_1からDを削り出す。	14C号 (比例形)	管状のまま行う管類 $L=5.56\sqrt{A}$ A：試験片の断面積	

付録6 代表的な構造用鋼材のJIS規格

6・1 代表的な構造用鋼材の機械的性質規格（2024.2現在のJISより抜粋）

▨:該当なし　―:規定値なし

区分	JIS規格	種類の記号	厚さまたは径、辺長(mm)下限/上限	降伏点または耐力(N/mm²)下限/上限 厚さ12mm未満	厚さ12mm以上16mm未満	厚さ16mm超40mm以下	厚さ40mm超100mm以下	引張強さ(N/mm²)下限/上限	降伏比(%)上限 厚さ12mm未満	厚さ12mm以上16mm未満	厚さ16mm超	伸び(%)下限 厚さ5mm超16mm以下 1A号	厚さ16mm超50mm以下 1A号	厚さ40mm超 4号	シャルピー衝撃試験吸収エネルギー(J)下限[0℃]	Z方向引張試験絞り(%)下限 3個の平均値	個々の試験値	超音波探傷試験(SN材以外原則としてオプション適用)
鋼板鋼帯形鋼平鋼	G 3101	SS400	―	245/	235/	215/		400/510	―	―	―	17	21	23	―	―	―	
	G 3106	SM400A	/200	245/	235/	215/		400/510	―	―	―	18	22	24	―	―	―	適用
		SM400B	/200	245/	235/	215/		400/510	―	―	―	18	22	24	27	―	―	適用
		SM400C	/100*7	245/	235/	215/		400/510	―	―	―	18	22	24	47	―	―	適用
	G 3136	SN400A	6/100	235/		215/		400/510	―	―	―	17	21	23	―	―	―	―
		SN400B	6/100	235/	235/355*1	215/335		400/510	―	80*2	80*2	80	18	22	24	27	―	―	適用
		SN400C	16/100		235/355*1	235/335	215/335	400/510			80*2	80	18	22	24	27	25	15	適用
棒鋼	G 3138	SNR400A	6/100		235/		215/	400/510	―	―	―	(20)	(22)*6	―	―	―	―
		SNR400B	6/100	235/	235/355	215/335		400/510	―	80		(21)	(22)*6	27	―	―	適用
円形鋼管	G 3444	STK400	―	235/		400/	―	―	―		(23)*3	―	―	―	
	G 3475	STKN400W	/100	235/		400/540	―	―	―	(23)*4	―	―	―	適用
		STKN400B	/100	235/	235/285	215/365		400/540	―	80*2		(23)*4	27	―	―	適用
	G 3466	STKR400	―	245/		400/	―	―	―	(23)*5	―	―	―	
角形鋼管	大臣認定品	BCR295	6/25	295/	295/445		400/550	―	90		23*5	27*5	27	―	―	適用
		BCP235(SN400B)	6/40	235/	235/355		400/510	―	80		18	22	27	―	―	適用
		BCP235(SN400C)	16/40		235/355		400/510		80	18	22	27	25	15	適用
鋼板鋼帯形鋼平鋼	G 3106	SM490A	/200	325/	315/	295/		490/610	―	―	―	17	21	23	―	―	―	適用
		SM490B	/200	325/	315/	295/		490/610	―	―	―	17	21	23	27	―	―	適用
		SM490C	/100*7	325/	315/	295/		490/610	―	―	―	17	21	23	47	―	―	適用
	G 3136	SN490B	6/100	325/	325/445*1	325/445	295/415	490/610	―	80*2	80*2	80	17	21	23	27	―	―	適用
		SN490C	16/100		325/445*1	325/445	295/415	490/610			80*2	80	17	21	23	27	25	15	適用
棒鋼	G 3138	SNR490B	6/100	325/	325/445	295/415		490/610	―	80*2		(20)	(21)*6	27	―	―	適用
円形鋼管	G 3444	STK490	―	315/		490/	―	―	―	(23)*3	―	―	―	
	G 3475	STKN490B	/100	325/	325/475	295/445		490/610	―	80*2		(23)*4	27	―	―	適用
	G 3466	STKR490	―	325/		490/	―	―	―	(23)*5	―	―	―	
角形鋼管	大臣認定品	BCP325(SN490B)	6/40	325/	325/445		490/610	―	80		17	21	27	―	―	適用
		BCP325(SN490C)	16/40		325/445		490/610		80	17	21	27	25	15	適用

*1 ウェブ厚が9mm以下のH形鋼およびCT形鋼は,降伏点または耐力の上限は適用しない.
*2 ウェブ厚が9mm以下のH形鋼およびCT形鋼,溶接鋼管の場合は,降伏比の上限を85%とする.
*3 継目なし鋼管および外径350mm以下の溶接鋼管は,11号または12号試験片(管軸方向)による.外径350mmを超える溶接鋼管は5号試験片(管軸方向)により18以上.4号試験片による場合は21以上.
*4 11号,12号または4号試験片(管軸方向)による.
*5 5号試験片(管軸方向)による.
*6 左側の値は6mm以上25mm以下で2号試験片,右側の値は25mm超えで14A号試験片による.
*7 平鋼は50mm以下.

6・2 代表的な構造用鋼材の化学成分規格（JISより抜粋）

▨:該当なし　□:規定値なし

区分		JIS規格	種類の記号	厚さまたは径, 辺長(mm)下限/上限	C上限 厚さ50mm以下	C上限 厚さ50mm超	Si上限	Mn下限/上限	P上限	S上限	N上限*1	Mo,Cr,Ni,V (C_eq, P_CM計算用)	Cu, B (P_CM計算用)	C_eq上限 厚さ40mm以下	C_eq上限 厚さ40mm超	P_CM上限 厚さ40mm以下	P_CM上限 厚さ40mm超
400N級	鋼板鋼帯形鋼平鋼	G 3101	SS400	—	—	—	—	—	0.050	0.050	—	—	—	—	—	—	—
		G 3106	SM400A	/200	0.23	0.25	—	/2.5×C*2	0.035	0.035	—	添加の場合報告		—	—	—	—
			SM400B	/200	0.20	0.22	0.35	0.60/1.50	0.035	0.035	—			—	—	—	—
			SM400C	/100*4	0.18		0.35	0.60/1.50	0.035	0.035	—			—	—	—	—
		G 3136	SN400A	6/100	0.24		—	—	0.050	0.050	—	報告		—	—	—	—
			SN400B	6/100	0.20	0.22	0.35	0.60/1.50	0.030	0.015	—			0.36*3		0.26*3	
			SN400C	16/100	0.20	0.22	0.35	0.60/1.50	0.020	0.008	—			0.36*3		0.26*3	
	棒鋼	G 3138	SNR400A	6/100	0.24		—	—	0.050	0.050	—	報告		—	—	—	—
			SNR400B	6/100	0.20	0.22	0.35	0.60/1.50	0.030	0.030	—			0.36		0.26	
	円形鋼管	G 3444	STK400	—	0.25		—	—	0.040	0.040	—	—	—	—	—	—	—
		G 3475	STKN400W	—	0.25		—	—	0.030	0.030	0.006	報告		0.36		0.26	
			STKN400B	—	0.25		0.35	/1.40	0.030	0.015	0.006			0.36		0.26	
	角形鋼管	G 3466	STKR400	—	0.25		—	—	0.040	0.040	—	—	—	—	—	—	—
		大臣認定品	BCR295	6/22	0.20		0.35	/1.40	0.030	0.015	0.006	報告		0.36	▨	0.26	▨
		大臣認定品	BCP235(SN400B)	6/40	0.20		0.35	0.60/1.40	0.030	0.015	0.006	報告		0.36	▨	0.26	▨
			BCP235(SN400C)	16/40	0.20		0.35	0.60/1.40	0.020	0.008	0.006			0.36	▨	0.26	▨
490N級	鋼板鋼帯形鋼平鋼	G 3106	SM490A	/200	0.20	0.22	0.55	/1.65	0.035	0.035	—	添加の場合報告		—	—	—	—
			SM490B	/200	0.18	0.20	0.55	/1.65	0.035	0.035	—			—	—	—	—
			SM490C	/100*4	0.18		0.55	/1.65	0.035	0.035	—			—	—	—	—
		G 3136	SN490B	6/100	0.18	0.20	0.55	/1.65	0.030	0.015	—	報告		0.44	0.46	0.29	
			SN490C	16/100	0.18	0.20	0.55	/1.65	0.020	0.008	—			0.44	0.46	0.29	
	棒鋼	G 3138	SNR490B	6/100	0.18	0.20	0.55	/1.65	0.030	0.030	—	報告		0.44	0.46	0.29	
	円形鋼管	G 3444	STK490	—	0.18		0.55	/1.65	0.035	0.035	—	—	—	—	—	—	—
		G 3475	STKN490B	—	0.22		0.55	/1.65	0.030	0.015	0.006	報告		0.44		0.29	
	角形鋼管	G 3466	STKR490	—	0.18		0.55	/1.50	0.040	0.040	—	—	—	—	—	—	—
		大臣認定品	BCP325(SN490B)	6/40	0.18		0.55	/1.60	0.030	0.015	0.006	報告		0.44	▨	0.29	▨
			BCP325(SN490C)	16/40	0.18		0.55	/1.60	0.020	0.008	0.006			0.44	▨	0.29	▨

*1 AlなどNを固定化する元素を添加し，固溶型窒素が0.006%以下であれば全窒素は0.009%まで含有できる．
*2 Cの値は溶鋼分析値を適用する．
*3 熱加制御を行った鋼板は除く．
*4 平鋼は50mm以下．

付録7　鋼材検査証明書の例

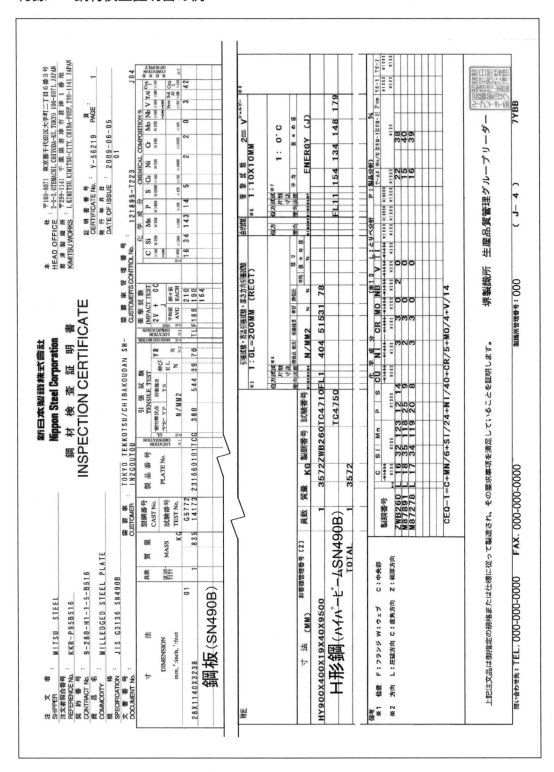

参考文献

1) 日本建築学会「構造用教材」第2版，丸善，1995年
2) 鋼材倶楽部編「新しい建築構造用鋼材」鋼構造出版，1998年
3) 橋本篤秀監修「建築構造用鋼材の知識」鋼構造出版，1993年．
4) 国土交通省住宅局建築指導課他「2020年版建築物の構造関係技術基準解説書」全国官報販売協同組合，2023年
5) 日本規格協会「JISハンドブック 鉄鋼Ⅱ」2023年
6) 日本建築学会「鋼構造許容応力度設計規準」丸善，2019年
7) 日本建築学会「建築工事標準仕様書JASS 6（鉄骨工事）」9次改訂，丸善，2018年
8) 日本建築学会「鉄骨工事技術指針・工場製作編」第6版，丸善，2018年
9) 日本建築学会「鋼構造塑性設計指針」2017年
10) 日本建築学会「鋼構造座屈設計指針」2018年
11) 日本建築学会「鋼構造限界状態設計指針・同解説」2010年
12) 建設省住宅局建築指導課・(一社)日本建築学会「建築基準法令集」技報堂出版，2023年
13) 日本建築センター「2018年版冷間成形角形鋼管設計・施工マニュアル」2018年
14) 藤本盛久編著「鉄骨の構造設計」全改訂2版，技報堂出版，1982年
15) 羽倉弘人著「改訂鉄骨構造の設計」学献社，2000年2月
16) 日本建築学会「鋼構造接合部設計指針」丸善，2021年
17) 日本建築学会「高力ボルト接合設計施工ガイドブック」丸善，2016年
18) 日本建築学会「高力ボルト接合設計施工指針」丸善，1993年
19) 鉄骨構造標準接合部委員会編「鉄骨構造標準接合部 SCSS－H 97（SI単位版）」技報堂出版，2002年
20) 藤本盛久，橋本篤秀：「高力ボルト引張り接合に関する研究，第1部 板のバネ常数設定のための軸対称三次元弾性理論解析（その1，その2)」日本建築学会論文報告集164，165号，1969年
「同第2部 Split-Tee型引張り接合の解析（その1，その2)」日本建築学会論文報告集190，191号，1971年，1972年

索　引

あ

アーク手溶接 ……………106
アーチ …………………5
圧延 ……………………14
圧縮材 …………………46
圧縮軸力 ………………26
圧縮強さ ………………19
アンカーボルト …………130
安全限界 ………………151

い

板座屈 …………………61
板座屈係数 ……………62
1軸曲げ ………………81
一次設計 ………………151

う

上降伏点 ………………18
ウェブ材 ………………54
埋込型 …………………131
埋込型柱脚 ……………164
裏あて金 ………………108
裏はつり ………………108

え

永久ひずみ ……………19
S-N 線図 ………………21
H 形鋼 …………………38
延性破壊 ………………19
縁端距離 ………………94

お

オイラー座屈 …………47
応力振幅 ………………20

か

応力度 …………………29
応力度―ひずみ度曲線 …17

か

開先 ……………………108
荷重増分法 ……………171
仮想仕事法 ……………170
硬さ ……………………19
完全弾塑性型の応力度
　－ひずみ度関係 ……74
完全溶込み溶接 ………110
完全溶込み溶接継目 …108

き

基準強度 ………………29
吸収エネルギー ………20
極二次モーメント ……117
局部座屈 ………………47, 61
許容圧縮応力度 ………30
許容応力度 ……………29
許容応力度設計 ………26
許容応力度等計算 ……148
許容支圧応力度 ………32
許容せん断応力度 ……30
許容引張応力度 ………30
許容曲げ応力度 ………31
金属材料引張試験片 …17

く

組立圧縮材 ……………46
組立材 …………………70
組立引張材 ……………38
繰返し応力 ……………33

け

形状係数 ………………169
ゲージ …………………94
ゲージライン …………94
限界耐力設計法 ………26
限界耐力計算 …………150
限界細長比 ……………50
建築構造用鋼材 ………23
検定 ……………………80

こ

鋼 ………………………10, 12
鋼塊 ……………………14
鋼管 ……………………38
鋼構造設計規準 ………50, 80
鉱滓 ……………………12
公称応力度 ……………18
剛性率 …………………158
構造計算 ………………26
構造設計 ………………26
構造特性係数 …………167
降伏比 …………………18
鋼片 ……………………12, 14
高力ボルト ……………96
高力ボルト引張接合 …101
高力ボルト摩擦接合 …99
高炉 ……………………12
コークス ………………12

さ

材間圧縮力 ……………99
最小縁端距離 …………94
最大縁端距離 …………95
座屈 ……………………47

索引

座屈応力度 …………………56
座屈荷重 ……………………56
座屈係数 ……………………52
座屈長さ ……………………52
座屈長さ係数 ………………52
サブマージアーク溶接 ……107
サン・ブナンねじり剛性……77
残留ひずみ …………………19

し

支圧応力 ……………………93
仕口 …………………………173
時刻歴応答解析 ……………151
時刻歴応答解析法……………26
地震層せん断力係数の
　分布係数 …………………155
地震地域係数 ………………155
JIS形六角高力ボルト ………96
下降伏点 ……………………18
質点モデル …………………154
自動アーク溶接 ……………107
シートバー …………………14
絞り …………………………19
シャルピー衝撃試験…………20
終局強度設計 ………………26
充腹材 ………………………70
充腹軸 ………………………46
真応力度─真ひずみ度曲線…18
靱性 …………………………19
振動特性係数 ………………155

す

水平震度 ……………………154
水平スチフナ ………………123
筋かい ………………………38
筋かい端部の最大引張強さ
　……………………………172
スチフナ ……………………70
すべり係数 …………………100
すみ肉孔溶接 …………110, 113

すみ肉みぞ溶接 ………110, 113
すみ肉溶接 …………………111
すみ肉溶接継目 ……………109
スラグ ………………………12
スラブ ………………………14
スロット溶接 …………110, 113

せ

製鋼 …………………………12
製鋼炉 ………………………12
脆性破壊 ……………………19
静的震度法 …………………154
製銑 …………………………12
青熱脆性温度 ………………21
石灰石 ………………………12
設計ルート …………………152
設計ボルト張力 ……………98
接合部パネル ………………123
接合要素 ……………………92
節点モーメント振分け法 …169
遷移温度 ……………………22
全強設計 ……………………28
全塑性モーメント …………74
せん断剛性 …………………56
せん断弾性係数 ……………36
せん断中心 …………………73
せん断変形 …………………56
せん断力 ……………………26
銑鉄 …………………………12
線膨張係数 …………………36

そ

層間変形角 …………………157
層せん断力 …………………154
層せん断力係数 ……………154
想定破断線 ……………38, 39
層モーメント分割法 ………169
塑性域 ………………………19
塑性設計法 …………………26
塑性断面係数 ………………74

塑性ヒンジ …………………75
存在応力設計 ………………28
損傷限界 ……………………151

た

縦弾性係数 …………………18
ダブラープレート …………125
たわみ ………………………34
単一圧縮材 ……………46, 47
短期応力 ……………………33
炭酸ガスアーク溶接 ………107
弾性限 ………………………18
弾性座屈 ……………………47
弾性設計法 …………………26
炭素含有量 …………………10
炭素当量 ……………………23
短柱域 ………………………50

ち

千鳥配置 ……………………39
柱脚の設計 …………………130
鋳鉄 …………………………10
チューブ構造 ………………5
長期応力 ……………………30
調質鋼 ………………………10
長柱域 ………………………50

つ

疲れ係数 ……………………33
継手 …………………………173
つづり合せ間隔………………42

て

低温脆性 ……………………22
定形試験片 …………………17
鉄 ……………………………10
鉄鉱石 ………………………12
鉄骨構造骨組 ………………5
電気炉 ………………………12
転炉 …………………………12

と

塔状比 …………………… 160
トラス …………………… 4
トラスウェブ材 ………… 53
トラス弦材 ……………… 53
トラスの弦材 …………… 38
トラスの接合部 ………… 128
トルク係数値 …………… 98
トルクコントロール法 … 98
トルシア形高力ボルト … 97, 99

な

ナット回転法 …………… 98

に

2軸曲げ ………………… 82
二次設計 ………………… 151
二次設計用地震層せん断力
  ………………………… 166

ね

熱間圧延 ………………… 14
熱影響部 ………………… 22
根巻型 …………………… 131
根巻型柱脚 ……………… 164

の

伸び ……………………… 19
ノンガスアーク溶接 …… 108

は

バウシンガー効果 ……… 19
羽口 ……………………… 12
はしあき ………………… 93
柱継手 …………………… 128
破断点 …………………… 18
幅厚比 …………………… 62
幅厚比制限 ……………… 62
腹材 ……………………… 38

梁端溶接仕口 …………… 121
梁継手 …………………… 126
半自動アーク溶接 ……… 107

ひ

非充腹軸 …………… 46, 70
非充腹材 ………………… 70
ひずみ硬化開始点 ……… 18
ひずみ時効 ……………… 19
非弾性座屈 ……………… 49
非調質鋼 ………………… 10
ピッチ …………………… 94
引張材 …………………… 42
引張軸力 ………………… 26
引張強さ ………………… 18
必要保有水平耐力 … 151, 153
被覆アーク溶接 ………… 106
標準せん断力係数 ……… 156
標準ボルト張力 ………… 98
平鋼 ……………………… 38
比例限 …………………… 18
比例試験片 ……………… 17
ビレット ………………… 14
疲労破壊 ………………… 20
疲労強度 …………… 20, 33
疲労限界 ………………… 21

ふ

復元力特性 ……………… 160
部材の連続性 …………… 28
部分溶込み溶接 …… 110, 112
プラグ溶接 ………… 110, 113
ブルーム ………………… 14
フレア溶接 ……………… 110
プレートガーダー ……… 70
フロアモーメント ……… 169
分岐継手 ………………… 113

へ

併用接合 ………………… 120

並列ボルト配置 ………… 38
ベースシヤー係数 ……… 156
ベースプレート ………… 131
へりあき ………………… 93
偏心引張材 ……………… 40
偏心率 …………………… 159

ほ

ポアソン比 ………… 19, 36
補剛材 …………………… 55
細長比 ……………… 42, 49
保有水平耐力 ……… 151, 169
保有耐力設計 …………… 28
保有耐力接合 …………… 164
ボルト・ナットの品質 … 93
ボンド …………………… 22

ま

曲げ座屈 ………………… 47
曲げ・ねじり剛性 ……… 76
曲げねじり座屈 ………… 76
曲げモーメント ………… 26
摩擦係数 ………………… 98
丸鋼 ……………………… 38
マンガン鉱 ……………… 12

み

みぞ形鋼 ………………… 38

め

面内・面外座屈 ………… 55

や

山形鋼 …………………… 38
ヤング係数 ………… 18, 36

ゆ

有効断面積 ……………… 38
有効長さ ………………… 110
有効のど厚 ……………… 110

有効細長比……………………56

よ

溶接金属………………………22
溶接工法 ………………………106
溶接継手 ………………………108
溶接継目 ………………………108
溶接継目の有効断面積 ……110
溶接割れ感受性指数…………23
溶接割れ感受性組成…………23
横座屈 ……………………47, 76
横座屈細長比…………………78
横座屈長さ……………………77
横補剛 …………………………162

横補剛間隔……………………162
横補剛材………………………83
余盛り …………………………108

ら

ラチス材………………………57
ラーメン ………………………4
ラーメン骨組…………………5

り

離間……………………………105

る

ルート 1 …………………152, 157

ルート 2 …………………153, 157
ルート 3 …………………153, 165

れ

連続鋳造法……………………14
冷間圧延………………………14

ろ

露出型 …………………………131
露出型柱脚 ………131, 164, 174
露出型柱脚の設計 …………132

わ

ワーグナねじり………………76

[監修・執筆] 橋本篤秀 Atsuhide HASHIMOTO
　　1970年　東京工業大学大学院理工学研究科 博士課程建築学専攻修了
　　現　在　千葉工業大学名誉教授 工学博士

[執　　筆] 岡田久志 Hisayuki OKADA
　　1977年　東京工業大学大学院理工学研究科 博士課程建築学専攻修了
　　現　在　愛知工業大学名誉教授 工学博士

　　山田丈富 Tomohisa YAMADA
　　1981年　東京工業大学大学院理工学研究科 修士課程建築学専攻修了
　　現　在　千葉工業大学名誉教授 博士（工学）

（所属・肩書きは第四版発行時）

初めて学ぶ
鉄骨構造　基礎知識　（第四版）

2010年11月15日　初　版　発　行(7刷)
2015年 3 月13日　改訂版発行(6刷)
2016年12月 5 日　第 三 版 発 行(6刷)
2025年 1 月27日　第 四 版 印 刷
2025年 2 月 5 日　第 四 版 発 行

監修・執筆　　橋　本　篤　秀
発　行　者　　澤　崎　明　治
　　　　　　　（印刷）中央印刷　（製本）ブロケード

発　行　所　　株式会社市ヶ谷出版社
　　　　　　　東京都千代田区五番町5
　　　　　　　電話　03-3265-3711(代)
　　　　　　　FAX　03-3265-4008

© 2025　　　ISBN978-4-86797-004-1